# 韓国・独裁のための時代

朴正熙「維新」が今よみがえる

［著］韓洪九
［監訳］李泳采
［訳］佐相洋子

彩流社

韓国・独裁のための時代——目次

カバー写真　（表1）：1961年、5・16クーデター直後の朴正煕
（表4）：ベトナム派兵歓送式（いずれも民主化運動記念財団）

# 日本語版への序文

この文を書いている日が、偶然にも２０１５年10月26日、18年間独裁統治した朴正煕《パクチョンヒ》が死んでからちょうど36年目にあたる。日本が韓国を支配したことを、よく日帝36年というが、朴正煕が死んでからもまさに同じぐらいの年月が流れた。長い時間が流れたが、朴正煕の亡霊が相変わらず韓国社会をうろついている。維新憲法40年になる年であり、大統領選挙があった２０１２年、『ハンギョレ』新聞に本書の内容を連載したときのタイトルは、「維新と今日」だった。朴正煕の娘、朴槿恵《パククネ》が大統領になった今の韓国では「維新が今日」になってしまった。

維新体制は、朴正煕が親衛クーデターを恣行した40年余り前の当時から、すでに時代錯誤だった。だから、ほかに使う名前が思いつかず、名前を１００年前の日本の軍国主義の出発点である明治維新からいただいたものだが、なぜ維新という名前を付けたのかとみんないぶかしがったものだ。歴史とは一度は悲劇に、もう一度はもの笑いの種にと繰り返されるといわれるが、韓国でも40年余り前の時代錯誤がまたもや再現されることを見届けねばならない心情は、決して穏やかではない。

維新時代は日帝が育て上げた植民地の青年らが、壮年になって社会を動かした時期だった。この時期は、親日の残滓の清算をできなかったことが、いや、親日の残滓を清算しようとしていた勢力が逆に親日派に逆清算されたことが、韓国社会でどんな結果を生んだかを残酷に明らかにした時期でもあった。朴正煕を司令官とする兵営国家は、彼が青年期を過ごした頃の満州国の国防体制や日本の総動員体制と驚くほどよく似ていた。皇国臣民として生まれ、皇国臣民として育った親日派朴正熙の真面目は、青年将校時代よりも、むしろ軍事クーデターにより政権についた後、彼が満州国や昭和維新の失敗した日本の軍事モデルを再び甦らせようとしたことによく表れている。

朴正熙は、日本軍「慰安婦」制度の問題点についてただの一度も言及したことがなかっただけではなく、国家管理のもと、米軍のための「慰安婦」制度まで運営した。朴正熙が死亡したとき、日本のある政治評論家が、「大日本帝国の最後の軍人が死んだ」と述べたことは、まさに絶妙な評価だった。維新時代、朴正熙は大統領に満足せず、天皇のような神聖な存在になることを夢見た。維新だけが生きる道だとされ、国民は「仕事をしていらっしゃる大統領　この国の指導者」のような『大統領讃歌』を歌いながら、一致団結せねばならなかった時代、天皇に対する不敬罪のような国家冒涜罪が新たに作られた。

しかし、維新体制の暴圧性は、朴正熙の指導力不足の明らかな証拠なのだ。朴正熙は、近代化と経済発展によって複雑になった社会構造を、最小限の形式民主主義を維持する方式ではもうこれ以上率いていくことができなかった。１９６０年代から１９７０年代への「後退」は、朴正熙が体質に合わないアメリカ式の民主主義の枠を脱ぎ捨て、若かったときから馴染んでいた日本式のモデルを「韓国的民主主義」でくるんで出してきたことを意味する。

よく維新時代と呼ばれる朴正熙の最後の7年間は、構造的に今日の韓国を作った時期だった。朴正熙が死んで、突然登場した全斗煥《チョンドゥファン》とその後を継いだ盧泰愚《ノテウ》は、朴正熙の親衛将校出身であった。全斗煥は、新しい時代を標榜したが、実際は5・16軍事クーデター直後、朴正熙が行なった政策を繰り返し使った。朴正熙が、軍部の中でじっくり育てた私的な組織ハナ会出身者たちが要職を独占したまま、朴正熙なき朴正熙体制は長い間続いた。朴正熙モデルは1997年のIMF通貨危機を引き起こし、派手に破産したが、彼が韓国人のDNAに注入した成長万能主義は、新自由主義と世界化の翼を付けて、相変わらず勢いよく飛び回っている。

朴正熙が「複製したい大統領」の1位に選ばれ、彼の銅像があちこちに建てられ始め、彼の娘朴槿恵がついに大統領になり、歴史教科書の国定化が推し進められようとする今、維新時代は生きている過去になった。とうに終わってしまった維新体制、破綻してしまった朴正熙のモデルがしきりに甦るのは、朴正熙の亡霊をずっと呼び出している勢力がいるためであり、また、一方では民主化勢力が朴正熙の棺にしっかりとくぎを打てなかったためである。保守勢力は、「チャルサラボセ（豊かに暮らそう）」を叫んだ朴正熙を乗り越えられないまま、「金持になりましょう」という甘いささやきだけを繰り返してきた。大衆が「民主化されてこんなに暮らしがよくなった」と感じるようにできなかったので、民主化運動勢力もやはり朴正熙を埋葬するのに失敗したのだ。

金日成統治下の北朝鮮は、よく「凍土の王国」と呼ばれていた。維新時代、ある詩人が維新時代を「冬の共和国」に例えたが、彼は、緊急措置違反で監獄に入れられた。そして、40年がたったこの冬、北朝鮮は金日成の孫が、韓国は朴正熙の娘が支配する国に変貌した。いや、そもそも北朝鮮と韓国だけであろうか。韓国で朴槿恵が大統領に当選するちょうど3日前の12月16日、日本では安倍晋三が総裁選挙で勝利した。よく知られているように、安倍は満州国を設計した岸信介の外孫である。朴槿恵の父、朴正熙は高木政雄という名前で満州軍で服務したが、金正恩の祖父、金日成は日本帝国主義と満州国傀《かい》儡《らい》軍を相手に抗日武装闘争を展開した。韓国・北朝鮮と日本で満州国時代の対立構図が復活したことになるのだ。ちょっと目を転じて中国を見ると、安倍や朴槿恵より1ヶ月前に中国の最高指導者になった習近平もやはり太子堂出身の2世政治家である。習近平の父、習仲勲は、満州一帯で活動していたのではないが、中国共産党の八大元老の一人であった。歴史は進歩したというが、どうかすると20世紀の世界史で最も躍動的だった東アジア全体が、2世あるいは3世の政治家の統治下になってしまった。

今、韓国の若者の間では「ヘル朝鮮」という言葉が流行している。地獄の英語である「ヘル」と「朝鮮」(コリア)を合わせた言葉で、若者たちの息の根を止める韓国の現実を皮肉る言葉だ。民主化運動に参加していた既成世代として責任を痛感するのは、その暗鬱だった維新時代でも我々は自分たちの現実を「ヘル朝鮮」と呼ぶほどには挫折と絶望に陥ってはいなかったという点である。私は、少しは時間がかかるだろうが、韓国の若者たちがこの不合理な現実を、ただこのままにはしておかないだろうと信じる。

日本の若者も同じだ。福島の衝撃と安保法制の成立により自衛隊の派兵や憲法改正を推し進める安倍政権が、むしろ若者を目覚めさせている。数多い若者の命を奪っていった日本軍国主義の遺産と闘っている両国の若者たち、特に昨日より良い今日のため、過去の日本軍「慰安婦」問題やベトナムで韓国軍が犯した蛮行を忘れないで、その苦痛を労るため努力してきた全ての方々に本書を捧げたい。本書の日本語翻訳を提案し、監訳までしてくださった李泳采教授、労を惜しまず翻訳してくださった佐相洋子先生、そして、彩流社の皆さまにも深い感謝を申し上げたい。

2015年10月26日

韓洪九

# 朴正熙（1917〜1979年）関連年表

1917年　11月14日　慶尚北道善山郡亀尾（現在の亀尾市）に
5男2女の末子として生まれる
1932年　4月　大邱師範学校入学
1940年　4月　満州国軍軍官学校入学（42年首席卒業）
1942年　日本陸軍士官学校に編入（44年卒業）
1948年　南労党員であることが発覚、逮捕
（49年4月軍法会議で実刑を免れる）
1950年　6月　朝鮮戦争勃発により、陸軍少尉に復帰
12月　陸英修と再婚
1961年　5月16日　5・16軍事クーデター、実権を握る
6月10日　中央情報部院設置
7月3日　反共法公布
1963年　10月15日　第5代大統領選挙で大統領に当選
1964年　8月14日　人民革命党事件
9月　ベトナム派兵開始
1965年　6月22日　日韓基本条約に署名
1967年　5月3日　第6代大統領選挙で大統領に当選
1968年　1月21日　北朝鮮武装部隊による青瓦台襲撃事件
8月25日　統一革命党事件
12月5日　国民教育憲章宣布
1969年　6月　3選改憲反対デモ
1970年　4月22日　セマウル運動開始
6月2日　金芝河「五賊」筆禍事件
11月13日　全泰壱焼身自殺
1971年　4月　教練反対デモ
4月27日　第7代大統領選挙で大統領に当選

1972年　8月10日　広州大団地事件
12月6日　国家非常事態宣布
7月4日　南北共同声明
11月21日　維新憲法が国民投票で成立
12月23日　統一主体国民会議で第8代大統領に選出
1973年　4月　尹必鏞事件
8月8日　金大中拉致事件
10月　ソウル大学文理学部学生デモ
1974年　1月　大統領緊急措置発令
4月　民青学連事件
8月15日　文世光事件で夫人陸英修女史死亡
10月24日　自由言論実践宣言
12月　東亜日報白紙広告事件
1975年　5月13日　大統領緊急措置第9号発令し、
反政府運動を全面禁止
8月17日　張俊河、ソウル近郊の山中で疑問の転落死
1976年　10月　コリアゲート事件
1977年　4月20日　無等山ターザン事件
11月　維新撤廃のための民主救国宣言
1978年　2月2日　東一紡績人糞事件
7月6日　統一主体国民会議で第9代大統領に選出
1979年　8月　YH事件貿易女性労働者籠城事件
10月4日　金泳三議員職停止処分
10月　釜山・馬山抗争
10月26日　朴正熙大統領暗殺

## 凡例

＊本書の原典、韓洪九著『維新』（ハンギョレ出版、2014年）は、全5部、31章（他にプロローグ、エピローグ、付録あり）の構成であるが、朴正熙の維新体制期の構造、特色、特徴的事件、そして、その崩壊までの変化に特に焦点をあてて、日本の読者に紹介したいという考えから次のように本書を再構成した。
第1部の1章、3章、第2部の3～7章、第3部の1～3章、6、8章、第4部の1～4章、第5部の1、4、5章、そして、エピローグを訳出し、第1章1～7節、第2章1～5節、第3章1～4節、第4章1～4節として再構成した。

＊訳出にあたって、日本の読者の理解を助けるために、原文にはない訳者の注［ ］を文中に入れ、また、年表を加えた。

＊原典にある写真、「独居特倉」の図、「朝鮮戦争以後の軍隊死亡者数」の表は省略した。

本書で定義している「維新体制」とは、1972年10月17日に朴正熙大統領が特別宣言で国会解散、政党及び政治活動の中止、非常戒厳令などを断行し、大統領の意思により統制できる統一主体国民会議で大統領を間接的に選出する制度へ憲法を変える、いわゆる「10月維新措置」により永久執権体制を確立したものを意味する。この維新措置に従って、政府は維新体制を否定したり、維新憲法を誹謗するか改定を要求する一体の行為を禁止する緊急措置を9号まで発表し、これに反対する多くの人々を弾圧した。79年10月26日、朴正熙大統領が暗殺され、最高権力者の交替により維新措置が自然に幕を閉じたこの時代を「維新時代」と呼ぶ。

第1章

# 憲法の上に立つ人

## 1．維新前夜、1971年の大韓民国

1972年10月17日夜7時に大統領朴正熙《パクチョンヒ》（1917～79年）は全国に非常戒厳令を敷いて、いわゆる大統領特別宣言を発表した。「民族史の進運を栄誉をもって開拓するために重大な決心」を込めたというこの宣言を通して朴正熙は、国会を解散して現行憲法の一部条項の効力を停止させて、「祖国の平和統一を指向」する新しい憲法案を公示することを明らかにした。

1961年5・16軍事反乱で権力を握ったときから見ると11年5カ月、3選改憲（1969年10月）を通して第7代大統領に就任（1971年7月～）したときから見ると15カ月で、朴正熙は親衛クーデターを断行して、再び憲政を蹂躙した。朴正熙は、形式的な民主主義という窮屈な外皮を脱ぎ捨てて、自身の権力を絶対化した維新体制をスタートさせながら、終身執権の道を歩み出した。権力の座にあったまま死んだので、終身執権という虚しい夢は成し遂げただろうが、国民や朴正熙自身にとって不幸な結果と言わざるをえない。

朴正熙は、急変する国際情勢に能動的に対処して、南北対話を積極的に展開するためには「一大維新的改革」が必要だが、「我々の政治状況を直視すると、私は正常な方法ではとうていこのような改革を成し遂げられないという判断を下すことに」なったとし、非常措置を取らざるをえなくなったと主張した。(1) 朴正熙は、朝鮮半島の内外に形成された危機状況のために、維新という非常措置が不可避だと強調した。果たして朴正熙のこのような主張は、額面通り受け入れることができるだろうか。

維新の原因を対内外的な危機状況に求めることができるのかについての問題は「論争」になるまで

もなく、簡単に結論が出ている。圧倒的多数の研究者たちは、朴正煕が打ち出した危機とは誇張されたものであり、実際、危機が存在していたとしても憲政を中断するような非常識な処置が必要ではないということについてはほとんど異論はない。朴正煕を崇拝する内容の13巻もの伝記を書いた守旧論客 趙甲濟《チョガプチェ》〔1945年〜、朝鮮日報、『月刊朝鮮』編集長などを歴任、反共、極右の論客〕すら「騒擾《そうじょう》事態があるわけでもなく、北朝鮮軍が攻め込んで来ているわけでもないのに突然国会解散」とは「まさに出し抜けな感じ」を受けたと言い、特別宣言文のどこにも「なぜこのような大変な措置をしなければいけないのかについて納得できる説明がなかった」と認めている。(2) 維新体制出現の根本原因が、朴正煕の終身執権への野望にあったことは明らかである。仮に、朴正煕に終身執権の野望がなかったとしたら、維新のような独裁体制が出て来なければならない歴史的根拠は、どこにも見つけることは出来ない。しかし、朴正煕がこの危険な考えをどんな状況の中で、どんな方法で制度化していったかは、詳しく論じてみる必要がある。

## 後継者はいらない

維新体制の出現を正当化するわけではないが、1970年代初めの国内外の状況は、朴正煕政権に手に負えない課題を投げかけていた。対外的には、駐韓米軍が撤収し、東西間の緊張が緩和して、朝鮮戦争で戦ったアメリカと中国が接近するという驚くべきことが起こっており、対内的には、急速な産業化がもたらした様々な社会経済的な矛盾が吹き出し始めていたのである。まずは、韓国社会の内部から見てみよう。

1971年4月の第7代大統領選挙と5月の第8代国会議員選挙の結果は、朴正熙に大きな衝撃を与えた。大統領選挙で、朴正熙は金大中《キムデジュン》の激しい挑戦を受け相当な苦戦を強いられ、国会議員選挙では、与党である共和党が過半数の議席を占めることはできたが、野党である新民党が数を大きく伸ばし、改憲を阻止できる議席を確保した。これによって、憲法の手続きによって正常な方法で朴正熙が4選目の大統領職に挑戦する道は完全に閉ざされたのである。3選の任期が終了する1975年、朴正熙には与党の後継者であれ、野党の挑戦者であれ、大統領の座を譲って退く道しかなかった。しかし、朴正熙は野党に政権を渡すことは夢にも考えたことはなく、また、執権内部でも大統領職を狙うナンバー2の存在を許さなかった。

朴正熙は、執権勢力内で金鐘泌《キムジョンピル》〔1926年～、国務総理（1971年～75年）。80年新軍部により政治活動を禁止され不正蓄財者と名指しされた〕がナンバー2として浮上するのを食い止めようと共和党内に白南檍《ペクナモク》〔1914～2001年〕、金成坤《キムソンゴン》〔1913～75年、63年国会議員当選。与党共和党を率いたが、呉致成《オチソン》〔1926年～〕内務部長官解任案を可決させた「10・2抗命波動」の主導者として懲戒を受け、政界を引退〕、吉在號《キルジェホ》〔1923～85年〕、金振晩《キムジンマン》〔1918～2006年〕らを主軸にした「4人体制」を築いた。4人体制の実力者であった金成坤（雙龍《サンヨン》グループ創業者）は、朴正熙の兄朴相熙《パクサンヒ》〔1906～46年、独立運動家。言論人として活動、解放後は建国準備委員会龜尾《クミ》支部を創設〕の大変親しい友人で5・16直後、金日成《キムイルソン》〔1912～94年〕の密使として韓国に派遣されたが、処刑された黄泰成《ファンテソン》〔1906～63年、独立運動家。北朝鮮の貿易省副相など歴任したが、いわゆる黄泰成事件で西大門刑務所で銃殺〕らと共に慶北《キョンブク》地方で左翼活動をしていたことがあった。[3] 3人の運命は、1946年10月抗争（1946年10月2日、左派勢力と民衆が大邱を中心に米軍政の失攻を批判し、是正を要求した事件）を経て分かれ、朴相煕は銃で撃たれて死に、黄泰成は北朝鮮に行き、金成坤は南に残り、実業家・政治家へと変身した。共和党の財政委員長として政治資金を思いのままにして実力者として浮上した金成坤は、1975年、朴正煕が退くことを前提として二院執政部制に改憲する構想を練りながら、地方の市長・郡長と警察署長に自分の味方の人物を当てるのに奔走した。

朴正煕は、金鐘泌（JP）系列の内務長官呉致成を推し立てて、金成坤ら4人体制が地方の要職につけていた人々を排除したが、それに激怒した金成坤らは、野党が内務長官解任建議案を提出するや、それに同調して呉致成の解任建議案を通過させてしまった。これが維新1年前のいわゆる「10・2抗命波動」である。朴正煕の特命で金成坤ら共和党議員23名が中央情報部（KCIA）へ連行されて、拷問、殴打されたが、金成坤は口ひげまで抜かれるという侮辱を受けた。10・2抗命波動によって、共和党内では朴正煕の親政体制が確立された。一介の陸軍少将であった朴正煕は5・16軍事反乱の後、数多くの「反革命事件」をでっち上げながら、軍部内の肌が合わない先輩らを除き、JP系と4人体制間の対立を利用して敵を倒して、3選改憲と情報政治の主翼であった「飛ぶトンカツ」「恐怖のサムギョプサル」の異名をとる金炯旭《キムヒョンウク》（1925～79年、5・16軍事クーデターに参加しKCIA部長まで歴任したが、維新体制後米国に亡命。米議会でコリアゲートなど朴正煕政権の不正を暴露したが、後にフランスのパリで行方不明）に対する兎死狗烹《トサグペン》（獲物のウサギが捕らえられて死ねば、猟犬は不要となり煮て食われるの意）などを経て、執権勢力内部を完全に抑えることに成功した。

## 沸き起こる国民たちの不満

野党である新民党は、1971年の大統領選挙と総選挙を通して脅威勢力として登場したが、伝統的な保守野党である韓民党〔韓国民主党〕の正統性を継いだということを自慢げに打ち出す程強い保守性を持っていた。韓国の野党は、階級的基盤において政権与党と区別されるのではなく、ただ権力の配分過程で排除された政治勢力の集合体であった。このような歴史的なルーツと理念的な保守性のために、昼には野党、夜には与党である「サクラ」〔変節者〕が一杯いて、野党の党首だった柳珍《ユジン》山《サン》〔1905〜74年、解放後青年運動を経て政界に入り、1954年以来7選議員。野党新民党の総裁を務めるなど戦後韓国保守野党政治の象徴的な人物〕は「王〔親分〕サクラ」と呼ばれていた。維新措置前夜の新民党は、珍山派と反珍山派が別々に政党大会を行うほど分裂しており、大衆の期待に応えて朴正熙政権を牽制することも、新しい執権勢力としての姿も見せられなかった。朴正熙は、このような野党と議会を「民族的使命感を忘れた無責任な政党と、その政略の犠牲者になっている代議機構」だと嘲弄した(4)。

このように保守的で分裂した野党は、市民社会の各勢力を代弁することも出来なかった。しかし、朝鮮戦争以後20年が過ぎ、朴正熙政権成立後2回にわたる経済開発5カ年計画が仕上げられていった頃、韓国社会はふつふつと不満が沸き立ち始めた。朴正熙は、1971年7月1日、自身の3回目の任期を大変騒々しい雰囲気の中で始めるしかなかった。6月16日から始まった国立医療院の研修医のストライキは、全国の国立大学付属病院の研修医に急速に広がっていた。研修医のストライキが続いている中、7月28日には「司法波動」が発生して、全国の少壮法官たちが辞表を出すという初めての事態が起こった。医師と法官という社会の頂点にいるエリートたちが集団行動に出たのである。それだけではない。8月10日には、今は城南市《ソンナム》になっている広州《クァンジュ》大団地で、住民5万人が参加する大規模暴動が起こった。ソウルの開発と拡大の過程で撤去させられた住民〔撤去民〕と、転売地に入居して来た住民は、工場を誘致して仕事を提供するなどという総選挙の時のバラ色の公約が全く守られないと知るや「腹ぺこで死にそうだ、仕事をくれ」、「殺人的払い下げ価格絶対反対」などとスローガンを叫びながら、官公署や車両に火を付け警察署を襲撃した。当時のマスコミは、彼らが広州大団地を恐怖と無秩序に陥れたが、土地価格の引き上げに税金の取り立てが重なって、甚だしい生活苦に疲れ果てた住民の蓄積された恨みが、一度に爆発したものだと同情を示した〔広州大団地事件〕。

9月15日には、ベトナムに派兵されていた韓進《ハンジン》商事の労働者400余名が「未払い賃金を支払え」と、ソウル中区《チュング》のKALビルディングに乱入して放火するなど激しいデモを行った。一方、8月18日には、ソウル大学文理学部教授を先頭に教授が大学自治化宣言を行い、大学生は年の初めから激しい教練〔69年以降、高等学校以上の教育機関で実施された軍事教育科目。大学は88年、高校は97年に事実上廃止された〕反対デモを繰り広げていた。10月15日、朴正熙政権は警察の力だけでは学生のデモを食い止められないとなるや、ソウル一帯に衛戍令《えいじゅ》を発動して軍を出動させた。ソウル市内の10大学に武装した軍が進駐して、主要大学には無期限休校令が下された。学生1900人余りが連行されて、学内の74ものサークルが解散させられた。ソウル大生内乱陰謀事件〔KCIAは、71年11月13日にソウル大生など5名が国家転覆のため内乱陰謀をしたと発表。翌年維新体制を発表する前の代表的な学生運動弾圧事件〕もこのような世の中が騒がしい雰囲気の中で起きたのである。しかし、1971年を揺るがした国内のこのような抵抗は、1972年に入ると大いに弱体化した。

## デタントと米軍の撤収

ベトナム戦争を拡大して来た民主党のジョンソン大統領と違い、1968年大統領に就任した共和党のニクソンは、1969年7月、アジアにおけるアメリカの同盟国は「防衛に対しては進んで自ら一次的責任を負わなければならない」ということを骨子としたニクソンドクトリンを発表した。アメリカは、この政策に従ってベトナムから手を引き始め、朝鮮半島に駐屯していたアメリカ軍の撤収も始まった。米軍の撤収は、朴正熙政権にとっては寝耳に水の衝撃であった。北に比べ、数十倍以上の国力を保有している今日でも、韓国社会の守旧勢力は、駐韓米軍の撤収や戦時作戦指揮権の移譲問題（1950年7月14日、朝鮮戦争の最中、韓国軍の作戦統制権（戦時・平時）は国連軍に移譲された。95年に平時作戦権が韓国政府に返還され、米韓政府は2005年に戦時作戦権を2015年までに返還すると合意したが、2014年に再び協議し2020年半ばまで延長された）に慌てふためくが、北側の国力が南より優っていた当時の状況で米軍の撤収がもたらしたのは、まさにメガトン級の衝撃であった。特に、韓国の社会は、北朝鮮の特殊部隊員が青瓦台《チョンワデ》を奇襲した1968年の1・21事件（1・21事態ともいう。1968年1月21日北朝鮮民族保衛省偵察局の武装ゲリラ31名が韓国大統領府を襲撃するためにソウルに侵入した事件）や、同年11月の蔚珍《ウルチン》・三陟《サムチョク》に武装共産ゲリラ100人余りが侵入していた事件（1968年10月30日から11月2日に3回にわたって、北朝鮮ゲリラ120名が遊撃隊の拠点構築を目的にこの地域に侵入した事件）をまだはっきりと記憶していた。

朴正煕と韓国軍の将軍は、北が「首領様の還暦のお祝い」（1972年）は、ソウルで行おうと騒ぎ立てており、このことを南への直接的な侵入の脅威と見なしていたが、アメリカの判断はそうではなかった。休戦ライン付近での衝突は、1965年と1966年のそれぞれ88件と80件から1967年784件、1968年985件と急激に増えた。だが、これは、韓国軍がベトナム戦争に深く介入していることを北朝鮮が牽制するためのものであり、1969年下半期からは北朝鮮の休戦ラインでの挑発は著しく減少した。キューバのナンバー2であったゲバラが突然ボリビアに向かったのは、彼の演説の題目のように「第2、第3、そしてより多くのベトナムを作り出そう」という意図からであった。[5] 朴正煕は、ベトナム〔越南〕を朝鮮戦争の第2戦線と見なして、5万の大軍を送ったが、一方、金日成は、数百人のゲリラで朝鮮半島をベトナム戦争の第2戦線と捉え、駐越韓国軍を撤収させようとしたのである。[6]

朴正煕政権は、オオカミ少年のように北側の全面南侵が差し迫っていると騒いでいたが、アメリカは維新が宣言された1972年10月の朝鮮半島の安保状況は、韓国に大変有利に展開していると把握していた。何よりも南北対話が進められており、中国とソ連という2つの社会主義大国は互いに反目しながら、それぞれアメリカとの関係改善を追究していた。このようなデタント〔米中和解〕の雰囲気の中で、北が中国やソ連の支援、あるいは同意なしに朝鮮半島で全面的な軍事行動をあえて起こすのは、想像もできないことだった。朴正煕自身も1971年新年の辞で「今年より今後2～3年間が、国家安保上重大な時期になる」が、自分自身は「この時期が決して危機だとは見ていない」と語ったことがある。この程度の挑発は、韓国の自主的な努力で十分に克服することが出来るということだろう。

朝鮮半島内外で様々な重大な問題が発生するや、朴正熙は１９７１年12月6日、国家非常事態を宣言した。朴正熙は同じ年の10月25日、中国が台湾を押しのけて国際連合に加入したことに言及して、政府の施策は国家の安全保障を最優先することであり、安保上脆弱点になる一切の社会不安を容認しないと強調した。これに続いて、12月27日の朝には「国家防衛に関する特別措置法」を国会で強行採決して通過させた。この法は、12月6日に宣布された国家非常事態を遡及して法的に裏付けるだけでなく、朴正熙に、集会及びデモの規制、国論を分裂させる問題に関する言論及び出版の規制、労働者の団体交渉権及び団体行動権の規制などが出来る非常大権〔大統領の非常時の特別権限のこと〕を与えた。この措置に違反した者は、1年以上7年以下の懲役に処されるようになった。維新10カ月前、すでに朴正熙は全ての権力をしっかりと手に入れたことになる。ただ一つ死ぬまで大統領を保障してくれる憲法だけを除いて……。駐韓アメリカ大使ハビブ〔１９２０～92年〕は維新について「現状を客観的に評価するとき、このような措置が不必要だと言うことは疑問の余地がない」と冷ややかに話した。(7) これは、その当時は危機的状況でもなかったが、それにもかかわらず朴正熙がすでに非常大権を掌握していたためである。

## 2．朴正熙と日本——維新の精神的なルーツ

子どもが生まれる時、あらかじめ名前を付けておく場合もあるが、朴正熙は非常措置を準備しなが

ら、この措置を何と呼ぶかを前もって決めておかなかったようだ。この措置は、しばらくの間「10・17特別宣言」とか「10・17非常措置」とか呼ばれた。この措置で誕生した非常国務会議は、10日後の10月27日、生まれてはいけないこの子どもの名前を「維新」と付けた。維新という言葉は、日本の明治維新を通してよく知られていた言葉ではあったが、歴史書などに出て来る単語であって、このように現実にポンと飛び出して来るとは誰も考えもしなかった。10月17日に発表していた特別宣言にも一大「維新的」改革が必要だと出て来るだけで、維新が特別に強調されたものではなかった。

元来、維新という言葉は、中国の古典『詩経』の大雅文王篇において文王の国政革新を褒めたたえて「周がたとえ古い国であっても、（改革で）その名を新しくした」（周強舊邦其命維新）から出た言葉だ。『書経』の夏王胤征篇にも夏王の命で胤侯が敵を征伐しに行くとき「あの悪党の頭たちは殲滅するにしても、脅迫によって従った者は罰せずに、以前に染まった汚い習俗を全て新しくするようにしてやろう」（舊染汚俗　咸與維新）とある故事に咸與維新という言葉が出て来る。哲宗《チョルチョン》〔在位1849～63年、第25代朝鮮王〕が跡継ぎなく死に、趙大妃《チョデビ》〔神貞王后〕が高宗《コジョン》〔在位1863～1907年〕に王位を継がせようと下した教書にも咸與維新を強調して、大院君《テウォングン》〔1820～98年〕の改革政治を咸與維新と呼んでもいる。[1] 朴正熙の周辺をうろちょろしていた権力型歴史学者李瑄根《イソングン》〔1905～83年〕が、元々大院君時代を専攻していたので、一部では維新という名前を李瑄根が付けたのではないかと推測する向きもある。維新の全過程に深く関与していた青瓦台秘書室長の金正濂《キムジョンニョム》〔1924年～、朴正熙大統領の秘書室長〔1969～78年〕。駐日韓国大使〔1979～80年〕〕は、中国の歴史と漢学に造詣が深い朴鐘鴻《パクジョンホン》〔1903～76年〕と、彼の弟子であった林芳鉉《イムバンヒョン》〔1930年～〕の二人の特別補佐官が『詩経』と『書経』の故事を借りて、10・17処置を10月維新と呼ぶことを建議したと明らかにしている。(2) 哲学系の元老として長い間ソウル大学哲学科教授だった朴鐘鴻は、国民教育憲章（国民の倫理と精神的な基盤を確固なものにするために1968年12月5日朴正煕によって頒布された憲章）の制定と維新政権の哲学的合理化を先頭に立って行った独裁体制の代表的な御用知識人になり、一部の人々の憐憫と一部の人々の羨望と多くの人々の指弾を受けた。

李瑄根が大院君の保守改革を咸與維新と呼んだが、本来この言葉は大院君自身ではなく、趙大妃が使った言葉である。大院君を追い出した高宗も咸與維新という言葉を使った。愛国啓蒙運動の時期にも咸與維新という言葉が使われた文が何編か残っている。しかし、大院君の政治に言及するものではない点を見ると、大院君と関連して咸與維新という言葉が広く使われたのではないだろう。維新という言葉は『朝鮮王朝実録』だけでも500回も出て来るもので、儒教国家の改革を称する一般名詞であったが、近代に入っては、明治維新にだけ残ってほとんど使われなかった言葉だ。朴鐘鴻や李瑄根が『詩経』、『書経』や大院君を引き合いに出しているのは、大衆が「維新」と言えば、すぐに明治維新を思い浮かべるようになるのをごまかそうとしたものだ。最近の流行語で表現すれば、維新という言葉に込められた致命的な日本色を、良い具合に「マッサージ」したものだと言える。

## 明治維新の志士たち

1972年10月以前、朴正煕にとって維新とは明治維新であり、維新に他の根拠をくっつけたイデオローグたちもこの点を知らなかったわけではない。当時中学生だった私は、よりによって名前を付けるにしてもなぜ明治維新をそのまま書き写して、10月維新と付けたのかと情けなく思ったが、権力の生理を知らないうぶな考えであった。維新のイデオローグたちは、朴正熙が10・17特別宣言と10月24日の国連デー記念式の祝辞に引き続いて「維新的改革」という言葉を使うのを見て、朴正熙の気に入るように最初から「的」の字を取ったのである。これに比べると国務総理〔大統領の命を受け行政各部を統括する大統領の第一位の補助機関〕金鐘泌は、むしろ正直だった。彼は、政府があえて非常措置をなぜ維新と名付けたのかと聞かれて「日本の明治維新と精神的に通じる点があるからだ」と答えた。(3)

朴正熙は、明治維新に対する限りない畏敬の念を隠さなかった。『国家と革命と私』〔1963年〕で、小さい島国日本が「明治維新という革命過程を経験して10年位で、一躍極東の強国として登場したのではなかったか、実にアジアの驚異であり、奇跡に違いない」のであり、「今後、我々の革命遂行に大いに参考になるのは否定できない。よって、私はこの方面に今後も関心を持ち続けるものである」と明らかにした。朴正熙にとって明治維新は、韓国がずっとお手本とすべきモデルだったのである。(4)

これに先立つ1961年11月12日、朴正熙が日本を訪問した時、彼は前総理、岸信介〔1896～1987年、内閣総理大臣（1957～60年）〕ら日本の満州人脈と赤坂の料亭で会い流暢な日本語で、「私は政治も経済も知らない軍人だが、明治維新当時日本の近代化の先頭に立っていた志士らの国を思う情熱はよく知っている」とし、「彼ら志士と同じ気分でやってみる考え」だと明らかにして、同席した日本の客を喜ばせた。(5) では、朴正熙のロールモデルであった明治維新の志士は、誰であったのか。坂本龍馬、高杉晋作、大久保利通のようにいち早く暗殺されて神話化された人物もいるが、征韓論を繰り広げた西郷隆盛、朝鮮侵略の元凶伊藤博文、井上馨、山縣有朋らが、まさに朴正熙が感嘆してやまなかった明治維新の志士たちであった。明治維新の志士と朴正熙の間の共通点は何か。それは、明治維新を引き起こしたサムライたちが、わが国の衛正斥邪派《ウィジョンチョクサパ》同様な保守的立場から、初め「尊皇攘夷」をスローガンに掲げ政権を奪ったが、世界の現実を知って急激に開化を推進したように、朴正熙も同じく初めは貧しい農民の息子らしく素朴な重農政策を推進したが、180度転換して輸出ドライブ政策を繰り広げたことにある。

## 高木正雄という朝鮮青年

5・16軍事反乱が起こり、その実力者が朴正熙少将だという事実が伝わったとき、日本の政界は大変緊張したという。極度に反日的な姿勢をとっていた李承晩《イスンマン》（1875～1965年、第1、2、3代大統領（1948～60年））政権が倒れて、日本に対して宥和的態度を見せる張勉《チャンミョン》（1899～1966年、初代駐米大使、国務総理（51年）、野党側の副大統領（56年）を歴任。4・19学生革命以降、議員内閣制で国務総理に任命された）政権になっていたのに、急に軍事クーデターが起きたのは望ましいことではなかった。アジアとアフリカで起きた軍事クーデターが、大部分民族主義と親社会主義の様相を見せていたためである。何時間か後、朴正熙の写真が印刷された号外を見た政治家は「高木正雄じゃないか？」と安堵のため息をついたという。彼らは、満州国の軍官学校と日本の陸軍士官学校を出た、高木正雄という朝鮮の青年はよく知っていたが、彼の本名が、朴正熙であるとは知らなかったのである。朴正煕が初めて日本を訪問したとき、満州国軍官学校時代の校長南雲親一郎中将にクンジョル〔両親など目上の人にする改まった大変ていねいなお辞儀〕をした行為が、日本の保守人脈に与えたメッセージは明らかだった。

朴正煕が、アメリカの圧力で軍服を脱いで大統領に就任したとき、日本では自民党副総裁大野伴睦〔1890～1964年〕を慶祝特使として派遣した。大野は1962年末、ソウルを訪問して朴正煕と2回会談をしたことがあった。大野は東京を発つとき、記者団に「朴大統領とは〔互いに〕親子関係だと自認するほど親しい間」と自慢しながら、「大統領就任式に行くことは、息子の祝い事に駆けつけるようで何よりもうれしい」と言った。(6) 当時、両金《ヤンギム》〔金泳三と金大中〕氏は偶然それぞれの野党のスポークスマンとして活動していた。民政党のスポークスマンだった金泳三《キムヨンサム》〔1927年～、第14代大統領（1993～98年）〕は「一国の大統領を息子に比喩したのは、国家体面上許すことが出来ないこと」であり、「久保田妄言〔1953年韓日会談の日本側代表久保田貫一郎が、日本の植民地支配が朝鮮に有益だったと主張〕程度ではなく、その何倍もひどい妄言」だと糾弾した。金大中〔1924～2009年、第15代大統領〔1998～2003年〕〕は、民主党・自民党・国民の党など3党の共同交渉団体である三民会のスポークスマンであったが、大野が日本に戻って朴正煕の就任の辞を「世紀的演説」だとおだてたのを聞いて「息子自慢」がひどいと皮肉った。(7)『東亜日報』は、大野の妄言が国内に後になって報道されたことに対して、「外信検閲に血眼になっていた軍事政権が、どうしてこの驚くべき妄言を黙認したのか疑問」であり、「日本の政治家らが韓国をこのように見下げる言葉」から、将来の国家運命がどうなるかヒヤリとした思いにとらわれたと論評した。(8)

大野は、総理にはなれなかったが、衆議院議長を務めた日本政界の大物であり、妄言だけではなく「サルは木から落ちてもサルだが、代議士は選挙に落ちればただの人」という名言も残した者である。(9)彼は、日本の『中央公論』1960年1月号で日本、韓国、台湾を合併させて日本合衆国を、さらには東南アジアの国家を合併してアジア連邦を作ろうという、すなわち大東亜共栄圏を復活させようという主張の持ち主だった。彼は1962年末ソウルを訪問したとき、金鍾泌との会談で独島《トクト》を韓国と日本が「共同領有」しようと主張したこともある。(10)このような大野が朴正熙と親子関係だと自ら言うなら、朴正熙を父として尊敬する数多くのニューライトたちは、大野の孫になることだろう。李承晩は建国の父であり、親日派と朴正熙は近代化の父だとすると、父親がたくさんいる者たちは、さぞおじいさんも多いことだろう。

## もう一つのモデル、昭和維新

朴正熙が、手本にした維新は明治維新だけではなく、もう一つあった。まさに流産した維新、昭和維新である。日本の軍部内の急進派青年将校と北一輝のような超国家主義者は、明治維新を再現しようと1936年2月26日、天皇親政を名分に軍事クーデターを引き起こした。彼らは朝鮮総督を務めた斎藤實ら大臣4名を殺害したが、天皇の復帰命令で鎮圧され首謀者15名が処刑された。彼ら皇道派将校が、5・16軍事反乱以前の朴正熙のもう一つのモデルであった。彼は、軍部内の同僚と夜を徹して酒を飲みながら「2・26事件のとき、日本の若い憂国軍人らが国を正そうと決起したように我々も立ち上がり、さっさと「今の世の中を」覆すべきではないかと吐露」したという。(11)朴正熙の飲み友だちであった小説家李炳注《イビョンジュ》（1921～92年）は、朴正煕が「日本の軍人が天皇絶対主義に訴えるのがどうして悪いんだ。それに国粋主義がなぜ悪いんだ……。日本の国粋主義将校が日本を滅ぼしたっていうが、日本が滅んだって、何言ってんだ。今、うまくやっているじゃないか……。国粋主義者の気概が日本の国民の底辺に流れている、その気概が今日の日本を作ったんだ……。我々はその気概を学ぶべきだぞ」と言ったと回顧した。(12) 議会政治の打倒、旧政治家の不正腐敗の一掃、財閥解体、貧富格差の解消などを主張した朴正煕の考えは、昭和維新を推進したが鎮圧された皇道派青年将校の考えと本当にそっくりだ。1930年代、日本の急進派青年将校が10年程度の大正デモクラシーに我慢できず挙に出たとしたら、朴正煕は1年に過ぎなかった第2共和国の民主主義の実験が、混乱を招くと言ってその基礎を壊してしまった。

2002年ワールドカップにレッドデビルが「アゲイン1966」をスローガンに掲げて出たが、昭和維新の青年将校や彼らの直系の後輩である高木正雄は、「アゲイン明治維新」を掲げて出て来たのである。明治維新のときからして70年が過ぎた後、明治維新の栄光を再現しようと2・26事件を引き起こした皇道派将校は、時代錯誤という非難を受けた。それから我々が日帝（大日本帝国）の支配を受けた期間と同じ36年が過ぎ、再び「アゲイン明治維新」を掲げて出て来たのは、さらにさらに時代錯誤なことである。親日残滓を清算出来なかったのは、当時植民地時代に高官を務めた者が大韓民国でまた、高官を務めたことだけを意味するのではない。朴正煕の強烈な植民地体験が作り出した内面化された世界観が、解放30年になって制度として、体制として、登場したのである。だからといって、朴正煕が皇道派の世界観に止まっていたのではない。維新体制が推進していた重化学工業化のような近代化政策は、皇道派と対立していた統制派の構想に近いものであった。

## 憲政史の分岐点

ハンガリーの国民には申し訳ないことだが、一部では維新憲法をハンガリー憲法と呼んだ。維新憲法を作るとき、深く関与した人々の姓を合わせて「韓葛李《ハンガリ》憲法」と呼んだのが、音がちょっと変わったのである。韓葛李で韓は韓泰淵《ハンテヨン》〔１９１６～２０１０年〕、葛は葛奉根《カルボングン》〔１９３２～２００２年〕であるが、李については人によって食い違う。ある人は李厚洛《イフラク》を、ある人は朴正熙が尊敬していた軍の先輩である李龍文《イヨンムン》〔１９１６～53年〕将軍の息子の検事李健介《イゴンゲ》〔１９４１年～〕を、また、ある人は維政会〔維新政友会の略称。維新憲法によって大統領の推薦で統一主体国民会議で選出された全国区の国会議員が構成する院内交渉団体〕の議員を務めた教授李廷植《イジョンシク》〔１９３１～２０１０年〕を挙げる。維新の主役であった李厚洛は韓泰淵、葛奉根に比べ役割が余りにも大きい。それに比べて、李健介はちょっと違った役割のようであり、李廷植は一期目の維政会に入れなかったところを見ると、役割はとても小さかったようだ。多分、好事家が李の姓を一人加えて、ハンガリーになるように音を合わせたのではないかと思う。

文献で確認されている性質ではないが、朴正熙の行動の様子を見ると、彼は天皇を夢見ていた、いや、夢見るまではいかなくても非常にうらやましがっていたことは間違いない。維新憲法の緊急措置権をドゴール憲法や自由中国憲法と比較するが、事実、緊急時に議会を経ずに、「勅令」を発布できる天皇大権が保証された明治憲法こそ緊急措置権の原型ではないか。帝国日本で天皇は途方もない権威を持っていたが、彼自身が憲法に明示された国家権力を実際行使したことはなかった。反面、朴正熙は1960年代にすでに絶対的な権力を掌握し、それに続いて維新を通して絶対的な権威まで独り占めしようとした。研究者李俊植《イジュンシク》は、次のように指摘する。維新体制下の韓国社会と自然に重なり合うのは、「天皇と皇室に対するいかなる不敬な言動も許さず、植民地朝鮮の独立と日帝の敗戦を口にする行為自体を重罪で罰した日帝末期の軍国主義統治」であった、と(13)。

維新体制が成立した後、韓国の憲政史は大きく変わった。4月革命直後を除いては、維新以前には「抜粋改憲」〔1952年7月7日、釜山の避難国家で通過した韓国政府成立後最初の改憲で、対立する案を折衷して通過させたのでこの名が付いた。事実上李承晩大統領再選の道を開いた〕、「四捨五入改憲」〔1954年11月27日、李承晩政権時憲法上大統領が3選できない制限を撤廃するため、当時の与党自由党が四捨五入の論理を適用して定足数に満たない改憲案を不法通過させた第2次改憲をいう〕などで見られるように、改憲を試みる側は民主主義を破壊しようという側であり、「護憲」を主張する側が憲法と民主主義を守ろうとする側であった。維新を分岐点にして、護憲と改憲の間に攻守交代が起こった。朴正熙は自由民主的な基本秩序を破壊して、憲法を私物化した。維新憲法は憲法ではなかった。今や、護憲、その維新憲法を守ろうという者は独裁の手先であり、改憲を要求する側が民主勢力になったのである。

# 3. 金大中拉致事件

金正日《キムジョンイル》（１９４２〜２０１１年）国防委員長が２００２年、日朝首脳会談で日本人を拉致してきた事実を認めた後、日本では北朝鮮が拉致国家だと非難されている。北朝鮮が日本人を拉致してきたことは何回謝っても許されない間違ったことだが、過去の日本が朝鮮半島から数百万の若者を徴兵で、そして女性を日本軍の「慰安婦」として拉致してきたことを考慮するなら、北朝鮮だけを一方的に拉致国家として追いつめるのは理屈に合わないことだ。

ところで、１９７０年代初めには北ではなく、韓国が金大中拉致事件のために拉致国家だと非難された。中央情報部は、その6年前ドイツとフランスから尹伊桑《ユンイサン》（１９１７〜95年、作曲家）、李應魯《イウンノ》（１９０４〜89年、画家）、チョン・ギュミョンら海外同胞知識人と留学生数十人を拉致してきて、国交断絶一歩手前まで行くという屈辱を受けたことがあった（東伯林《トンベクリム》事件、１９６７年、作曲家尹伊桑ら芸術家、大学教授、公務員ら１９４名が旧東独の東ベルリンを拠点にして北朝鮮の対南赤化工作団体活動をしていたとして、韓国当局により処罰された事件）。それにもかかわらず、また、今度は友好国日本の首都から大統領に立候補したことのある野党指導者を、昼日中に拉致するというとんでもないことをしでかした。東伯林事件当時の中央情報部長金炯旭が、いったん目標が決まるとたとえ火の中水の中でも恐れを知らない性格だったとしたら、「金大中拉致事件」当時の中央情報部長李厚洛（１９２４〜２００９年、５・16軍事クーデター後大統領秘書室長を経て中央情報部長など歴任。）は、非常に頭の回転が速いことで有名だった。天下の知恵者李厚洛が率いた中央情報部が、なぜ金大中拉致事件のような無理な手を打ったのか。

　朴正熙は１９７１年の大統領選挙でぶつかり合う前から金大中をとても嫌っていた。１９６７年の総選挙では、金大中を落選させるために木浦で国務会議〔政府の権限に属する主要政策を審議する最高政策審議機関〕を開きあらゆるバラ色の公約を掲げ、挙句の果てに自身が演説集会の弁士として登場までした。１９７１年の大統領選挙で彼は予想外の苦戦を強いられ、金大中にかろうじて勝利した。そこで、朴正熙は2度とこのような選挙を経験しないように「維新親衛クーデター」を断行したのである。その選挙期間中、金大中は不可解な交通事故で足をけがして、治療のために日本へ来ていた。１９７１年4月の大統領選挙が終わった時から金大中が日本へ出国する１９７２年10月までの１年半の間、中央情報部が作成した金大中の動向内査報告書がなんと１１００余件なので、大体１日に2回ずつ動向報告するほど金大中は密着監視されていた[1]。

　金大中は野党議員すら捕まって拷問を受ける現状では、国内では活動の余地がないと考えて、国外で反維新民主化運動を広げていこうと決心した。そして、アメリカと日本を行ったり来たりしながら韓国民主回復統一促進国民会議（韓民統）〔１９７３年8月、在日同胞が大韓民国の民主化と統一のために設立した団体〕の結成に努めた。彼は、ペ・ドンホ、キム・ジェファ、チョン・ジェジュン、郭東《クァクトン》儀《イ》〔１９３０年～〕ら民団から離脱した在日同胞らと一緒に韓民統日本本部結成を推進した。金大中はアメリカに渡り、１９７３年7月6日、ワシントンで韓民統発起人大会を終え、7月10日、日本に戻ってきて韓民統日本本部結成を本格的に進めた。彼は大韓民国絶対支持と「先民主後統一」原則を守る立場を堅持した。

金大中は民団離脱派の在日同胞らに朝鮮総連とは一線を画さなければならないとして、8月15日に予定された朝鮮総連との慶祝行事も中止するように要求した。国内に戻って活動しなければならない彼は、このように万一にもあらぬ疑いをかけられないように注意していた。しかし、民団離脱派をベトコンと呼んでいた中央情報部は、色眼鏡で金大中を見ていた。駐日公使金在権《キムジェグォン》（本名キム・ギワン）（1937～94年）が責任者であった中央情報部の日本組織は、金大中が駐韓米軍撤収と朴正煕独裁政権に対する支援中断を訴えたり、平壌訪問を推進するなどという間違った諜報を本部にずっと打電した。維新以後、国内の野党、学生運動、在野、言論全てが沈黙した中で、海外で金大中だけが一人で反維新運動を展開していた。朴正煕政権は、金大中だけ口をふさげば反維新運動は消えて行くと考えた。

## 李厚洛なのか　朴正煕なのか

金大中拉致事件で解けていない争点は二つある。一つは金大中の拉致が朴正煕の指示を李厚洛が実行したものなのか、それとも尹必鏞《ユンピリヨン》事件（1973年当時首都防衛司令官だった尹必鏞（1927～2010年）が「李厚洛が次の権力者」と思われる発言によりクーデター謀議容疑で処罰された事件」で窮地に陥った李厚洛が朴正煕の信任を回復するために単独で犯行に及んだものなのかである。もう一つはこの事件のもともとの計画が金大中の殺害なのか、単に拉致なのかどうかである。

私が末席を務めていた国情院過去事委員会（正式名は国家情報院過去事件真実究明に関した発展委員会。朴正煕政権の第3共和国以降の中央情報部、安全企画部、国家情報院による韓国現代史全般の反民主的・反人権的事件に対する真実究明団体。２００４年11月〜07年11月まで存続）でもこの問題を調査したが、朴正熙が金大中の拉致や殺害を指示したという文書は見つからなかった。(2) 多分そのような文書は最初から存在しなかったのだろう。ヒトラーのサインした指示文書がなくても、我々はユダヤ人虐殺というむごたらしいことがヒトラーによって行なわれた事実を明確に知っている。組織暴力団の世界でも殺人の教唆はほのめかしの形で行なわれる場合が多い。片付けたい憎い奴がいるとき兄貴分が弟分に「あいつを殺せ」とはっきりわかるように話す場合はほとんどない。「俺はあいつを見ると消化不良になる」、「俺はあいつを見るといつも（胃袋の）米粒が立ち上がるんだ」のような話をすると、配下の者が意をくんで処理してあげるのが当然なのだ。シグナルを送っても反応がなければ、「死に神は何してんだ、あんな奴連れていかないで」と強く出て、それでも反応がなければ子分を「ただ飯食いの奴ら」といびる。弟分がことを起こして、警察や検察が兄貴分を教唆犯として追いつめると逆に反発して「俺はただ消化不良になると言っただけ」で消化不良と言われたら、消化剤を買ってくればいいのに、なんで無関係な人を刃物で刺すのかといら立てばいい。朴正熙の周辺の人々が口をそろえて、金大中が拉致されたと聞いて朴正熙が「李厚洛が余計なことをした」といら立ったという。そして、「閣下はそんなことをする方ではありません」と朴正熙を擁護する姿は、暴力団の世界の兄貴弟分関係でよく見られる光景ととても似ている。

　李厚洛が中央情報部海外担当次長補李哲熙《イチョルヒ》（張玲子《チャンヨンジャ》手形詐欺事件のまさにその李哲熙！）（１９２３年〜、軍人、政治家、企業家。１９８２年６４０４億ウォンの手形詐欺事件に連座）に金大中に対する特段の措置（最低でも拉致）を指示した。その時、李哲熙は１９６７年の東伯林事件で海外工作が困難になったと強くはねつけた。しかし、李厚洛は10日後再び李哲煕を呼び出し「金大中を連れて来なければならない。連れて来さえすればその後の責任は俺がとる。俺もうやりたくてやってるわけではない」と強力に指示した。それで、李哲煕は海外工作局長ハ・テジュンと現地日本の中央情報部の責任者である駐日公使金在權を呼んで工作計画を立てた。(3) 李哲煕によると、金在權もやはり反発したが「俺のところで処理する事案じゃないので、反対意見は部長に直接言え」と言ったという。また、金大中を直接拉致した尹鎭遠《ユンジノォン》〔1925年〜〕も金在權が「朴大統領の決裁サインを確認する前には工作を推進できない」と言い張ったと証言した。このように初め極力反対していた李哲煕や金在權が結局金大中拉致事件の計画樹立と現地工作においてそれぞれ総責任者の役割を遂行したことは、彼らも結局金大中拉致事件が李厚洛ラインというよりは、朴正煕ラインだということを何とかして確めたことになる。

### 混沌の中の実行準備

金大中が7月10日に日本に戻ってくるや、海外工作局は駐日派遣官に金大中の動向を集中的に監視するように指示を出した。中央情報部が金大中に対する工作計画を具体的に準備したのは、この頃のことだ。金大中に対する工作は日本で行われるものなので、工作計画の樹立は本部ではなく日本の派遣官が担当した。駐日公使金在權は、駐日大使館一等書記官に身分を偽装していた金東雲《キムドンウン》に工作計画の樹立を指示した。金東雲が本部に送った電文によると、彼は「KT工作計画案」（KTは当時中央情報部で金大中を指していた略語）を7月19日、特別パウチ便（在外公館の駐在国政府や第3国が開けて見ることができないように国際法で保証された外交郵便袋）でソウルに送った後、21日にソウルに来て計画案の内容を直接報告した。金東雲の計画案を受け取った次長補李哲熙と海外工作局長ハ・テジュンは海外工作団長尹鎭遠と一緒に計画を検討した。(4) 尹鎭遠は当時現役陸軍大佐で李哲熙の特殊工作部（ＨＩＤ）の後輩だった。

金大中拉致事件が、金東雲が作成した「ＫＴ工作計画案」通りに進行されたわけではない。この文書は当時中央情報部がどのようにして金大中に対する工作を準備したかを把握できる決定的な文書であるが、残念ながら現在残っていない。この文書を取り巻いて李哲熙、金東雲、尹鎭遠の証言は互いに食い違っている。尹鎭遠によれば、この計画の第1案は日本のヤクザを使って金大中を拉致した後パウチに入れて送るものであり、第2案はヤクザを利用して金大中を除去（暗殺）するものであった。金東雲はヤクザを利用する計画を立てたのは確かだが、初めから単純な拉致計画であって、殺害を行なう計画を検討したことはないと主張した。尹鎭遠は、いくら外交郵便袋といっても人を運ぶのは不可能で、また、ヤクザを利用するのは殺害であれ拉致であれ政府が長いことヤクザに弱点を握られることになって保安上不可能だと金東雲の案に反対した。(5) 結局本部からは金東雲が提案したヤクザを利用する方法の代わりに、駐日派遣官を動員して工作を実行することにして、現場の実行責任者として尹鎭遠を追加投入した。

尹鎭遠と金東雲が日本に来た7月21日から中央情報部は、駐日派遣官全員を動員して主要ホテルに潜伏させ金大中の動向を24時間監視させた。しかし、彼の動向を把握するのは簡単ではなかった。金大中とその側近らは彼の身辺の安全に格別な神経を傾けて、彼の動向は極秘にされていた。駐日派遣官はさまざまな情報員を協力者として活用しながら、金大中をおびき出して拉致しようと計画したがそのたびに失敗した。７月31日夜には、金大中があるレストランに現れたという情報に尹鎭遠と駐日派遣官６名が緊急出動したが、すでに金大中はレストランを出た後だった。本部では次長補李哲熙が駐日公使金在權に何回も電話をかけて「あの物件（金大中）、早く送れ」とずっと督促した。中央情報部はだんだん焦ってきた。金大中は８月13日、韓民統日本本部の結成式を執り行うとすぐハーバード大学に修学する予定であった。彼がアメリカに渡ってしまったら、金大中を処理する機会は水泡に帰してしまうことになる。

　本部の督促に初めは消極的だった金在權も積極的にでた。彼は駐韓アメリカ大使ソン・キム（１９６０年〜、オバマ大統領の下で初の韓国系駐韓アメリカ大使）の父親であるが、ソン・キムが大使に指名されたとき韓国のマスコミは金在權が金大中拉致事件に反対したとか単に巻き込まれた程度だとか報道したが、それは事実と違う。金在權が初め反発していたのは事実だが、彼はすぐに態度を変え現地責任者としての役割を忠実に果たした。金在權は８月８日、金大中が日本訪問中の統一党党首梁一東《ヤンイルトン》（１９１２〜80年、野党政治家。大韓民国臨時政府に加担。１９７３年民主統一党を創り、在野の反体制勢力との連携で第３の道を企画したが実らなかった。代表最高委員を経て総裁）に会いに、彼の泊まっているグランドパレスホテル２２１１号室を訪問する予定という正確な情報を２日前の８月６日に手に入れた。尹鎭遠ら行動隊が金大中を拉致するのに決定的な手助けをしたことになる。金在權は１９５８年空軍政訓監時代、民間機ＫＮＡ機に乗っていてスパイにハイジャックされ平壌に連れて行かれたが、２週間ぶりに解放されたことがあった。[6] 拉致された者が15年後に拉致犯になったことになる。

金大中をグランドパレスホテルから直接拉致した人々は、すでに様々な資料で明らかになっているが、海外工作団長尹鎮遠、駐日大使館参事官ユン・ヨンノ、一等書記官ホン・ソンチェ、金東雲、二等書記官ユ・ヨンボク、ユ・チュングクらであり、一等書記官ハン・チュンは現地偵察の任務であった。これら「行動隊員」は若い末端職員ではなかった。当時、職級でユン・ヨンノとハン・チュンは理事官の2級甲、ホン・ソンチェ、金東雲、ユ・ヨンボクは副理事官の2級乙、ユ・チュングクだけ書記官の3級甲で全員相当な高い役職についている人物だった。[7] ところで、彼らは経験が豊富なベテラン情報要員というには、あまりにも不手際であった。拉致現場に数々の遺留品や肉眼で見てもはっきりと見える指紋を残すという決定的な失敗を犯した。「KT工作計画案」の作成者金東雲が残したこのあきれかえる指紋について、金大中の拉致に反対する情報部員がわざと指紋を残したのではないかと推測する向きも一部にはあった。日本の記者は金大中拉致事件を300円事件と皮肉った。300円の軍手さえはめていれば、韓国政府がこんな侮辱を受けなかっただろうという意味だ。

彼らはまた、現場に拳銃の弾倉、大型背嚢、麻酔剤が入った栄養剤の瓶などいろいろな遺留品を残した。その中には、北朝鮮のたばこが含まれていて情報部が金大中の拉致を北のしわざにして罪をかぶせようとしたという推測を生みもした。情報部員はもともと梁一東が泊まっている2211号室の隣部屋の2210号室を予約したが、ちょうど前の部屋の2215号室のドアが開いていて、2つの部屋に分かれて待機した。たばこは偶然2215号室にあったのであり、大量の遺留品を残したのは廊下で金大中を見送りに出た統一党のキム・ギョンイン議員と出くわして、そうなったという。2210号室にいた拉致隊員は金大中を引きずりおろしながら、2215号室にいた監視組が後始末をしてくれると考えた。ところが、監視組は2210号室の状況を見ないでそのまま逃げてしまった。あまりにもぶざまだが、とにかく拉致は成功して中央情報部員は日本の警察の監視網をかいくぐって東京を抜け出した。工作船龍金号《ヨングムホ》が待機中である大阪に無事に到着して、金大中を船に乗せて韓国に送った。だとしたら「拉致」事件は成功した工作なのか。

## 成功した拉致、失敗した殺害

事件の被害者の金大中が第15代大統領に就任する直前の1998年2月19日『東亜日報』が特ダネ報道した「KT工作要員の実態調査報告」をみると、この事件に深く関わった人々が全員全て中央情報部の要員として現職にいたことがわかる、ただ尹鎭遠だけが職を辞して名誉回復を強力に願っていたのを除いて。日本の警察の追跡を完璧にまいて金大中をソウルに送った尹鎭遠は、なぜ貧乏くじを引かねばならなかったのか。

もともと尹鎭遠は東京で金大中を拉致して、大阪に移動して滋賀県大津で大阪総領事館に来ている中央情報部の要員に金大中を引き渡すようになっていたが、彼らと行き違ってしまった。大阪の要員に金大中を渡すのに失敗した尹鎭遠は、仕方なく大阪の中央情報部要員が運営する安家《アンガ》〔特殊情報機関などが秘密保持のために利用する一般の家〕に金大中を連れて行った。(8) 尹鎭遠はこの頃心の中で激しく葛藤していた。初め彼は金大中を大阪要員らに引き渡して、自分は大阪湾に待機中の中央情報部の工作船龍金号に乗って、日本を抜け出そうとした。しかし、大阪の要員が現れず、自分が金大中を連れている期間が長くなってだんだん不安になってきたのだ。自分の手で処理するとしたら、バラバラ殺人をするにしても充分な時間があった。大阪の要員に金大中を渡して彼らが処理するなら、自分は「拉致」だけしたことで後々になっても限られた責任だけとればいいが、自身の手で金大中を殺すとしたらあまりにも大きな負担だった。尹鎭遠は自分が日本を抜け出すとき使おうと待機させておいた龍金号に金大中を乗せて、自身は日本で行方をくらましてしまった。(9) 龍金号に載せた金大中が、韓国の領海に入っていく瞬間彼に対する管理責任は「海外工作団」の尹鎭遠の管轄外になる。尹鎭遠は金大中を殺そうが生かそうが、その責任を李厚洛や朴正熙に押しつけたのである。金大中の拉致が工作の究極的な目標だったら、尹鎭遠は意気揚々と金大中を捕まえて、自分で直接李厚洛なり朴正熙なりに差し上げたことだろう。

朴正熙も李厚洛も尹鎭遠にはっきりと金大中を殺してしまえと指示したことはないようだ。朴正熙はただ中央情報部は何しているんだ、金大中一人を黙らせるようにできないのかと言ったのだろう。ならば工作団長尹鎭遠なりに意をくんで「処理」してくれなくてはならないが、尹鎭遠は金大中が東京でこれ以上活動できないようにする、つまりそこまでだけして厄介者を生きたまま「進上《ジンサン》」するという、朴正熙や李厚洛としてはまさに「真相《ジンサン》」〔真の姿〕に怒りと恐怖で凍り付いてしまった。尹鎭遠は金大中を拉致した凶悪犯であるが、同時に彼が生き残れる妙案を作り出したのだ。

金大中が生き残れたのは、尹鎭遠も李厚洛も朴正熙もみんな自分の手を血で汚したくなかったためだ。金大中が「息をしたまま」釜山沖に戻ってきたのを聞いたとき、朴正熙や李厚洛の顔面は、まさに芸術作品だったろう。猫を飼っている人は、猫がネズミを捕まえて主人に「えらいでしょ」とばかりに持ってくるのにびっくり仰天することが時々あるという。尹鏞遠はこのような間抜けな猫ではなかった。彼は龍金号に金大中と一緒には乗らずに、日本で行方をくらましてしまった。そして、金大中が生きて家に戻ったことを聞いてからやっと中央情報部へ連絡をとった。彼がとった行動は、自分を処罰したら、このまま日本に亡命してしまうという意志をはっきりと明らかにしたものだ。本部では、ハ・テジュン局長を日本に迎えに行かせて尹鏞遠の身辺の安全を直接保証して帰国させた。

## こじれていく日韓関係

金大中の拉致で日韓関係がこじれていくと、朴正熙は連日かんしゃくを起こした。中央情報部の一部では「拉致のときと同じように金大中を東京に持って行って置いてきたらいいんじゃないかというアイデアが出た」という。李哲熙ら拉致事件の責任者が尹鏞遠に「もとどおり戻せないか」と切り出すと、尹鏞遠は拳銃を引き抜いて「おまえを殺して俺も死ぬ」と食ってかかったという。特殊工作部隊出身の陸軍大佐で、当時対北工作で大活躍していた尹鏞遠は、結局将軍昇進に失敗し、彼が率いていた海外工作団も解体され、中央情報部もやはりやめなければならなかった。金大中拉致事件の目標が「拉致」ではなく、金大中を拉致してソウルに連れてくることが「成功」ではないことを、これほどはっきりと示してくれるものはない。

目はテープでふさがれ、手足は縛られ、口にはくつわをはめられたまま、金大中は龍金号の貨物室に監禁された。彼はこの時中央情報部員が自分を海に投げ込んで殺そうとしたが、アメリカの飛行機が現れたため中央情報部の要員が自分を殺すことができなかったと主張してきた。国家情報院過去事委員会でもこの問題を調査したが、アメリカの中央情報部（ＣＩＡ）や日本の警視庁などで金大中を救うために、飛行機を派遣したという根拠は見つけられなかった。当時ＣＩＡの韓国責任者で金大中を生かすために努力していたドナルド・グレッグ〔１９２７年～〕前駐韓アメリカ大使もやはりアメリカはいかなる飛行機も飛ばしたことはないと一貫して証言している。若い頃海運業をしていた金大中は、船の動きだけでも大きさや性能が分かったといい、はっきりと飛行機の音を聞いたと主張した。生きるか死ぬかの岐路でイエス様にまで会っていた金大中の体験は、それ自体で尊重されるべきものであろう。

金大中は拉致され龍金号に乗せられた次の日の8月9日、大阪を発って、8月10日夜、釜山港の外郭に到着した。1日経った11日夜、下船して医師の簡単な診察を受けた後、救急車でソウル某所の中央情報部の安家に移された。朴正熙政権は、金大中を生かして家に帰すしかなかった。8月13日夜、彼らは金大中を東橋洞《トンギョドン》〔ソウル麻浦区《マポク》〕の自宅前で解放した。１９７２年10月11日、家を出てから10カ月ぶり、拉致されてからは6日ぶりに彼は自分の手で自宅の「呼び鈴を押した。たった今仕事から帰った家長のように[10]」。

金大中は戻ってきたが、日韓関係は最悪の状況に陥っていた。韓国は１９６７年東伯林事件当時、ドイツとフランスで韓国の知識人と留学生らを拉致して国内に連れて来たが、国交断絶一歩手前までいく屈辱を受けた。それにもかかわらず中央情報部が日本でまたもや拉致事件を犯したのだ。このことは一面では、朴正熙が金大中問題で中央情報部をどれほど厳しく責め立てていたかを示している。だが、他の一面では、韓国政府が日本との関係において特別に自信を持っていたことを表している。金大中拉致事件の総責任者である李厚洛は、中央情報部長になる前1年余りの短い期間であったが、駐日大使を務めた日本通であった。万一駐日大使館一等書記官金東雲が、拉致現場に指紋を残すというあきれかえる失策をしなかったら、日本政府は自国の首都東京で起きた拉致事件というとんでもない主権侵害に対して知らない振りをして見逃したかもしれない。実際に日本政府は金東雲の指紋を確認してもすぐには発表しなかった。金東雲は事件直後の8月10日、香港を経由して帰国して8月17日に日本に戻ったが、「日本の警察が空港から尾行するなど捜査網が狭められてくるや、2日後再び帰国した」。『読売新聞』は8月23日、金東雲が拉致事件に関連していると韓国政府の消息通が初めて認めたと報道したが、ソウル支局は閉鎖されてしまった。日本政府が金東雲の出頭を公式に要請したのは、その名前がマスコミに報道されて15日近く経った9月5日になってからだった。

朴正熙親日政権が日本の首都東京でしでかした前代未聞の主権侵害事件をめぐって、日本の「親韓派」保守政治家らは事件をうまくおさめようと懸命に努力した。両国政府は拉致事件を金東雲書記官個人の犯行として決着をつけた。現場に金東雲一人だけでなく何人もの韓国機関員がいて、グランドパレスホテルから金大中を乗せてあわてて走り去った車両（品川55も2077）の所有者が横浜総領事館副領事ユ・ヨンボクという事実も明白にされた。さらに、金大中が日本で連れ込まれた安家が、神戸市にある大阪総領事館領事パク・ジョンファの名義だとも明らかにされた。それでも日本の警察はきちんと捜査をしなかった。韓国政府は金東雲が「日本の警察当局の嫌疑を受けるなど国家公務員として資質を失い、品位をおとしめたために公務員職を解任し」、「解任後継続捜査をしたが、嫌疑を立証する確証を得られず不起訴処分にした」と日本に通報した。(11)

11月2日、国務総理金鐘泌は、朴正熙の親書をたずさえて日本に渡り、総理大臣田中角栄〔1918～93年〕に謝罪した。金鐘泌が日本に到着したとき、出迎えた外相大平正芳〔1910～80年〕は固い表情で握手したが、金鐘泌は頭を下げあいさつせざるをえなかった。それほど韓国政府は日本の善処を請わなければならない状態だった。韓進《ハンジン》グループの趙重勲《チョジュンフン》〔1920～2002年〕は、それとは別に田中を訪問して、朴正熙からの4億円という巨額の政治資金を手渡した。日本では、金大中の原状復帰、すなわち金大中を日本に戻せという要求が勢いを増していた。これに対して田中が「金大中が戻ってきたら騒がしいから、送るな」と韓国側に伝えたという噂も広まった。植民地時代から結ばれた韓国と日本の保守政治家との間のべとべとした癒着によりかかって、彼らは金大中拉致事件をこのように処理して、日韓の全ての問題が「決着」したと主張した。

　朴正熙とともに事件を隠蔽した日本の態度は、2007年10月に国情院過去事委員会を締めくくり、金大中拉致事件の捜査結果を発表しようとしたときまで変わりがなかった。日本側は中央情報部が金大中を拉致したことを韓国政府が公式に認めると、日本としては捜査を再開して金東雲の送還を要求するほかない。それで、捜査結果を発表しないように様々な「つて」を使って要求してきた。韓国政府は1998年の民主的政権交代で、1973年の怪しい「日韓決着」には関わっていない政府が登場した反面、日本政府は両国間の恥ずかしい取り引きが明らかになるのを依然として望んでいなかった。

## 隠蔽の主役朴正熙

事件の始まりと終わりは、やはり朴正熙だった。朴正熙が金大中拉致事件と本当に無関係だったら、彼は拉致犯を処罰しなければならなかった。金大中を拉致した凶悪犯は誰一人として処罰されなかった。拉致事件の「日韓決着」がなされた後の1973年末、内閣改造で李厚洛が3年ぶりに中央情報部長職を退いただけだ。1976年末と1977年初めに中央情報部で作成したものと思われる「KT事件関与人事一覧表」を見ると、尹鎭遠に対しては事後管理方案で「復職または就職斡旋」とした一方、金東雲に対しては本人が職務変更を希望したのでふさわしい職務を与えるとあるので、金東雲は形式的な解任後すぐに復職したことがわかる。金東雲は解職1年後に復職して8局副団長に任命されたので、2カ月後日本がこの事実を知って抗議してきた。そのため苑南洞《ウォンナムドン》〔ソウル中区〕に事務所をもらい、職責もなく副理事官級の待遇を受け、8年間勤務して1982年末退職した。この一覧表が作成されたとき、キム・ギワンは8局の海外工作官、ロサンゼルス駐在スパイとして活動していて、ユン・ヒョンノとホン・ソンチェはそれぞれ7局と2局の副局長、ハン・チュンは次長補佐官をしているなど全員が現職で活動していた。[12] 朴正熙は拉致犯らを徹底的に庇護していたのである。金大中を生かしたままソウルに送って将軍昇級に失敗した尹鎭遠は、1975年末、龍金号の船員の密輸事件に連座した嫌疑で退職したが、1977年8月朴正熙の指示で管理官に再び任用された。[13] 朴正熙は日本の保守政治家と手を握って、事件を隠蔽しただけではなく、拉致犯の面倒を徹底して見てやったのだ。

金大中拉致事件の余波は深刻だった。8月28日、北朝鮮は金日成の弟の南北調節委員会平壌側共同委員長金英柱《キムヨンジュ》〔1920年〜〕の名で拉致事件の主犯であるソウル側共同委員長李厚洛とは、これ以上対話できないと南北対話中断を宣言した。(14) 10月2日には維新宣布後1年ぶりにソウル大学文理学部生が維新反対デモを始めた。学生らのデモは瞬く間に全国に広まった。中央情報部は学生のデモが広がるのを止めるためにスパイ事件をでっち上げようとしたが、この過程でソウル大学法学部の崔《チェ》鐘《ジョン》吉《ギル》〔1931〜73年、法学者〕教授が疑問死した〔中央情報部でヨーロッパ間諜事件との関連で調査を受けている途中、73年10月19日、拷問で死亡。中央情報部は「教授は間諜嫌疑を自白した後良心の呵責を感じて7階から投身自殺した」と発表。2006年ソウル高裁は、国家の不法行為を認め遺族に賠償するようにと判決した〕。拉致事件によって日本では、韓国は拉致国家、やくざ国家だと言われて在日同胞の若者は顔を上げて歩けない有様になった。翌年8月、文世光という過激な在日同胞青年が、朴正煕を狙撃しようとして陸英修《ユクヨンス》女史を撃った悲劇的な事件もやはり金大中拉致事件の結果だった。金大中拉致事件と陸英修女史銃撃事件の因果関係を指摘したのは朴正煕自身だった。

## 4. 緊急措置と民青学連

1972年10月の朴正煕の憲政を蹂躙する親衛クーデター以後、息を潜めていた学生運動は、金大中拉致事件を経験して生き返り始めた。1973年10月2日、ソウル大学文理学部では、維新後初めて学生がデモをした。学生は宣言文で社会に蔓延した無気力と挫折感、敗北主義、投降主義、無事安逸主義と全屈従の自己欺瞞を断固として取り払い、「歴史的な民主闘争最初ののろし」をかかげようとした。朴正熙政権は、学生の初の挑戦を徹底して踏みつぶそうとした。デモの学生５００余名中１８０名が警察に連行されて、20名が拘束、56名が拘留、29日の処分を受けた。政権の圧力で学校は拘束学生全員を含む23名を除籍して、拘留処分を受けた学生は無期停学にし、デモに積極的に加わった学生18名は「自主退学」処分にした。[1] しかし、当局の迅速な思い切った処置も学生の反維新デモを止められなかった。デモは10月4日にソウル大学法学部、10月5日ソウル大学商学部へと波及し、全国に広がっていった。維新政権はマスコミが学生のデモを報道できないようにしたが、主要マスコミの若い記者たちは自由言論守護宣言をして、反維新デモを報道した。

維新反対運動は若い世代に止まらなかった。12月13日尹潽善《ユンボソン》〔１８９７～１９９０年、第4代大統領（１９６０年8月～62年3月）〕前大統領、白樂濬《ペクナクチュン》〔１８９５～１９８５年〕前延世《ヨンセ》大学総長、兪《ユ》鎮午《ジノ》〔１９０６～87年〕前高麗大学総長、金弘壹《キムホンイル》〔１８９８～１９８０年〕前新民党党首、李熙昇《イヒスン》〔１８９６～１９８９年〕前ソウル大学文理学部長、金壽煥《キムスファン》〔１９２２～２００９年〕枢機卿、李丙璘《イビョンニン》〔１９１１～86年〕前大韓弁協会長、韓景職《ハンギョンジク》〔１９０２～２０００年〕牧師、金在俊《キムジェジュン》〔１９０１～87年〕牧師ら、我々の社会で名だたる元老15人が時局懇談会を開き、民主主義の回復と大統領との面談を要求した。[2] 12月24日には、これら元老15人に張俊河《チャンジュナ》〔１９１８～75年〕、白基玩《ペクキワン》〔１９３２年～、市民社会運動家、統一運動家、作家。87、92年民衆候補として大統領選挙に出馬〕、金芝河《キムジハ》〔１９４１年～、１９７０年に『思想界』（5月号）に権力の腐敗を批判した『五賊』を発表し、維新独裁に対する抵抗運動の中心的な作家になった〕。柱勲梯《ケフンジェ》〔１９２１～99年〕ら在野の知識人を含む30名の発起で「現行憲法改定請願運動本部」を組織して「改憲請願１００万人署名運動」に突入した。朴正熙の非難にも改憲請願署名運動はとても順調に進み、10日余りで30万名が参加する成果を上げた。元老らは12月31日に再び時局懇談会を行い、朴大統領「閣下」に建議書を送った。維新政権打倒を要求する学生の主張に比べれば、改憲請願や建議という形式は穏健この上ないものだが、朴正熙はこれらを受け入れる考えは全くなかった。

## 1974年1月を死と呼ぼう

年が変わり1974年1月8日、朴正熙は緊急措置〔維新憲法に規定されていた憲法的効力を持つ特別措置〕1号と2号を発動した。緊急措置1号の内容は、維新憲法を否定、反対、歪曲または誹謗する一切の行為と、維新憲法の改定または廃止を主張、発議、提案または請願する一切の行為を禁止するものであった。緊急措置で禁止した行為を放送、報道、出版その他の方法で他人に知らせる一切の言動もやはり禁止された。この措置に違反したり、措置を誹謗した者は、法官の令状なく逮捕、拘束、押収、捜索され、非常軍法会議で15年以下の懲役に処することができるようにした。緊急措置は「大統領は天災地変または重大な財政経済上の危機に置かれたり、国家の安全保障または公共の安寧秩序が重大な脅威を受けたり、受ける憂慮があって、迅速な措置をする必要があると判断するとき」行なえるものとして、朴正熙が維新憲法に差し入れた条項である。緊急措置は憲法に規定されている国民の自由と権利を暫定的に停止でき、司法の権限を制限して、大統領の命令が法律と同じ効力を持つことができるので、三権分立は無意味なものだった。

朴正熙の執権18年中、半分以上の10年ほどが戒厳令〔国家非常時に憲法の一部の効力を停止して軍事権を発動し治安を維持できるようにする国家緊急権の一つで大統領の固有権限〕、衛戍令〔陸軍の部隊がある地域に継続駐屯してその地域の警備、軍隊の秩序及び軍紀監視と施設を保護するために制定された大統領令〕、非常事態〔天災、事変、暴動などが起こり警察力では公共の安寧及び秩序の維持が不可能なほど社会が混乱に陥った事態。国防部長官の提案で国務会議の審議を経て大統領が宣布〕または緊急措置の時代であった。維新時代は、1973年の何カ月かと1974年の陸英修女史逝去後の翌年緊急措置9号が発動されるまでの何カ月かだけを除いてはずっと緊急措置の抑圧と恐怖が続いた時期であった。

緊急措置1号が発動されたとき、金芝河は「1974年1月」という詩を書いた。「なじみのない酒場の壁に揺れている鏡のかけらの中に／暗い時代の鋭利な匕首《あいくち》を／背中にさしたみすぼらしい一人の男の／怯えた顔」で、彼は「1974年1月を死と呼ぼう」と言った。

学生は忙しく動いていた。ソウル大学の場合、これまで学生運動がたいして活発ではなかった医学部と工学部でも学生が積極的に動き始めた。梨花《イファ》女子大学、淑明《スンミョン》女子大学、ソウル女子大学など女子大学にまでデモが広がっていた。学生運動の中心グループは、内心では第2の4・19学生革命を夢見ていた[3]。特に学生運動内では、1969年3選改憲反対運動〔1968年6月12日ソウル大学法学部生500名余りが憲政守護糾弾大会を開催して以来、69年12月まで継続した学生の改憲反対運動〕当時、強制徴集されていた学生や、1971年教練反対デモ当時、強制徴集されていた学生が続々復学し始めた。全国各大学で強制徴集された学生は、同じ時期、同じ訓練所で訓練を受けながら、自然に互いに交流を重ねてきた。学生運動を弾圧するための強制徴集が、学生運動の全国的な組織化と連帯に大きな寄与をしたのである。

3選改憲反対運動当時強制徴集された後復学した先輩グループと、70・71年入学生が主軸になった後輩グループは、1974年春大きな事を一回やってみようと意気投合した。学生運動の人的資源が豊富だったソウル大学が中心になって、全体闘争総括、ソウル大学各学部担当、ソウル市内各大学担当、地方大学及び女子大学担当、キリスト系学生団体担当、社会人及び在野担当、印刷担当などそれぞれの役割を分担した。だからといって、何か大げさな組織が作られたわけではなかった。1960年代のさまざまな公安事件に懲りて、李哲《イチョル》〔1948年〜〕、柳寅泰《ユインテ》〔1948年〜〕、徐《ソ》仲錫《ジュンソク》〔1948年〜、歴史学者。『歴史と批評』編集主幹、歴史問題研究所理事長、南北歴史学者協議会南側委員長を歴任。現在成均館大学名誉教授、アジア歴史連帯常任協同代表〕、ファン・インソン、チョン・ムナ、ナ・ビョンシクら当時の学生運動の中心人物たちは、綱領や規約はおろか、組織の名称さえ付けるのをはばかった。最後の段階で宣言文の末尾に名前もなく出すよりちょっと形を整えようといって、全国民主青年学生総連盟（略称　民青学連）と名称を印刷物に書き入れただけだった。

学生は「全国各大学の運動勢力を組織して、一斉に蜂起しよう」と計画を立てた。決行日は4月3日に決めたが、済州4・3とは無関係であった。済州4・3〔1948年4月3日、韓国南側だけの単独政府樹立に反対した南朝鮮労働党の武力蜂起と、米軍政の強圧をきっかけに済州島で起こった民衆抗争〕の記憶は抵抗する学生にとっても、弾圧する中央情報部にとってもすでに忘れられた出来事であった。学生は3月21日、慶北《キョンブク》大学で手本を示そうとデモを行ったが、結果は思わしくなかった。4月3日当日には、ソウル大学、成均館《ソンギュングァン》大学、梨花女子大学、高麗大学、ソウル女子大学、監神《カムシン》大学〔監理教神学大〕、明知《ミョンジ》大学などでデモが起きたが、予想より規模がはるかに小さかった。

維新政権は緊急措置1号にもかかわらず、学生が春を待って、何かを企んでいるという兆候をすばやく把握して対策を立てていた。朴正熙は4月3日のデモが散発的に終わっても緊急措置4号を宣布した。緊急措置4号の内容は、1号などたいしたことはないと思えるくらいにぞっとするほどの恐ろしいものだった。4号の主な内容は、「全国民主青年学生総連盟とこれに関連するもろもろの団体を組織したり、またはこれに加入したり、その構成員と会合、または通信その他の方法で連絡したり、その構成員の潜伏・会合・連絡その他の活動のために場所、物件、金品その他の便宜を提供したり、そのほかの方法で団体や構成員の活動に直接または間接に関与する一切の行為を禁じる」ものであり、この措置に違反したり誹謗したりする者は、「死刑、無期または5年以下の有期懲役に処する」ものであった。維新政権は4月3日夜、緊急措置4号を発動して、「民青学連が北朝鮮共産集団のいわゆる人民革命を遂行するための統一戦線の初期段階的な地下組織として、この団体が反国家的不純勢力に背後であやつられ、我が政府を転覆しようという国家変乱の陰謀をたくらみ学園の一角に浸透し始め」たと明らかにした(4)。捜査もしないうちに反国家的不純勢力にあやつられて人民革命を遂行しようという結論を出したのだ。この後の捜査は当然、この結論を裏付ける方向で進んでいった。国情院過去事委が発掘した民青学連事件関連文書中に「民青学連3・30措置捜査状況報告」という資料が多くある。これを見ると、中央情報部が事前に事件を把握・捜査して3月30日からこれを政治的に利用するための大きな絵を描いていたのがわかる。当時ソウル大学文理学部学生会長クァク・ソンムンら一部学生会幹部が情報部で自分たちを注目している事実を知って、中央情報部の対共捜査長を訪ねて学生運動内部の動向を密告したという。中央情報部は、自ら収集した情報とこれら内通者が提供した情報を土台に、民青学連事件をでっち上げる準備をしたのだ。

民青学連の主役には巨額の懸賞金がかかった。北朝鮮からの間諜の懸賞金が30万ウォンだった時代、李哲、柳寅泰、カン・グチョルら3人に対しては初め50万ウォンだったが、すぐ200万ウォンに上がった。高校生に変装して逃亡していた李哲が捕まった4月24日には、なんと300万ウォンになっていた。李哲が捕まったときには、中央情報部は民青学連の背後にある組織をすでに決めていた。一つは、1964年の人民革命党事件（1964年8月14日、中央情報部が国家反乱を企図したとして「人民革命党」を摘発した操作事件（第一次人革党事件）。第二次人革党（1974年人革党再建委）事件では、8名が判決の翌日死刑執行されるなど国際的な司法問題ともなった。2007年と2008年再審で関連者全員無罪判決を受けた）関係者らであり、もう一つは、李哲と柳寅泰にインタビューしたことがあった日本人記者太刀川正樹（1946年～）と通訳早川嘉春を通した日本共産党と朝鮮総連など国外の共産系列であった。中央情報部は当時一部の学生が歌っていた『カラスよ、死体を見て泣くな』などの歌を北朝鮮の歌だとして容共と規定したが、実はそれは独立軍の歌だった[5]。

## 暴力革命資金に急変したインタビューの謝礼

中央情報部長申稙秀《シンジクス》（1927～2001年、法務部長官（1971～73年）、中央情報部長（1973～76年）歴任）は、1974年4月25日、民青学連事件についての捜査結果を発表した。それによると、組織の背後には「過去の共産系不法団体である人革党の組織と在日朝鮮総連関係と日本共産党、国内左派の革新系が複雑に作用」しており、日本の雑誌『週刊現代』のフリージャーナリストである太刀川正樹は朝鮮総連の「秘密組織員」郭東儀の指令を受けた者であり、太刀川が李哲・柳寅泰らをインタビューしたとき、通訳をした早川は日本共産党員として李哲らに暴力革命をそそのかし、資金を提供したと明らかにした[6]。太刀川が提供していたという資金は、たった7500ウォンで、これは暴力革命資金ではなく、インタビューの謝礼だった。

実は中央情報部もこの点はよく把握していた。当時の捜査状況報告に添付された文書「民青学連事件関連日本人に対する捜査指針」を見ると、中央情報部が事件をどのようにねつ造したかよくわかる。この文書は「初期捜査段階で調査に上った事項として犯罪要件に反したり、日本人の関与事実を否定する資料に使える部分、前後矛盾する部分は、削除」して「調書を整理するとき経歴、謀議過程、目標、資金、活動、組織などの状況は先日の部長の捜査状況発表文を参照してそれに合うように体制を整えて整備」しろと指示している[7]。すなわち、事実通りに陳述した部分は除いて、申稙秀が発表した通りに組み立ててつじつまを合わせろということだ。この文書は、また太刀川が柳寅泰にやった取材費については「取材に対する謝礼として7500ウォンを受け取ったと発表するのは、真実に反するものだ。暴力革命のためにがんばっているが、資金がなくラーメンで命をつないでいる実情で、交通費もない事情を話したら、私も同じ思想であって社会主義革命が成功して社会主義国家が建設されるのを希望する。少ない金だけど、暴力革命を遂行する資金の足しに使うようにと言いながら」やったものと記載しろと指示したとある[8]。

太刀川は韓国に来る前、金大中拉致事件を取材しながら、金大中救出運動を懸命にしていた郭東儀に会ったことがあった。朝鮮戦争当時、在日学徒義勇軍（朝鮮戦争勃発後、民団系列の在日同胞学徒が国連軍の仁川上陸作戦通訳支援のため米8軍に編入され参戦した642名の義勇部隊」として参戦していた郭東儀は朝鮮総連と無関係な民団内の民主派であり、太刀川は「朝鮮総連系と表面上連携した疑いが見つからない」人物であったが、中央情報部は太刀川が郭東儀の指令を受けて韓国の暴力デモを激励するために潜入したことにして罪をかぶせた。4月9日前後に作成されたと見られる捜査状況報告では、二人の日本人に対して「日韓両国関係を考慮して追放措置をとったほうが良い」という立場であった。しかし、民青学連事件の絵を大きく描いて国外の共産系列を背後組織として引き入れようと考えを変えたように見られる。金大中拉致事件以後、駐日大使館の一等書記官金東雲の指紋問題で日本政府から屈辱を受けていた韓国政府としては、劣勢に追い込まれた日韓関係で二人の日本人というカードを切ってみようという誘惑も大いに感じたことだろう。

二人の日本人を組織事件に加えたのは、李哲の京畿《キョンギ》中学の後輩で母親が日本人のチョ・ジクィの嘘の自白が重要な役目をした。多方面に才能があったチョ・ジクィは、家庭の事情で京畿中学を中退して古美術品店の店員をしながら、二人の日本人を李哲、柳寅泰に取り持ち、彼らのインタビューに補助通訳として参加した。中央情報部は「貧しい家庭で生まれ、高齢で病の床に伏している両親を世話しながらなんとか生計を立てている者」だったチョ・ジクィを抱き込んだ。中央情報部はチョ・ジクィを情報部近くのライオンズホテルに泊まらせて「参考人の陳述調書を完璧に作成して、証拠保全申請をして調書の証拠能力を固める」ことにした。中央情報部は「チョ・ジクィの陳述調書に必ずなくてはならない点」として「二人の日本人が李哲、柳寅泰に雑誌記者としてインタビューしたのではなく、暴力革命を煽動、そそのかし、幇助することであった点」、二人の日本人はもちろん「李哲、柳寅泰が共産主義だった点」、二人の日本人が「政府転覆のための内乱陰謀をしたという動かすことができない証拠保全を確保」することなどを挙げた(9)。チョ・ジクィはこの功労で中央情報部に特別採用されかなり長い間在職していたが、退職後ゆがめられた人生を自殺で閉じた。

## 5. 人革党再建委事件

「人革党再建委」事件は、統一運動家8名の命を奪い取った朴正熙政権時代最悪の公安事件である。「再建」の言葉でわかるように、すでに1964年に人革党（人民革命党）という名前の団体を結成しようとしたという大々的な公安事件があった。だから、1964年の事件を一次人革党事件、10年後に起きた「人革党再建委」事件を二次人革党事件と呼ぶこともある。二つの事件は主要な被害者はもちろん、その加害者も重なり合う。一次事件当時のラインナップが、中央情報部捜査課長李龍澤《イヨンテク》〔1930年〜?〕、検察長官中稙秀、法務部長官閔復基《ミンボッキ》〔1913〜2007年〕なら、10年後に李龍澤は中央情報部6局長、中稙秀は中央情報部長、閔復基は大法院長で事件を処理した。10年が過ぎ職責が上がっただけで、捜査と処理をまかされた人々はやはり彼らであり、やったことは同じであった。

一次人革党事件は、5・16軍事反乱で執権した朴正熙が軍服を脱いで、第3共和国をスタートさせた直後の1964年に起きた。朴正熙は経済発展を成し遂げるために日本との関係を積極的に推進したが、この「屈辱外交」はすぐ大々的な抵抗にぶち当たった。学生と市民らの大規模なデモに対して戒厳令まで宣布して軍を出動させなければならなかった朴正煕政権は、デモの背後に人民革命党という地下組織があると発表したのであった。[1]

「人革党再建委」事件もやはり政権の危機状況で出てきた。１９７２年10月の維新親衛クーデター直後、国会議員まで捕まり拷問を受ける殺伐とした雰囲気の中で、一時萎縮していた抵抗運動が１９７３年８月にあった金大中拉致事件をきっかけに生き返り始めたためである。

一方、一次人革党事件の関係者は、大変な辛苦をなめていたが、運動をあきらめてはいなかった。彼らは１９６７年の野党大統領候補一本化運動に参加したのを初めとして、１９６９年の３選改憲反対運動に積極的に加わった。特に１９７１年大統領選挙と国会議員選挙に先だって、民主守護国民協議会（民守協）が結成された。このとき、慶北民守協では徐道源《ソドウォン》、都禮鐘《トイェジョン》、河在完《ハジェワン》、宋相振《ソンサンジン》、チョン・ジェグォンらが運営委員として、カン・チャンドクは総務委員長、イ・ジェムンはスポークスマンとして活動しており、人革党再建委事件で検挙されたり、手配されたりした人々が中心的な役割を果たしていた。これら革新系の人々は個人的な条件や決断によって公に民主化運動に参加したが、一次人革党事件の衝撃が余りにも大きかったせいか、秘密地下革命運動を組織的に展開するときは躊躇していたように見える。しかし、彼らがいくら注意深くしようとしても険しく困難な歳月は彼らをとらえて離さなかった。

## 危険な雪解け

１９７２年２月21日、ニクソン大統領は中国を訪問して北京に歴史的な一歩を踏み出した。

1953年朝鮮戦争停戦以後、ほぼ20年ぶりにアメリカと中国が敵対的な関係を清算して、和平モードに入ったのだ。ニクソンの中国訪問は、まだ「殲滅するぞ、中共野蛮人」（当時は中国ではなく中共と呼んでいた）を叫んでいた「戦う大韓の息子・娘」らにとっては大きな衝撃だった。そして、土砂降りの雨の7月4日、中央情報部長李厚洛は5月初め極秘裏に平壌を訪問し、金日成に会って自主・平和・民族大団結の南北統一3大原則に合意してもう南北間の相互誹謗を中断すると発表した。この7・4南北共同声明の衝撃に比べれば、ニクソンの中国訪問はたいしたことではなかった。

全ての国民が衝撃、興奮、期待に沸き立ったが、特に寝ても覚めても統一問題に悩んできた革新系の人々が、この新しい事態の展開から受けた衝撃はとうてい言葉に表せなかった。革新系の人々は、ニクソンの中国訪問直後からアメリカと中国の和解が朝鮮半島に及ぼす影響に注目してきたようだ。

大邱の河在完は1972年2月から、1970年11月にあった北朝鮮の朝鮮労働党第五次党大会で金日成が行った報告文の内容を聞いて、ノートに書き取り始めた。彼は軍隊時代、特務隊（後の保安司令部）で下士官として勤務しながら、数年間にわたって北朝鮮の放送の傍受を担当したことがあった。彼は、革新系の人々が米中和解以後北朝鮮の統一政策の推移に対して深い関心を見せるや、多分早く知りたいがために北朝鮮放送を聴き、その内容をノートに書きとっていたのだろう。大邱師範学校を卒業してから4月革命に参加した後、教員労組活動をした宋相振もこの仕事を手伝った。このノートを回し読みしたこと、これが8名の命を奪い取った「人革党再建委事件」の実体であった。

## 取って付けた人民革命、こじつけた捜査

革新系の人々が7・4南北共同声明によって韓国社会で反共体制が緩和されたら、革新系の活動範囲も広がると期待したのは当然のことだった。しかし、朴正煕は南北共同声明が発表されて100日余りだけでその期待に冷水を浴びせた。維新親衛クーデターを断行したのである。名目は平和統一を指向するということであったが、誰が見ても終身独裁を企んでいるのは明らかだった。革新系の人々の間では、二つの考え方、立場が存在した。一つは、維新体制という抑圧的な体制が登場したが、大衆の統一に対する熱望が広がっている今「革新勢力を再び一つにまとめて統一運動を加速化し、同時に政権の非民主性を批判するための組織の必要性」を強調する立場である。もう一つは、「政権の軍部ファッショ的性格は全く変わっていないので、情勢の変化を注意深く眺望して性急な組織化を警戒するべきとする立場」であった(2)。

たしかにじっとしていられない状況であった。だからといって何もすることができない。みんな運動家であったので、組織に対する思いは強かった。しかし、組織は強い思いだけで作られるものではなかった。一部の人は革命の指導部である前衛組織なしには民族民主革命で勝利を期待することはできないので、前衛組織をすぐに作ろうと主張した。しかし、多くの人々は「過去の運動で失敗した人たち」(一次人革党事件関係者)が全面に出てはだめだと主張した。彼らは情報当局によって注目されている自分らが集まって、名称と綱領と規約まである組織を結成したら、すぐさま「ネクタイ工場」(絞首台)へ引っ張られていくかもしれないという現実的な恐怖を感じていたのである。

1974年4月3日夜、朴正煕は緊急措置4号を発動した。この発動では民青学連関係者らを死

刑にすると脅しながら、民青学連事件の背後を人民革命遂行のための統一戦線の初期段階的な地下組織と規定した。このとき青瓦台スポークスマン金聖鎭《キムソンジン》（1931～2009年）は民青学連が「反国家的不純勢力と結託」して「彼らの指令」によって「現政府を転覆し労働者・農民の政権を樹立しようと企図」したと主張した。(3) まだ捜査もしないうちに「反国家的不純勢力と結託」したという「事実」が発表されたのだ。今や捜査機関の課題は、その不純勢力を見つけ出す（または作り出す）ことであった。

中央情報部長申稙秀は4月25日、民青学連の捜査状況を発表した。これによれば、民青学連の背後には「過去の共産系不純団体である人民革命党組織と、在日朝鮮総連系にあやつられた日本共産党員らと国内左派革新系などが複合的に作用」したという。(4) 10年前世間を騒がせていた人革党という名前が再び出てきたのである。民青学連と人革党をつなぐ輪とされたのは、慶北大学法学部学生会長出身の呂正男《ヨジョンナム》だった。呂正男は64年入学で、日韓会談反対などで3回も学校を除籍されたことがあり、当時の民青学連の首謀者らに比べると年がはるかに上の先輩活動家だった。呂正男は冬休みになると中央の学生運動の動向を調べるためにソウルに出向き、ソウル大学文理学部の学生運動の中心である李哲、柳寅泰らと接触した。

柳寅泰と李哲の証言によると、初めは捜査官らは民青学連の「中央」にいる柳寅泰と李哲が呂正男をあやつったことにしようとした。李哲と柳寅泰が呂正男は自分たちよりかなり先輩なのになんであやつるのかと言い張った。すると、捜査官らはおまえらはソウル大学の学生で呂正男は地方大学の学生じゃないかと、背後関係を李哲と柳寅泰が呂正男の上部にいるといったん決めたという。しかし、中稙秀の発表直前急に「年もずっと上だからおまえらが指導を受けたことにしよう」と、呂正男が民青学連を背後であやつったものと変更して捜査を終結してしまった。中央情報部は呂正男を人革党だとして罪をかぶせることはできなかった。だが、彼らの出会いを、人革党再建委が民青学連の背後にいるという中央情報部のシナリオの核心部分として、結局呂正男を含む8名が法の名で殺害されたのである。呂正男は1969年から河在完の家で同居しながら家庭教師をしていた。そこで人革党事件関係者らを自然に知っていたのが、彼の不幸の始まりだった。

## 人革党もなく、再建委もなかった

非道徳的な維新政権は、学生や市民が不法な体制に挑戦するのが我慢できなかった。彼らにとってはこの抵抗の背後には必ず「不純勢力」がいるという強迫観念があった。この強迫観念は不純勢力がいなければ、でっち上げをしてでも対応しないと気がすまないものであった。大邱を中心にした人革党関係者らが呂正男一人を通してソウルの、さらには全国の学生運動を指導したということは、後日、疑問死委員会や国情院過去事委員会で当時の捜査官らも認めたように、話にならないことだった。1964年に人革党が組織されたこともなく、人革党「再建」というシナリオ自体がとんでもないことだ。裁判過程でも拷問で引き出された陳述以外に「反国家団体結成および国家転覆企図のための活動を確認できる組織名、綱領および規約、組織体系、組織活動関連の物証が提示されなかった(5)」。全くもってあきれかえる事実は、多くの人々が二次人革党事件を「人革党再建委事件」と呼んでいることだ。だが、「人革党再建委員会」という反国家団体は、非常軍法会議の検察側の控訴状や大法院の判決文のどこを探しても「再建」という言葉は出て来ないのだ。朴正熙は無実の人を8名も捕まえ死刑まで執行したが、結局人革党を再建させられなかった。

大法院の判決文によれば、この事件は一つの反国家団体事件ではなく、互いにゆるやかにつながった3つの反国家団体事件だった。大法院は「人革党再建委」ではなく「人革党再建団体」という曖昧な言葉で背後組織の性格を規定した。この人革党再建団体は、1970年8月に組織されたという「人民革命党再建のための慶北指導部」、1973年10月初めに組織されたという「人民革命党再建のためのソウル指導部」、そして、1973年11月初めに組織されたというどんな意味かさっぱり理解しにくい「ソウル指導部と同じ組織」など3つの団体で構成されていた。彼らが処刑されてちょうど30年後の2005年、私は国情院過去事委員会の事務室でこの理解できない判決文を読んでいて、泣いてしまった。

## 公判調書のねつ造⑥

このようなあきれた裁判で、本当に信じられないことが起こった。公判調書がねつ造されたのである。大法院の裁判は被告人を直接審理せずに記録だけで事件を判断するために、公判調書のねつ造はただごとではない。朴正熙と大邱師範の同窓であるキム・ジョンギル弁護士は、1974年9月末控訴理由書を作成しながら、控訴調書がねつ造された事実を初めて知った。法廷ではっきり違うと否定した部分が大部分控訴事実を認めたことになっていたのだ。

「人革党事件公判調書変造口外者調査」という中央情報部の内部文書によれば、キム・ジョンギル弁護士は１９７４年10月中旬、事務所を訪ねてきた禹洪善《ウホンソン》とチョン・チャンイルの夫人に「公判調書の記載内容が被告人の陳述内容を充分に反映していない」と説明したことになっている。１９７５年2月初めにはチョ・スンガク弁護士も李銖秉《イスビョン》、金鏞元《キムヨンウォン》らの公判調書の閲覧を大法院に申請して、タイプで打った公判調書謄本を1通交付され検討した。チョ・スンガク弁護士もやはり自分が公判で直接聞いた被告人の陳述と違う内容が多く記録されているのを確認した。彼は李銖秉の陳述中で被告人の陳述と正反対に作成された公判調書部分に「―」と「×」で表示して2月中旬、李銖秉と金鏞元の夫人に渡した。キム・ジョンギル、チョ・スンガク両弁護士が公判調書が実際の答弁と異なって作成されたと指摘した部分は、「共産国家建設を目的に共産秘密組織を構成しようと会合・決議をした事実」など反国家団体の結成と関連した部分である。８名が死刑になったのもまさにこの嫌疑のためであり、検察側が提示した唯一の証拠は被告人の自白だった。被告人は法廷でこれを否認したが、軍法会議は公判調書を嘘で固め、大法院はねつ造された公判調書を根拠にして死刑を確定した。

　民青学連事件関係者も初め軍法会議で7名も死刑判決を受けたが、１９７４年7月20日、呂正男を除いた大部分が無期に減刑された。このときすでに民青学連は生かし、人革党は殺すという方針が決められていたかはわからないが、状況は人革党関係者らに大変不利に動いていった。8月15日には、大統領夫人陸英修女史が銃撃されて亡くなり、社会の雰囲気は凍り付いた。

　１９７５年2月、朴正熙は維新憲法に対する賛否を問う国民投票という勝負に打って出た後、緊急措置違反者を釈放する宥和策を取った。ところが、朴正熙の期待とは違い釈放された人々は「自粛」する代わりに凱旋将軍のように歓迎され、釈放された金芝河は『東亜日報』に人革党事件が拷問ででっち上げられたことを生々しく暴露した。激怒した朴正熙は人革党が金日成の指令を受けたスパイによって組織されたものであり、極刑にできると強調した。しかし、このスパイは北朝鮮が送った従来の南派スパイではなかった。それでも、朴正熙政権はサイゴン陥落が目前に迫るなど情勢が悪化するや、人革党関係者の死刑を電撃的に行った。刑執行は大法院の確定判決後たった18時間後に始まった。拘束以来1年近く面会ができなかった家族は、刑が確定されると面会が可能になるだろうと朝早く西大門《ソデムン》拘置所に来たが、死刑が執行されていたのを聞いて気絶した。

## その明け方の連続殺人

1975年4月9日朝、高校1年だった私は満員バスに乗っていたが、西大門刑務所の前になぜ人がいっぱい集まっているのかと何気なく見て学校に行った。家に帰ってきてその日、人革党関係者らの死刑が執行された事実を知った。30年後、国情院過去事委でこの事件の真相調査担当委員になったとき、大邱に行って、彼らの墓に酒なりとも1杯注いでから調査を始めようとした。墓の位置を確かめようと一人の遺族に電話をしたところ、ただ行っても探せないと、案内してくれる人を送ってくれることになった。その人に会ってみたら、私と同い年だった。中学3年のとき父が捕まり、その後一度も会えずに高校1年のとき亡くなられた宋相振先生の息子だった。ぐっと息が詰まった。

1975年4月9日の明け方、国際法律家協会が「司法史上暗黒の日」と呼んだその日、朴正熙政権は人革党事件の関係者7名と呂正男に対する死刑を執行した。いや、それは死刑の執行ではなく連続殺人であった。午前4時30分、4月革命後、民民青（民主民族青年同盟）委員長として活動していた徐道源（1923〜75年、慶尚南道昌寧郡出身、当時大邱毎日新聞論説委員）が一番初めに引っ張られていった。享年53歳、その日死刑にされた中で最も年上であった。大法院で刑が確定してたった18時間で死刑が執行され、20分で終わった。

2番目の犠牲者は5時30分、金鏞元（1935〜75年、慶尚南道咸安郡出身、当時京畿女子高校教師）だった。明け方眠りについた同じ房の収監者を起こしてしまわないように米製の新しい革の手錠をつけたまま、つま先立ちでひっそりと出ていき刑場に向かった。ソウル大学物理学部を出て、京畿女子高の物理教師をしていて捕まった。康錦實《カングムシル》（1957年〜、1983年から判事、2000年ソウル高裁判事を辞し、弁護士に転身。盧武鉉政権時に法務部長官を歴任）弁護士と梨花女子大学哲学科キム・ヘスク教授らは彼の弟子だった。キム教授は、金鏞元先生がすぐ捕まってしまったので学期初めに少し授業を受けただけだが、とても静かで優しい方だと振り返った（享年40歳）。

3番目は李銖秉（1937〜75年）。金鏞元に対する執行が終わって15分後の6時5分に始まり、ぴったり20分で終わった。1960年、南北学生会談のとき、慶熙《キョンヒ》大学の民統連（民族統一全国学生連盟）委員長として「行こう北へ、来たれ南へ、会おう板門店《パンムンジョム》で！」という有名なスローガンを作った方だった。40歳になったばかり、二人の子どもの父親だった。

4番目は禹洪善（1930〜75年）。李銖秉を送って10分たっただけの6時35分に始まり、20分で終わった。高校生で学徒義勇軍として朝鮮戦争に参戦して、陸軍大尉で予備役編入した参戦の勇士だった。4月革命後、統民青（統一民主青年同盟）委員長で、事件のときにはゴールデンステップ社常務で企業家として仕事をしていた。45歳、4人の子どもの父だった。

5番目は宋相振（1928～75年）。朴正熙の大邱師範学校の後輩で国民学校の教師時代、教員労組活動も熱心にした。禹洪善を送って何をそんなに急いだのかわずか7分後の7時2分に刑の執行が始まり、20分で終わった。享年48歳。

6番目は呂正男（1944～75年）。宋相振執行13分後の7時35分に始まった。大邱の俊傑。朴《パ》槿《ク》恵《ネ》（1952年～、第18代大統領（2013～17年））の婿を大邱で見つけるならぴったりふさわしいとも言われた。人革党関係者としてではなく民青学連関係者として死刑判決を受けたが、二つの組織をつなげるために無念にも犠牲になった。わずか32歳。

7番目は特務隊中士（軍曹）出身で北朝鮮の放送をノートに書き写した河在完（1932～75年）だった。監獄で金芝河に会い、人革党事件が拷問ででっち上げられたことを暴露した。4人の子どもの父で、呂正男はこの子どもたちの家庭教師だった。河在完がこの世にいとまごいを告げたときわずか4歳だった彼の末息子を、町内の年上の子がスパイの子どもだといって、縄で縛って連れ回し銃殺する遊びをしたという。この町内に住んでいなくても我々みんながその縄の端を持っていたわけである。

最後は都禮鐘（1924～75年）。10年前の一次事件の主役であり、1974年当時には三和《サムファ》建設会長であった。河在完を送って10分たった8時30分に始まり8時50分に終わった（享年52歳）。4時30分に始まったこの明け方の連続殺人劇は4時間半で終わった。

彼らは家族らに遺体を返そうとしなかった。拷問の痕がまだ残っているから返さなかったとも、遺族らが集まって無念の死に抗議するかもしれないので返さなかったともいう。警察は最後のミサを行うために鷹岩洞《ウンアムドン》（ソウル恩平区《ウンピョン》）聖堂に向かおうとした宋相振の霊柩車を、碧蹄《ピョクチェ》火葬場に強制移送しようとして、遺族らと4時間20分もの間言い争いを続けた。遺族と宗教人らは車が動かないようにキーの穴にガムを詰め込んだり、車の前に横たわりもした。36歳の若い神父が車の前に横たわったが、警察はクレーンを使ってそのまま神父の体の上に霊柩車を引っ張って行った。その若い神父はそのときから杖を使わねばならなくなった。市井の神父、ムン・ジョンヒョン（1940年〜、全羅北道益《イク》山《サン》出身、カトリック神父。1976年には明洞3・1民主救国宣言によって投獄、その後社会運動労働運動に身を投じ、「街労働者の神父」「民衆の神父」と呼ばれる。2011年には韓進重工業闘争、済州島江汀《カンジョン》村の海軍基地設置反対住民闘争に合流し、民衆の抵抗の現場を支えている）神父だ。

朴正煕政権時代の最悪の公安操作事件である人革党再建委事件は、疑問死委員会と国情院過去事委員会の調査を土台に、2007年再審で無罪判決を受けた。遺族らは国家を相手に損害賠償を請求して、一審で490億ウォンの賠償判決を勝ち取り、相当な額を仮執行で受け取った。しかし、大法院は利子が過剰計算されていると賠償額を大幅に削減した。国家はこれを根拠に賠償金を受けた遺族と事件関係者77名を相手に「不当利益」251億を返せという訴訟を提起した。人革党事件は終わっていない（大法院は2011年1月27日「通常慰謝料賠償債務の遅延利子は不法行為時点から発生するが、事実審弁論終結時点から発生する」と判決した。この大法院判決のために人革党被害者77名は、すでに受け取った賠償金返還を要求された）。

## 6. 大統領狙撃ミスと陸英修女史の死

朴正熙政権は東京で反維新活動をしていた金大中を押さえ込めば、維新政権に対する全ての抵抗を完全に眠らせることができると考えていたが、それは誤算だった。金大中拉致事件は、戦車を前面に押し立てた維新クーデターの殺伐とした雰囲気の中で凍り付いていた国内の民主勢力を、長い冬眠から起こしたのであった。朴正熙は緊急措置1号と4号を宣布した。1973年10月2日、ソウル大学文理学部生のデモに始まり民主化運動が生き返るや、朴正熙は緊急措置1号と4号を宣布した。民青学連事件と人革党事件をでっち上げて、1000名余りの学生と在野の政治家を捕まえた維新政権は、この年夏中、学生運動の中枢勢力に対する死刑と無期懲役を求刑・宣告し、また、減刑するということを好き放題に繰り返した。朴正熙は捕まえておいた魚をどんなふうに料理するか考えながら、遠くアメリカでニクソン大統領が野党の選挙運動本部を盗聴しようとした部下の責任をとって辞任（1974年8月9日）せねばならないことを、「なんでそんなことで?」という思いでながめていたことだろう。

### 穴が空いた鉄壁の警護

1974年8月15日は、着工以来3年4カ月余りでソウルの地下鉄が開通する日だった。朴正熙大統領と夫人陸英修（1925～74年、1950年当時陸軍少佐だった朴正熙と結婚。朴正熙は再婚）女史は国立劇場での29周年光復節《クァンボクチョル》の記念式を終えてから、喜ばしい気持ちで清涼里《チョンニャンニ》駅で開かれる地下鉄開通式に参席する予定だった。朴大統領が慶祝の辞を読み始めてまだ10分にならない「祖国統一は必ず平和的な方法で成し遂げられなくてはならないことをもう一度……」という下りで突然「バン」と音がした。その瞬間は誰もその音が何を意味するかわからなかったようだ。朴正熙は慶祝の辞を読み続けていたが、壇上の警護室長朴鐘圭《パクチョンギュ》（1930～85年、5・16軍事クーデターを初めとして朴正熙の警護最側近として活躍、権力を振るった）が立ち上がって舞台前に駆けつけ銃を構え、場内は銃声と悲鳴が入り乱れて修羅場と化した。朴大統領は防弾になっている演壇の後ろに隠れ、揺れているテレビ画面は舞台の下で犯人文世光《ムンセグァン》（1951～74年、大阪府東住吉区で出生。日本名は南条世光）が捕まっているところを映し出した。朴正熙大統領に対する狙撃が発生したのである。しばらく中断していた生放送はすぐ再開された。朴正熙は大きな拍手を受け、「していた話を続けます」と甲高い声で中断していた場所を正確に見つけ慶祝の辞を読み出した。陸英修女史が負傷して病院に運ばれたというアナウンスがあったが、朴正熙が毅然としていたのか、冷酷だったのか、演説を続けていたので、視聴者は重傷ではないのだろうと考えた。午後になって陸女史の容体が深刻だというニュースが出たかと思うと、夕刻7時ごろテレビの画面が見たこともないような黄色い夕焼けの色に覆われる中、陸女史が亡くなったという報道が出された。49歳であった。

　私が通っていた国民学校は青瓦台に行く入口にあったが、朴正熙がお出ましになる時には大通りに面した窓を全て閉めたほど警護に神経を使った。朴正熙が参加する行事では、普通の人々は式場近くでウロウロすることすらできなかった。特に、3・1節や光復節のようないつも大統領が参席する記念式は、テロリストの標的になるので警備は並大抵な厳重さではなかった。文世光はドゴール暗殺計画を描いた『ジャッカルの日』（D.フォーサイス、1971年出版）という小説を耽読していたそうだが、その中でも暗殺犯ジャッカルはドゴールが必ず参席する解放記念日を決行日にした。ところで、厳重な警護は副作用がともなうのが常だ。この年３・１節記念式では、行事に参席した外国大使夫人らのハンドバッグさえもロッカーに保管するようにした。ところが、大使夫人会で令夫人に強く抗議されたために、警護課長が2カ月間停職処分を受ける事態まであった。このために外国人に対する警護がゆるくなって、文世光が日本大使館職員になりすまして警護の壁を無事に通過できたのだ。

当日、行事の警護は青瓦台警護室の３課のうち、警護2課と兵力50名が動員され、警察は私服88名を座席のあちこちに配置するなど総勢５４６名が動員された。文世光が銃を撃ちながら走り抜けたＢ列とＣ列の間の通路だけでも当時龍山《ヨンサン》警察署に勤務していた全斗煥《チョンドゥファン》（１９３１年〜、第11、12代大統領（１９８０〜88年））の兄全基煥《チョンギファン》をはじめとして12名の警察が配置されていた。だが、誰も文世光を止められなかった。文世光の足を引っかけて倒したのは警護員ではなく、独立功労者の家族として参席したある税務署職員だった。万一、文世光を誰かがバンと押しただけでも陸女史が被害に遭わなかったかも知れない。このせいで警察40名が首になった。市警局長イ・ゴンゲは警察がそのように無気力になった理由として、大統領警護室の指示なくしては絶対動かないようにという警護室の強圧的な態度に警察が気後れした点をあげた。

## 不十分な捜査、盛んな陰謀論

事件が発生してわずか2時間しか経っていない状況で、日本のＮＨＫ放送解説委員山室英男は、犯人が北朝鮮の武装スパイか民青学連系列の過激分子かもしれないとした。さらにもう一つの可能性として「ナチスが1939年ドイツの国会議事堂に火を付けた後、国会を解散して政権を奪取した例のように今回の事件も韓国の現政権によってでっち上げられた可能性がある」と主張した。まだすべてのことが不確実であり、陸英修女史の容体がどうなるか全く知らされていない状況で出てきたものであるが、公共放送で行なうには無責任な発言であった。そして、でっち上げ説は、次々と広がっていった。

あまりにもお粗末だった警備状況とそれよりさらにお粗末だった初期捜査発表は、数多くの弱点を抱えていた。捜査発表で出てきた弱点は、すぐ疑問点に変わって行き小さな疑問は雪の塊のようになって途方もない疑惑へと発展した。昔話に泥棒が入ると犬も吠えないというのがあるが、朴正熙政権の鉄壁のような警護が文世光という在日同胞青年にあえなく穴を空けられたことは、事件当時から陰謀論が盛んになる要因になった。一般の予想とは違い、文世光を裁判が終わるとすぐ死刑にしたのもさまざまな面で陰謀論をかきたてた。ひょっとすると文世光の処刑後の盛んな陰謀論が、大韓航空機（KAL）爆破犯金賢姫《キムヒョンヒ》（1962年～）の命を救ったのかも知れない。

陰謀の程度も陰謀説の動機もいろいろであった。当時合同捜査本部の要員であったソウル市警鑑識係長イ・ゴヌ警監は、1989年月刊『橋』で証言をして、陸英修女史は文世光が撃った弾丸に当たって亡くなったのではないという衝撃的な主張をした。(1) 2005年初めには、文化放送（MBC）の『今だから話せる』(2)（1999～2005年に放送された社会告発番組）とソウル放送（SBS）の『それが知りたい』(3)が同じ時期にそれぞれ2部作で陸英修女史銃撃事件の疑惑を扱った。また『ロサンジェルスタイムス』東京特派員サム・ジェイムスンは、これまで韓国のテレビで放映された白黒映像ではない違う角度で撮影された新しいカラー映像を公開した。そして、これを土台に陸英修を撃ったのは、舞台右側から走って入って来た警護員だったという主張を展開した。イ・ゴヌは31年間警察に奉職して、事件の合同捜査本部に直接参加していた重みで、サム・ジェイムスンは『ロサンジェルスタイムス』の後光と新しい映像の力でそれなりに注目されるに十分な主張を行った。

ここでいちいち検討はできないが、これらの主張はあいまいな仮説に立脚していたり、多くの弱点（偽造ナンバープレート問題、警護室の共謀説、被撃部位、銃撃時の閃光など）がある。ただ文化放送とソウル放送が、それぞれ当時の録音資料を音響専門家に分析を依頼したところ、2つの機関の分析は少し違うが、文世光の銃ではない第3の銃から発射された銃声が発見されたということは注目に値する。この仮説によれば、文世光の左側後方にいた警護員が文世光に向かって発射した銃がそれて陸英修女史に当たったということである。今まで明らかになったことは、B列後方にはペク・サンギュとキム・ヨンワン、2人の警護員が配置されていたが、彼らは文世光が1発目を誤発した時銃声と気付かず、犯人が走って行っても制止することも叫ぶことすら出来ないなど、なんの警護措置も取れなかった点で非難された。

1974年当時捜査本部は、精密な音響分析と映像フレーム〔コマ〕別に陸英修女史の反応を分析することなく現行犯文世光の銃撃で、陸女史が倒れたと結論づけた。文世光が陸女史を直接狙ったというよりは朴正煕が演壇の後ろに隠れた後、舞台の前に走り出た朴鐘圭を狙って銃を撃ったのがそれて女史に当たった可能性が大きい。新しい疑惑が提起されているからには、疑惑解消の点から全ての記録を公開して再調査することが望ましいだろう。文化放送とソウル放送が疑惑を提起した当時、国家情報院過去事委員会が活動中であったが、委員会は時間と力量不足でこの事件を調査できなかった。

## 陸英修の空白

文世光が朴正煕の狙撃を試みたタイミングは実に絶妙だった。事件発生1日前の8月14日、韓国政府は金大中拉致事件についての捜査を中止すると日本政府に正式に伝えた。次の日、日本で生まれ育った若者が、日本政府が申請書類の偽造を見抜けずに発行したパスポートを持ち、日本の警察から盗んだ拳銃で、韓国のファーストレディーを狙撃して絶命させた事件が発生した。韓国政府は文世光が朝鮮総連幹部金浩龍《キムホリョン》の指令を受けて犯行を犯したとして、朝鮮総連を取り締まるよう強く主張した。韓国政府は強硬だった。金大中拉致事件当時、金東雲ら書記官が残した指紋のために1年中ずっと日本政府に苦しめられてきた韓国政府に反撃のチャンスがやって来たのだ。日本も初めは強硬に対応した。日本にとっては、金大中拉致事件に対して韓国政府が一方的に捜査の中断を通報したのは、とても不快だった。その上拉致事件を実際に犯した中央情報部が、韓国で文世光事件の捜査を全て統制していたのも大きな不満だった。日本の警察が盗まれた拳銃で韓国の大統領夫人が死亡したのは残念なことだが、韓国国籍の在日韓国人が韓国の地で韓国人を殺害した事件に対して、日本政府が法的には責任をとる理由はないと言い張った。また、日本政府は韓国側の主張とは違い、この事件は文世光個人の犯行として朝鮮総連背後説を一蹴した。

韓国側は激しく反応した。日本通の人々はソウルの雰囲気が「東京爆撃論」が出るほど激昂しているとぶち上げた。一方、朴正煕は日本大使を直接呼びつけて「断交」まで言及して日本政府の謝罪と朝鮮総連に対する取り締まりを要求した。この思いがけない事件で日韓関係が破綻するのを憂慮したアメリカは、いつまでもうるさく要求する韓国政府に「アメリカがやれることは全てやったから、ちょっと待ってくれ」と面と向かってなだめた。その一方、日本に対しては適当なところで韓国に謝罪するように促した。日本は、1965年日韓交渉当時外相であり、満州人脈の大物であった自民党副総裁椎名悦三郎〔1898～1979年〕を「陳謝大使」として派遣した。朴正熙は椎名に日本に対する不満を思い切り浴びせた。椎名は青瓦台を出ながら、このような侮辱は生まれて初めてだと首を振ったという。(4)

歴史に原因と結果がない事件はないが、この事件ほど維新の終末に至るまで絶え間ない連鎖反応を生んだ事件もないだろう。朴正熙は妻の葬式を執り行った後、義兄陸寅修《ユクインス》〔1919～2001年〕に「拉致事件がなかったら、このようなむごたらしいことは起きなかっただろうに」と非常に悲嘆にくれたという。(5) 金大中拉致事件以後、韓国が拉致国家と烙印を押されて韓国籍の在日同胞青年らは、深い屈辱感と挫折感に苦しんでいた。文世光もやはり金大中の演説録音を10回以上繰り返し聞いていたほど金大中救命運動に積極的に加わっていた。彼は朴正熙の個人独裁を打倒することが、韓国の革命に最も重要なことだと考え、自分は「死か勝利かの革命戦争に向かう」と遺書に書いた。

朴正熙は光復節狙撃事件で夫人を失った。朴正熙は事件直前の8月12日、野党の緊急措置解除建議案を否決したが、(6) 事件後の23日に緊急措置解除など一時宥和的な態度を取った。(7) 国民は陸英修の死を心から悲しんだが、悲しんだからといって朴正熙の独裁を認めはしなかった。国民の抵抗が続くと、朴正熙は平常心を失い人革党再建委の関係者8人に対して「司法殺人」を行った。

光復節狙撃事件のより直接的な結果は、権力構図の変化だった。金大中拉致事件で李厚洛が退いたのに続き、狙撃事件では警護室長朴鐘圭がやめざるをえなかった。5・16以後最側近として朴正熙を支えてきた尹必鏞、李厚洛、朴鐘圭が順に退いてその空席を埋めたのが、車智澈《チャジチョル》と金載圭《キムジェギュ》であった。維新体制没落の人的構図が形成されたのだ。陸英修の空席を埋めたのは、フランスに留学していた23歳の朴槿恵だった。1917年生まれの朴正熙の年は58歳、1、2年くらい過ぎたら再婚していい年だったが、本人はまだ結婚してない娘がいるという理由で再婚する気はなかった。また、周りの権力者は新しい大統領夫人の誕生で権力構図が変化するのが心配で、朴正熙の再婚をあえて進めなかった。その代わりに、大宴会、小宴会など女性問題についてありとあらゆる噂が流れた。母親の悲劇的な死で若くしてファーストレディーになり、その役割の重圧感に苦しめられた朴槿恵は、自称太子媽媽《テジャママ》の崔太敏《チェテミン》〔1912～94年、朴槿恵の後援で大韓救国宣教会を組織し総裁（1975年）、朴槿恵は名誉総裁になった。2014年末、朴槿恵政権の側近政治関与文献の暴露で問題となった朴槿恵大統領の元秘書・鄭允会《チョンユンフェ》（1955年～）氏の義父〕という正体不明の牧師に深く依存するようになった。子どもに勝てる親はいないというが、朴正熙すらどうすることもできなかった「崔太敏問題」は、朴槿恵以外の維新政権の中心人物全ての頭痛の種になった。後日、金載圭は法廷で、朴正熙を狙撃するようになった要因の一つとして崔太敏問題をあげた。人間朴正熙に、さらに朴正熙体制に、陸英修の空白は、非常に大きかった。

# 7. 張俊河の疑問死

1975年8月21日、高等学校1年生だった私はソウル明洞聖堂で開かれた張俊河《チャンジュナ》先生の告別式場の後方に座っていた。一度も顔を直に見たことのなかった方。過ぎてしまった青春時代には、会ったことのない方の葬式によく参席していたが、その始まりが張俊河先生であった。明洞聖堂がもともと大きいせいなのか、平日の午前だからそうなのか、後ろの席はかなり空いていた。どんな葬式でも雰囲気が重くないことはないだろうが、荘重な明洞聖堂は寂しげな空気が低く深く垂れ込めていた。別れのミサが終わった後、太極旗におおわれた棺が運ばれて、聖堂の庭に出て来た。私と同い年位の息子と思われる少年が、頭を垂れたまま遺影をかかえていた。

その太極旗は我々があまりにもよく知っている物だ。尹奉吉《ユンボンギル》〔1908～32年、独立運動家。1932年4月29日の天皇誕生日、上海の祝賀式典会場で爆弾を投じ要人を殺傷、石川県金沢市で銃殺刑に処される〕が暗殺決行を前にして固く口を結んで、白凡《ペクポム》〔金九《キムグ》、1876～1949年、民族主義者、独立運動家。大韓民国臨時政府主席（1940～47年）、解放後、李承晩と対立して暗殺された〕と一緒に撮った写真に出て来るあの太極旗であった。何かが迫ってくるだろうと予感していたのだろうか、張俊河は白凡が譲ってくれたその太極旗を亡くなる10日前に梨花女子大学の博物館に預けた。不思議な因縁のある太極旗は、博物館に入って何日もしないで30年近く自分をずっと保管したくれた主人と惜別するために世に出たのだ。棺を運ぶ行列が聖堂の庭を出たとき、白いカラムシのトゥルマギ〔上に羽織る外套の一種〕姿の白髪に白い髭のお年寄りが前に進み出た。咸錫憲《ハムソッコン》〔1901～89年、思想家、民権運動家、文筆家。70年『シアル（種）の声』を発刊し、民衆啓蒙運動を展開。「暴力に対する拒否」「権威に対する抵抗」など終生一貫した思想と信念をもって抗日・反独裁運動の先頭に立った）先生だった。ずいぶん前のことで咸先生がどんなことをおっしゃったかは覚えていない。しかし、最後に万歳三唱を提案したことだけは覚えている。「葬式になんで万歳三唱？」。こんなことを考えるひまもなく万歳、万歳、万歳の声が起こり広がった。最後の万歳と同時に「ウ、ウ、ウ」というこらえていた泣き声が四方で起きた。このように亡くなられた張俊河先生の墓を37年ぶりに改葬するとき、先生の遺骨が初めて世に出た。直径6センチメートルの円形の陥没があった。胸が詰まった。

朴正熙は1917年生まれ、張俊河は1918年生まれ。宿命のライバルになった二人は、ぴったり1歳違いだった。朴正熙は小学校の先生から始まり、日本軍将校に、解放後光復（独立）軍に、国軍に、南労働党（南朝鮮労働党、1946年11月、朝鮮共産党と南朝鮮新民党及び朝鮮人民党が統合してソウルで結成された共産主義政党。49年6月、北朝鮮労働党に統合）のスパイに、無期懲役の宣告を受けた被告人に、反乱軍の首謀者に、独裁者にと、仮面劇の一場面のようにめっちゃやたらと変身を重ねた。張俊河も極右、反共、親米から一つの時代の最も進歩的な先生としての位置まで一生を息がきれるほど走って来た。一人は一番信じていた部下に銃で撃たれ非業の死を遂げた。もう一人は今もその死因について論争が続いている疑問死で亡くなった。激動の韓国現代史で両極端に生きてきた両者、二人とも自然に安らかに死ぬことはできなかった。

## 臨時政府庁舎に爆弾を投げたい

学徒兵として出兵していく1週間前、張俊河は17歳下の新婦キム・ヒスクと結婚した。新婦は張俊河が新安《シナン》小学校でちょっと教師をしていたときの教え子だった。死地に行くのになぜ結婚式をしたのか。日本が「処女供出」させて、日本軍の慰安婦を戦線に送っていた時代、娘がいる両親は娘を取られないために死地に行く婿でも拒まず、早婚させた。これが、国を失った若者らの運命だった。

中国戦線に投入された張俊河は、1944年7月同僚4人と部隊を脱出して艱難辛苦の末に安徽《アヌイ》省臨泉《イムチョン》に到着した。臨泉は中国中央軍官学校の分校があったが、そこには韓光班、すなわち、韓国光復軍幹部の訓練班が設置されていた。韓光班に編制された若者の50名余りは、大部分張俊河のように命をかけて日本軍から脱出した青年らであった。3カ月間の教育を終えた彼らは、ツバメも越えるのが大変な険しい巴蜀嶺《パチョンニョン》を越え、大韓民国臨時政府がある重慶へ向かった。6000里〔10里が日本の1里に当たる。約2350キロ〕の道を歩いてきた数十人の若者がいっぺんに到着したので、臨時政府の老人らは感激した。白凡も震える声で、日帝の暴圧の下で朝鮮の若者がみんな日本人になったと思っていたが、このようなことが起こるとは、と言って感激して言葉を詰まらせた。答辞を述べた張俊河も聴衆もみんないっせいに泣き出し、彼は演説を終わらせることができなかった[1]。このような感激もちょっとの間だけだった。臨時政府は長い間派閥抗争に明け暮れていて、政治的派閥ごとに若者をあらそって招請していたが、「我々は歓迎会のためにここに来たのか」というほど歓迎会は毎日続いた。激情的な張俊河は、臨時政府の派閥争いに我慢できなかった。臨時政府内務部主管で毎月1回ずつ開かれる講演会で、壇上にあがった張俊河は次のように叫んだ。「出来ることなら、ここを出てまた日本軍に戻りたいです。今度日本軍に戻ったら、必ず日本の航空隊に志願したいです。航空隊に入ったら、重慶爆撃を志願、この臨時政府に爆弾を投げたいです。なぜですって？　先生たちは日本人から受けた鬱憤を全て忘れてしまわれたとおっしゃるのですか？　その雪辱の志がまだ燃えているならば、どうして臨時政府がこんなふうにおまえの党、俺の党だと張り合うことができるのですか？(2)」

生涯を独立運動に献身した老闘士らには、まさに侮辱的な言葉であったろうが、白凡はこの若者を包み込んだ。白凡はアメリカ中央情報部（ＣＩＡ）の前身である戦略情報局（ＯＳＳ）と手を握り、光復軍を朝鮮8道に1道に何人かずつアメリカの飛行機で投入するという秘密軍事作戦を準備した。彼らが生きて国内で遊撃戦を展開する可能性は、正直言ってゼロと見るのが正しい。しかし、この無謀な作戦に乗り出した彼らは頭が悪い青年らではなかった。１９５０年代と１９６０年代の韓国知性を代表する雑誌『思想界』（１９５３年3月、張俊河を発行人として創刊された月刊雑誌。１９７０年5月に金芝の「五賊」を掲載したことが問題になり当局の廃刊処分を受け通巻２０５号で終わった）を発刊した張俊河、膨大な資料を渉猟して、『韓国共産主義運動史』を整理した金俊燁《キムジュンヨプ》（１９２０～２０１１年、前高麗大総長）のような人々が命をかけてこの作戦に志願した。ところが、寝ても覚めても独立の日を待ち望んでいた白凡に「倭敵（日本）の降伏」が嬉しい便りではなく、天が崩れるような失望的なことだった。それは、彼らを祖国に投入して軍事作戦を展開する日が8月20日だったためである。白凡は動物的な本能で我々の運命がどうなるかを知っていたのだ。張俊河は海外にいた我国の独立運動家の中で、解放後最も早く夢のような祖国の地を踏んだ人だった。光復軍を国内に投入する計画を立てていたアメリカ戦略情報局は、「軍事使節団」という名前で米軍18名と光復軍4名（金俊燁、魯能瑞《ノヌンソ》〔1923年～?〕）、李範奭《イボムソク》、張俊河）を飛行機に乗せ、ソウルに送った。彼らは日本軍の拒否によって汝矣島《ヨイド》飛行場で8月18日一晩だけ過ごして再び中国に戻された。(3)

## 極右・親米・反共・キリスト教の張俊河

1945年11月23日、張俊河は白凡と共に帰国して、京橋荘《キョンギョジャン》〔ソウル鐘路区にある金九の私邸。金九が大韓民国臨時政府の主席だった1945年11月に中国より帰国してから暗殺された1949年6月26日まで執務室として使用。2003年に史跡指定、13年3月から当時の姿を再現して公開されている〕で白凡の秘書として仕事をする事になった。また、光復軍参謀長として李承晩政権の初代国務総理を務めた李範奭〔1900～72年、中国で独立運動を展開、解放後朝鮮民族青年団を創設して青年教育に力を注いだ。国務総理のほか国防長官などを歴任〕将軍は、白凡の秘書をしていた張俊河を、自分が組織した民族青年団の中央訓練所の教務処長にした。民族青年団はよく極右ファシストの団体と評価されるが、青年時代の張俊河はそのような組織の中で「李範奭が左翼に囲まれていて、左翼勢力に対してはっきりと対処できない」と批判して民族青年団を辞めるほど鮮明な極右だった。(4)京橋荘時代「張牧師」と呼ばれていた張俊河が、学徒兵に引っ張られていたために中断していた神学の勉強をまたやろうと考えていたところに朝鮮戦争が起こった。

戦争中の1952年、張俊河は『思想界』の前身である『思想』を発刊した。『思想』は文教部内の国民思想研究院で発刊した雑誌だが、張俊河は文教部書記官としてこの研究院の事務局長など要職を務めた。この時の文教部長官は、白樂濬であった。彼は張俊河と、親米・反共・キリスト教に平安《ピョンアン》道《ド》出身という共通点を持っていた。(5)『思想』のもう一人の後援者はアメリカ公報院（ＵＳＩＳ）であった。(6)張俊河は一時白凡の側近として仕えていたが、李承晩と白凡が大韓民国単独政府樹立と南北交渉で袂を分かったとき、はっきりと李承晩側に立った。そして、朝鮮戦争の時期には、政府機関の国民思想研究院でアメリカの後援を受け、共産主義との思想戦を展開した。

『思想』は、次の年、張俊河が引き継いで『思想界』と誌名を変えて新しく出発した。１９５０年代と１９６０年代に『思想界』の影響力は、飛び抜けていた。徐仲錫が指摘したように、当時の『思想界』の位置は、１９７０年代の『創作と批評』の圧倒的な影響力とはまた違うものだった。『創作と批評』が民主陣営内の「彼らだけのリーグ」で最強者として君臨していたとしたら、『思想界』は保守、進歩関係なく（１９５０～60年代にこのような区分をするのもどうかと思うが）韓国の知識人社会全体を支配した。

張俊河が『思想界』を通して発掘した筆者は数え切れないが、まず挙げなくてはならない人は断然、咸錫憲だ。咸錫憲は『思想界』１９５８年８月号に書いた「考える民こそ生きられる――６・25の戦いがもたらす歴史的教訓」で６・25を南と北がそれぞれアメリカとソ連の手先となって繰り広げた、操り人形遊びと規定した。咸錫憲の予言者的な言葉と『思想界』ならではの水準高い論文に読者は熱っぽく反応した。４月革命前後『思想界』全盛期の発行部数は、９万７０００部を記録して８万部に過ぎなかった『朝鮮日報』を軽く上回った。(7)『思想界』は自由民主主義的な立場で、李承晩を批判するときには鋭い筆鋒を振るった。だが、鄭敬謨《チョンギョンモ》（１９２４年～、在日の統一運動家。韓民統事件で日本に渡り、79年東京で私塾「シアルの力」を開設するなど海外亡命人として知られている）が指摘したように、「李承晩の独裁は攻撃してもアメリカの無茶ぶりに対しては沈黙」した。

4月革命は韓国社会でタブー視されていた統一論議の糸口を開けた。民族自主統一中央協議会など学生と革新系に多くの統一団体が作られて、中立化統一など多様な統一方法が提示された。それに対して、『思想界』と張俊河は時々当惑するほど極端な反共イデオロギーを展開もした。『思想界』1960年12月号巻頭言で張俊河は「経綸と理論を持てない学徒は、断片的な知識と素朴な愛国情熱だけ持って救国を叫ぶ」とし、「国家の形態がどうなるかを考えずにむやみに統一してみようという一部の幻想的論理」を批判した。そして、さらに「いかなる形態の中立主義も許されない」と強い反共の立場を打ち出した。その張俊河が10年余り後、「全ての統一は善だ」と叫ぶほど変貌した。1948年の白凡の変貌以来、韓国現代史で最も劇的な変貌であった。

## 張俊河のプライド、朴正煕のコンプレックス

4月革命後、張俊河は張勉政権と積極的に協力しながら、張勉国務総理が本部長だった半官半民団体の国土建設本部の企画部長を引き受けた。張俊河は事実上本部長の代理の役割をした。彼は、大学の卒業生2000名を「国土建設要員」として公開採用し、6カ月間農漁村で奉仕活動するのを一種の実習期間にした後、中央官舎に公務員として採用するという画期的な計画を立てた。下克上事件（1960年4・19学生運動以降、軍事クーデターを契機に国内の腐敗した高位将軍を放逐するため起こった下級将校の整軍運動。金鐘泌、金炯旭、吉在號、呉致成ら首謀者が逮捕されたが、後に5・16軍事クー

デターの主役となる」で軍隊を追い出された金鐘泌もこの時張俊河に履歴書を出した。張俊河は後で冗談半分に、金鐘泌を早く就職させていたら、「5・16軍事クーデターのようなことは、この地になかったかもしれない」と語ったという。当時大統領だった尹潽善が、軍事クーデターが起きたとき、「来るものが来た」と言ったが、張俊河もやはり初めは5・16クーデターをすぐに否定的に見たのではなかった。『思想界』の巻頭言は大部分張俊河が書いたのだが、1961年6月号の無記名巻頭言「5・16革命と民族の進路」では、5・16クーデターを4月革命の延長線上で「腐敗と無能と無秩序と共産主義の策動を打破して、国家の進路を正そうとする民族主義的軍事革命」と高く評価した。張勉政権に深く関わっていた張俊河だったが、極右反共主義者として学生と革新勢力の統一論議に対して持っていた不安感がこのような形で表れたのではないかと思う。

5・16に対する張俊河の留保的な態度は長く続かなかった。5・16以後初めて出た『思想界』で、張俊河は自分は巻頭言を通して民主政治への復帰を促し、咸錫憲には5・16を批判する文を頼んだ。以前、張俊河に就職を頼んだことのある金鐘泌は、飛ぶ鳥を落とす勢いの中央情報部長に出世して、張俊河を捕まえた。そして、咸錫憲の「5・16をどう見るか」という論説に難癖をつけ「〝精神分裂病〟みたいな老いぼれのこんな文」を載せた意図を問いただした。他の言論が全て沈黙するとき、『思想界』だけが軍政を堂々と批判するや、『思想界』は飛ぶようにどんどん売れた。思想界社では懸命に雑誌を追加増刷し販売したが、すぐ返品の山と化した。中央情報部の卑劣な返品作戦だったのだ(8)。知識人社会での影響力に比べて経営規模が大きくなかった『思想界』としては回復しがたい大変な打撃を受けた。好況の中の赤字だった。そこに税務査察まで加わった。

張俊河は朴正煕が推進する日韓会談とベトナム派兵政策を見て、日本軍出身の朴正煕の背後に日本だけではなく、アメリカがいるのを見抜くようになった。事実、この頃まで張俊河は国家主義と民族主義をほとんど同一視していたが、今や彼は民族と国家を区別して見る目を持ち始めた。張俊河はベトナム派兵に反対した。韓国軍の追加派兵のために、アメリカ大統領ジョンソンが韓国に来ると、張俊河は、ジョンソンは「韓国青年の血がもっと必要で来る」のだと激しく糾弾した。(9) しかし、長男の豪權《ホグォン》〔1949年〜〕が軍隊に入るや、ベトナムに行かせた。

張俊河の後を継いで文益煥《ムンイックァン》〔1918〜94年、牧師、民主化統一運動家。満州北間島生まれ。1989年には北朝鮮を訪問し金日成と会談。1993年まで国家保安法違反などで6回にわたって投獄された〕が、文益煥の後を継いで白樂晴《ペクナクチョン》〔1938年〜、文学評論家、英文学者、社会運動家。1966年から季刊誌『創作と批評』の編集に携わり、進歩的評論活動を通して進歩的知識人に大きな影響を与えた〕が韓国の統一運動で象徴的な存在となった。このとき、白樂晴はアメリカに留学中の紅顔の秀才青年だったが、京畿高校在学中には、国連総会で開かれた世界高校生討論大会に韓国代表として参加して名前をとどろかせた。彼は、名門ブラウン大学で卒業演説をして、『東亜日報』社会面のトップを飾ったこともある。(10) そんな白樂晴がアメリカ留学中、兵役義務を果たそうと志願入隊した。当時、新聞は「白君が幼い13歳のとき、父親と伯父が朝鮮戦争の動乱で赤い侵略者たちに強制的に拉致された悲痛な現実が、彼にこのような決心をさせたのかもしれない」と書いた。(11)

共同体内で社会的責任を取らない人は、指導者の資格がない。韓国の進歩は、もともと「本物の保守」から出発した。朴正煕と張俊河は宿命のライバルだったというが、二人は人間的、道徳的見地で次元が違っていた。張俊河の朴正熙に対する並外れたプライドと朴正熙の際立つコンプレックスを見ると、朴正熙も張俊河もその点を意識していたのは明らかだ。「本物の保守」の目に、外国の手先になって日和見主義的変身にふける者が美しく見えるはずがない。張俊河は自身が光復軍にいるとき、日本軍将校をしていた朴正熙を軽蔑した。そして、左右対立が激しかった解放期の空白の中、自身が民族勢力の一員として活動していたとき、南労働党の軍部スパイだった朴正熙を軽蔑した。さらに、大統領の座にいながら、サムスン財閥の韓国肥料密輸事件（1966年、サムスングループ系列会社の韓国肥料工業がサッカリンを密輸しようとしたと発覚した事件。密輸を指揮した李孟熙《イメンヒ》（李秉喆《イビョンチョル》長男）がこの事件は朴正熙政権と李秉喆会長の共謀による大規模な組織的密輸事件だったと告白した（李孟熙『回想録——隠された話』1993年）で「密輸のドン」であった朴正熙を道徳的に軽蔑した。

## 在野の大統領、張俊河

張俊河は1960年代半ばから1970年代初め、多くの大衆講演会で最高の人気講師だった。彼は格式にこだわらず、難しい用語を使わず、自身が話したいことを、そして、大衆が聞きたがっていることをわかりやすく話した。張俊河は今風にいうと、野党第一番の朴正熙狙撃手だった。彼は1966年10月と1967年5月、朴正熙を批判して2回も拘束された。朴正熙政権が特別に敏感に反応していたのは、彼の批判が全て事実だったためだ。1967年の大統領選挙で、張俊河は朴正熙の南労党関与説について執拗に噛みつき、朴正熙を「自分の思想を持てない思想的放浪児」と攻撃した。[12] 1963年の大統領選挙当時の思想論争を再び再現した意図だった。拘束された張俊河は獄中で、6月8日の第7代国会議員選挙にソウル東大門乙区から出馬すると宣言した。張俊河の人気が沸き上がるや、5・16の中心人物として最高委員を務めた共和党候補の姜尚郁《カンサンウク》（1929～2014年）が、そわそわしながら選挙運動より張俊河の釈放運動を行う珍風景が繰り広げられた(13)。一部では、朴正熙が3選改憲を念頭に置いて行なった史上最悪の不正選挙で、無難に当選した。張俊河は、張俊河が政治に手を染めたので『思想界』が斜陽化したと言った。だが、当時『思想界』に所属していた人々は、張俊河が政界に進出したのは、朴正熙政権の巧妙な言論弾圧で、『思想界』が行き詰まっていたのを打開しようという差し迫った気持ちからだという。

政治家張俊河の存在感は、彼が国会議員になる前からあった。野党勢力が民衆党と新韓党に分裂しているとき、1967年の大統領選挙と国会議員選挙を前にして、野党の大統合を成し遂げた舞台裏の主役は張俊河だった。それをマスコミは「聖処女マリアがイエスを生む奇跡」と例えた。当時、野党陣営では大統領候補として尹潽善、白樂濬、兪鎮午、李範奭の4人が挙がっていた。張俊河は4者を一カ所に呼んで、大統領候補に尹潽善、党首に兪鎮午の構成で統合野党「新民党」を作り出すのに大きな役割を果たしたのである。この交渉で大統領候補を誰にするかでぴりぴりした神経戦を繰り広げていたとき、白樂濬が4人とも大統領選挙に出馬せず、若い張俊河を推薦しようと提案して行き詰まっていた交渉の糸口が見えたという。この事実が明らかになると、張俊河には「在野大統領」の別称が付けられた(14)。

張俊河の政治生活は、平坦ではなかった。国会議員にはなったが、家に歳費を一度もきちんと入れたことはなかった。『思想界』を経営して負った多額の借金のために歳費は差し押さえられ、家には借金取りが陣取っていた。張俊河は1971年の第8代国会議員選挙を前にして、自身が生み出した新民党を脱党した。王サクラと呼ばれた柳珍山が党首になると、張俊河は尹潽善らと共に国民党を結成した。彼は、1971年の大統領選挙では進歩党出身の朴己出《パクキチュル》〔1909〜77年〕を候補に押し立てた。1967年の大統領選挙で野党統合の生みの親として、最高の応援演説者として大活躍をした張俊河だったが、1971年金大中が候補になったときはほとんど役割を果たせなかった。張俊河は、1971年5月の第8代国会議員選挙で東大門乙区に国民党候補として出馬したが、落選した。

張俊河が政界に進出して、手を引いた『思想界』も1970年5月号の「五賊」事件〔金芝河の譚詩「五賊」によって起こった筆禍事件。金芝河は財閥・国会議員・高級公務員・将軍・長次官を五賊としてその恥部を辛辣に批判した〕で廃刊になり、鮮明野党を標榜した国民党の実験も失敗に終わった後、張俊河は出版社「思想社」を構えた。思想社の最初の出版物は、張俊河が著者であり発行者である『トルベゲ』〔『石の枕』〕だった。咸錫憲が「夜中に泣く壮士の刃」と評したこの本は、青年張俊河が学徒兵に引っ張られて行ったが、脱出して光復軍になって祖国に戻るまでの過程を書いた。彼はこの本の前書き「石の枕にかける言葉」で、「光復した祖国の空の下には、賊反荷杖《チヨクパンハジャン》〔盗人猛々しいこと〕の世の中がやって来た。繰り広げられる現代史は、独立のために名もなく血を吐いて倒れた屍の上で刃を取った者を君臨させた。私が見てきた数え切れない屍が嘆いているだけ、ここにその気の毒な烈士らの前でこの証言を風の墓碑に浮かべようと思う」と書いた。(15)

この頃は、日韓国交正常化以後、日本の力がいろいろな面で韓国に押し寄せて来た時だった。張俊河は、申相楚《シンサンチョ》（1922～89年）・白基玩・金芝河・キム・ドヒョンら10名余りと一緒に民族学校を開き、民族意識を鼓吹した。彼は、黄玹《ファンヒョン》（1855～1910年）・崔益鉉《チェイッキョン》（1833～1906年）のような儒学者、申采浩《シンチェホ》（1880～1936年）・安重根《アンジュングン》（1879～1910年）ら独立運動家、韓龍雲《ハンヨンウン》（1879～1944年）・李陸史《イユクサ》（1904～44年）・李相和《イサンファ》（1901～43年）・尹東《ユンドン》柱《ジュ》（1917～45年）のような抵抗詩人の作品、そして、作者未詳の口承歌謡や無名詩人の歌を集めて『抗日民族詩集』を発行した。思想社はこの他にも金九の『白凡語録』、白基玩の『抗日民族論』、李範奭の『たき火』、朴炯圭《パクヒョンギュ》（1923年～）の『解放の街角で』などの本を出した。

『トルベゲ』を出版したころ、張俊河の年は、54歳。まだ回顧録を出すには早かったが、張俊河はこの本を書くことで日本軍を脱出してからの半生を振り返った。日本軍脱出から一時も休む暇なく、光復軍へ、青年運動家へ、『思想界』の発行人へ、政治家へ、息が切れるほど走って来た30年の歳月。彼にとっては、毎月原稿の締め切りに追われ、紙の価格、製本費、さらに従業員の月給を捻出しようと苦労していた『思想界』時代に比べ、出版社生活はそれでも少しは余裕があるほうだったかもしれない。この地で良心的な保守主義者として一時も休まず走って来た彼にとって落選による時間的余裕と自分の生きざまを振り返る機会ができたことは、韓国社会全体のために幸福なことでもあった。詩人高銀《コウン》（1933年～、韓国を代表する詩人、小説家。民主化運動をリードした文学者として抵抗する知識の表象。1986～2010年まで総30冊4001篇で構成された連作詩「萬人譜」は世界30カ国以上で翻訳出版）の「その花」で「下りて来るとき見たなあ／上がって来るとき見えなかった／その花」が、ぴったり合う瞬間だった。張俊河が出会ったその花は、まだ咲けないまま水踰里《スユリ》（4・19国立墓地）

で眠っている。

## 民族主義者の道、死への道

張俊河は朴正熙が行なった全てのことに反対したが、ただ一つ1972年の7・4南北共同声明だけは両手を挙げて歓迎した。張俊河は、『シアルの声』1972年9月号――つまり7・4南北共同宣言が発表され、まだ朴正熙が維新の毒牙をさらけ出す前の夢みたいな時間――に、「民主主義の道」を書いた。そこで、彼は「全ての統一は良いことか。その通りだ。統一以上の至上命令はない。統一は引き裂かれた民族が一つになるものであり、それが民族史の前進ならば、当然全ての価値があるものはその中に実現されるものだ」と確固として主張した。この文章だけ見れば、全ての統一は善であるという彼の発言は、統一至上主義者の言葉だと思われても仕方がないだろう。張俊河もこの事実をよく知っていた。多分、多くの人々が彼に、朴正熙をどうして信じるのか、南北共同声明にそんなに感激するのは余りに感傷的だと言ったのだろう。張俊河は「民族的良心をもって生きようとする人々の至上課題が、分断された民族の統一だというとき、どうしてこの事実を（7・4声明、南北赤十字会談など）非常に大きい感激で受け取られずにいられようか」とこのような感情が感傷だとしても「この感傷、この感情のない者が、一人の人間、民族分断の悲しみで眠れなかった民族の良心を持った人だと言えようか」と反問した。

暗鬱だった植民地時代、張俊河のような青年らには、大陸に行って「脱出」する道もあった。若い張俊河は、日本軍の魔手からは逃れたが、まだ安全地帯に到着していなかったとき、「大陸の広い野原のトウモロコシ畑に横になり、唾も出ない乾いた口で」「再び、愚かな先祖にはならない」と何回も繰り返したという。分断された祖国に戻って、50代になった張俊河にはもう「脱出」する場所はなかった。10年余り前、張俊河は、学生が素朴な愛国的な情熱だけ持って、とにかく統一してみよう式の幻想的な主張だけしていると批判していた。ところが、今や彼が全ての統一は良いことだと厳かに宣言するようになった。

詩人李光雄《イグァンウン》が詠んだように、この地で何事もきちんとやろうとしたら命をかけなくてはならなかった。分断された祖国で統一のために全力を尽くそうとすることは間違いなく命がけのことだった。独裁政権下で数多くの司法殺人があったが、民主主義を叫んだからといって殺されるわけではなかった。さらに言えば、李承晩を狙撃した柳時泰《ユシテ》〔1890～1965年〕や金始顕《キムシヒョン》〔1883～1966年〕も死刑宣告は受けなかった。だが、統一を叫べば、必ず殺された。曺奉岩《チョボンアム》〔1898～1959年、独立運動家、政治家。李承晩政権で農林部長官（48年）、国会副議長（50年）などを歴任した。56年進歩党を創ったが、58年国家保安法違反で逮捕され、翌年処刑された〕が殺され、『民族日報』の趙鏞《チョヨン》壽《ス》〔1930～61年、61年5・16軍事クーデタ－直後、「総連の資金で民族日報を創刊」、「北朝鮮の主張を宣伝」した罪で逮捕され有罪判決、61年12月処刑された。2008年1月再審の結果、無罪宣告された〕が殺され、社会党の崔百根《チェベククン》〔1914～61年〕が殺され、統革党〔統一革命党〕の人々が殺され〔1968年、中央情報部が大規模対南間諜団として発表した事件。金鐘泰ら4名が死刑〕、戦略党の人々が殺され〔1969年、中央情報部が統一革命党事件を捜査する過程で戦略党も国家保安法違反で党員を起訴、1名が処刑された〕、後のことだが人革党と南民戦〔南朝鮮民族解放戦線準備委員会、76年2月、反維新、民主化、民族解放を目標に秘密に結成された」の人々が殺された（1979年10月摘発、11月84名の組織員が逮捕、1名が獄中死、1名が処刑された）。分断された祖国で真の民族主義者の道は、死に至る道であった。

大学街で話題になっていたある講演会で、張俊河は「民族主義は、軍事政府によって新しく創られた者ではない」と言いながら、「民族主義は、豪奢なホテルの窓辺でシャンソンを聴きながら、涙を流して歌われる感傷ではない」と主張した。彼がいう民族主義とは、中国の荒野で光復軍として日本軍と戦いながら、「寒く、腹ぺこで足の爪が抜けるほど祖国を求めてさまよう中で、骨の髄までしみこんだ民族主義」であった[16]。今や、張俊河は、その時よりもっと差し迫った心情でもう一度「石の枕」をとる気持ちになった。

## 「民衆」を発見する

張俊河は1967年度にすでに「大統領の資格」を取り上げながら、大韓民国国民の2999万9999人が大統領になる資格があっても、日本軍将校出身「高木政雄」（朴正煕の創氏改名した日本名）だけは大統領になる資格がないと鋭く指摘したことがある[17]。さらに、高木政雄は維新親衛クーデターを行い、ぬぐうことのできない罪を重ねた。彼は、憲法を蹂躙しただけではなかった。統一を利用して南と北で統一を熱望している民衆に取り返すことができない挫折感を抱かせた。さらに、昔、自分が天皇陛下万歳を叫んだように、国民に対して自分に向かっても万歳をするよう強要した。張俊河は、『思想界』の挫折と政治生活の幻滅、そして、夫人が封筒貼りで家族の糊口をしのぐという絶望的な貧困の中にいた。そんな中で、彼の朴正煕に対する態度は、引き返すことのできない断固たるものになった。張俊河の内的な変化と、ますます過酷になっていく維新体制の強硬な圧力は、相乗作用を引き起こした。

もともと『思想界』、そして張俊河は、韓国の自由主義勢力の求心力の中心であった。だが、朴正熙が近代化の論理を打ち出すことで、『思想界』を中心に形成されていた自由主義的知識人の勢力は瓦解した。ただ瓦解したのではない。朴正熙は『思想界』の編集委員の中から熱心に人を引き抜いた。たとえば、朴正熙の政治的師匠と呼ばれていた嚴敏永《オムミニョン》〔1915～69年〕は2回も内務部長官を務め、共和党政権のシンクタンクといわれた政経研究所を作った。金相浹《キムサンヒョプ》〔1920～95年〕は軍政の文教部長官として招かれ、劉彰順《ユチャンスン》〔1918～2010年〕も商工長官と経済企画院の長官になった。韓泰淵は共和党の議員になり、維新憲法を作るのに輝かしい寄与をした。黄山徳《ファンサンドク》〔1917～89年〕は「国民投票は決して万能ではない」という文で朴正熙政権によって拘束されたことのあった法哲学者だったが、人革党に対する法的殺人が執行された当時の法務部長官だった。また申相楚は、東京帝国大学在学中に学徒兵に引っ張られて張俊河のように命をかけて脱出し、張俊河と共に密輸糾弾大会でしばしば演説していたが、彼も朴正熙側に付き、張俊河が亡くなった後だが維政会の議員になった。彼ら全てが1950年代と1960年代『思想界』の編集委員として活動した、韓国を代表した自由主義の知識人たちであった。

彼らがみんな去ってしまった場所に一人立っていた張俊河は、さぞ寂しかっただろう。張俊河が謎の死を遂げた薬師峰《ヤクサボン》〔ソウル近郊〕のその登山道で偶然同行したというある言論人がいた。張俊河に「ほかの方たちは見当たらず、どうしてお一人でいらっしゃってますか」と聞いたところ、「私はいつ

も一人なんですよ」と寂しそうに答えたという。(18)

どうかすると変わったのは張俊河ではなく、ほかの自由主義的知識人だったのかもしれない。張俊河は、年を取って歴史の重さ、自分の良心の重さをよりしっかりと感じた分、その場所にただそのまま立っていたのかも知れない。このようにみんなが去って行った後を守った張俊河と彼の友が在野になり、進歩の砦になった。新義州《シンウィジュ》の反共学生義挙の黒幕の咸錫憲、右翼学生運動の暴力隊長柱勲梯、駐韓米軍撤収反対署名を集めていた文益煥、国軍将校として朝鮮戦争を経験した李泳禧《リヨンヒ》（1929〜2010年、維新体制を批判した『転換時代の論理』（74年）が社会的な反響を呼び、大学再任用で強制解雇された。ハンギョレ新聞論説顧問、統一政策平和委員を歴任するなど代表的な抵抗する知識人）、南側を選択した反共捕虜金洙瑛《キムスヨン》（1921〜68年、1960年代の現実の抑圧と挫折の中でも立ち上がろうとする知識人の姿を見せた代表的な現実参加の詩人。80年代まで文壇に影響を及ぼした）などこの地の進歩勢力の芽を育てた彼らは、解放前後の思想のスペクトラムの中で一番右側にいた方々だった。良心的なことと進歩的なことは、全く違う基準である。だが、朴正熙のような日和見主義的変身を重ねた者が権力を握った社会では、良心を守ることがとんでもなく進歩的役割を持つようにもなる。張俊河は保守と進歩の二分論でとらえることができない人生を生きた。彼は思想の保守性を生きざまの真正さと峻厳さで克服した方だ。彼の思想が進歩的だとは言えないかもしれないが、彼と同時代を生きた人の中で、彼ほど熾烈に進歩的に生きぬいた方はいない。

張俊河にとっては明らかに変わったことはあった。1970年代の多くの良心的な知識人のように彼もやはり「民衆」を発見したのだ。「死から見た4・19」という文で張俊河は「革命は天が行なうものであり、民を通じて行われるものである。4・19革命は民が行なった革命ではなく、学生が行なった革命であった。だから、その革命は完全な革命になることができなかったのだ」と4・19革命の限界を指摘した。今や、張俊河は統一運動に乗り出して「統一は感傷的な渇望でもあるが、我々が一日一日暮らしている生活と直結したもの」なので、「統一は初めから終わりまで民衆のこと」であり、「統一問題は民衆自らが関与して、問いただして、押し進めていかねばならない」と主張した。

## 野火のように広がった改憲請願運動

多くの人々が声を揃えて証言するように、張俊河は本当に温和な人だった。しかし、彼は心の奥深くに憤怒をしまっていた人であった。歴史は、結局は善良な人々の憤怒が作っていくものであった。張俊河が維新が生まれた年の春、4・19墓地〔国立4・19民主墓地、ソウル江北区水踰洞〕で辛い気持ちで悟ったように、もうこれ以上若者だけ犠牲にしていいものではなかった。彼は「死から見た4・19」の中で「先日、水踰里《スユリ》〔水踰洞の1950年以前の名前〕4・19墓地へ行ったが、今さらのように感じたこと」として次のように書いた。「その185の墓の中で、どうしてただ一つの大人の墓もなく、同じように全て若い学生の墓だけなのかということなのだ。つまり、学生はこのように大勢死んだのに、その学生を直接教えている教授や教師はなぜ誰一人死ななかったのか？　その時、死んだ学生の数と同じくらいの大人たち――いわゆる指導者、教授、政治家――も死んでいたら、今日のこの国の状況がこれほどまでになるものだろうか？　そう感じる今、この文を書いている筆者自身を含めてこの国の大人という人々は、なんと厚顔無恥の鉄面皮であるのかという思いすらしたのだった」

そして張俊河は、「『血を飲みながら』しか育たない『自由という木』が、まだこの地では充分に育つほど血が流れていないのだろうか?」と質問を投じた。[19] この質問を一番初めに受けた人は、誰あろう張俊河だった。4月革命に駆り立てた雑誌『思想界』を出した張俊河自身だった。

張俊河が改憲請願運動の準備に乗り出したのは、1973年10月2日、維新宣布の後初めて大学生がデモに出た頃だった。彼は白基玩と共に全ての責任を二人で取ることにした。形式は「改憲請願」という至極穏健で体制内的な方式だった。今の観点で見ると、維新打倒や撤廃でも、朴正煕政権の退陣でもない、署名を通した改憲請願は体制順応的で改良的な穏健極まりないものだった。それでも李富榮《イブヨン》〔1942年〜、言論人出身の政治家。東亜日報記者の時、同僚と共に東亜闘委を結成、緊急措置違反などで服役〕やキム・ドヒョンのような若者は、維新憲法を正そうとすることは朴正煕に退陣せよということになるので、生命すら危ぶまれるとやめさせようとした。[20] 維新体制とは、大統領にお願いすることでも命をかけなくてはならない、そういう体制なのだ。

張俊河は若者に責任を負わせず、自らが先頭に立った。万事に最も原則的で最も強硬だった張俊河が命をかけて選択した方式は、驚くほど穏健だったが、驚くほど効果的だった。12月24日、憲法改定請願運動本部が発足するや、国民は待っていたかのように誰も彼も署名を始めた。嬉しくないクリスマスプレゼントを受け取った朴正煕が、緊急対策を準備しろと指示すると、クリスマスに関係長官対策会議がバタバタと開かれた。次の日夜9時から国務総理金鐘泌は、100分間の長ったらしいテレビ演説をした。そこで彼は「憲法を直さなくてはならないとか、街頭でなにか署名をしようとか」する人々に共産主義者が望んでいる状況を作ってはならないと警告した。[21]

同じ時間、明洞興士団《フンサダン》の講堂では「抗日文学の夜」の行事が開かれていた。大学生歌手金珉基《キムミンギ》〔1951年～、『朝露』『工場の灯』などで代表される70年代～90年代の抵抗音楽家。2001年『金民基全集』を発表後歌手引退を宣言し、劇団「学展」代表としてミュージカル製作に専念。『地下鉄1号線』は4000回公演を行った〕は安重根の『共犯』、禹徳淳《ウドクスン》〔1876～1950年〕の伊藤博文の殺戮歌『見つけ出したら殺すぞ』を詠んだ。(22) 行事が終わるころ、張俊河は「ここに集まっている皆さん、国民一人一人が請願運動本部になって、署名をしてください」と訴えた。名前は抗日文学の夜だが、実際は維新撤廃の夜だった。張俊河世代にとっては、抗日運動と民主化運動は実は一つのことであった。口にしないだけで、張俊河は安重根の銃で親日派朴正熙を狙ったのに間違いない。伊藤博文のような明治維新の志士をロールモデルにしていた朴正熙が伊藤博文と同じ日、同じ方式で黄泉路に旅だったのは、単純な偶然ではないのだ。歴史の必然は、時々偶然を装って自身の姿をさらけ出す。

署名運動が野火のように広がると、朴正熙は12月29日「誇大妄想に陥った一部の軽薄な人士の荒唐無稽な軽挙妄動」を強く批判する特別談話文を発表した。(23) 1976年の板門店斧事件〔同年8月18日板門店共同警備区域内でポプラ剪定作業をしていた米軍将校2名が北朝鮮軍に斧で殺害された事件〕のとき、「狂った犬には棍棒が薬」だとカッカと興奮したのを除いては、執権18年の間で朴正熙が書いた最も激しい言葉だった。そして、10日後の1974年1月8日、緊急措置1号が宣布された。維新憲法を直そうと言っただけで、令状なく逮捕して軍事法廷で懲役15年に処することができるでたらめな悪法だった。

朴正熙がこのように敏感に反応したのは、署名運動が始まって10日余りだけで署名者数が40万人を超えて、その主導者が張俊河だったためである。朴正熙にとって、張俊河は切ろうとしても切れない悪縁だった。朴正熙は金智泰《キムジテ》（1908〜82年、日本植民地時期から経済人。5・16奨学会の前身釜日奨学会を自らの財産で作ったが、1962年3月財産海外逃避の嫌疑で中央情報部に逮捕され、奨学会、釜山日報、韓国文化放送などを5・16奨学会に強制寄贈させられた。著者の『臓物のかご』に詳しい）を「人質強盗劇」で脅してせびり取った身代金で、5・16奨学会を作った。その会を「マグサイサイ賞（フィリピン大統領ラモン・マグサイサイを記念して1958年に始まる。「アジアのノーベル賞」と呼ばれる）のような国際的規模」に作ろうと豪語していたが、実際に2カ月後に張俊河がマグサイサイ賞を受賞するや、二度とその言葉は口にしなかった。緊急措置が宣布されたその夜、張俊河は白基玩、長男豪権と共に署名用紙を燃やした。40万名の名前が書かれた用紙はしばらくの間燃えていた。張俊河の目に宿った涙は、煙が目に入って痛かったためだけではなかった。そして、一週間後張俊河と白基玩は緊急措置1号違反で拘束された。一番最初の逮捕者だった。今回こそは、学生と若者ではなく、大人が先頭に立ったのだ。

## 野党勢力統合のための最後の努力

張俊河が釈放されたのは、拘束されてから10カ月と20日たった12月3日の夜だった。狭心症と肝硬変の症状が悪化して、動くことも辛くなって刑の執行停止によって釈放されたのだ。気候が寒いのに、若い学生らを監獄に置いて釈放されたので、彼の辛い心がさらに辛くなった。彼が病床にいるとき『東亜日報』白紙広告事件（1974年12月、KCIAが広告主に圧力をかけ、広告枠が白紙のまま東亜日報が発行された〕が起こると、彼は親しい知人が入院費の足しにと出してくれたお金をさいて「朴大統領に送る公開書簡」を載せた。新聞には1975年1月10日付けに掲載されたが、書簡の日付は朴正熙が緊急措置を宣布して1年になる1月8日であった。張俊河は「国憲を遵守すると誓約した貴下自身がその誓約を古い靴のように」捨てた事実をとがめて、朴正熙にこのように言った。「朴大統領貴下、この地球には数百億の人間が生きて去りました。そのうち家長になった人々は、誰でも自分が死ぬと自分の家がどうなってしまうのかと心配をしながら去ったでしょう。しかし、人間社会は発展し続けて来ました。我々も例外ではありません」自分でなければダメだという朴正熙の独善と我執を指摘していたのだ。(24)

張俊河が体をやっと動かしていた頃、多くのことが起こった。朴正熙が「国民投票ゲーム」を通して維新体制が国民の支持を受けていると主張して、釈放された拘束者が再び捕まったりした。東亜日報社側は独裁政権に跪き、言論の自由を叫ぶ記者らは追い出された。人革党関係者8名は司法によって殺され、ソウル大学生金相鎮《キムサンジン》が独裁に抵抗拒否して割腹自殺した〔1975年4月11日〕。そして、共産軍のタンクがサイゴン（ホーチミン）に入城した。当時の用語でいうと、越南〔南ベトナム〕が「敗亡」したのだ。

「越南敗亡」3週間後の1975年5月21日、朴正熙の提案で与野党首会談が開かれた。この会談以後、新民党総裁金泳三は反維新闘争の隊列から降りてしまった。張俊河は強い衝撃を受けた。彼は2月21日の記者会見で民主回復努力の単一化と改憲意見の統合を主張していたところだった。野党新民党は親〔柳〕珍山派と反〔柳〕珍山派に分かれて争ってきたが、なすすべもなく維新にかすめ取られた。反珍山派は脱党して民主統一党を作り、張俊河もそこに加わった。しかし、第9代国会議員選挙ではたった3議席しか取れず、命脈だけ保った。力を一つに合わせても思わしくないのに、野党は金泳三の新民党あり、梁一東の統一党あり、尹潽善あり、金大中あり、そして、在野ありとそれぞれが別々に動いていた。1971年の野党分裂に全く責任がなかったといえるが、張俊河は今や全てをかけて民主勢力の単一化に乗り出した。

彼が陰で動いたおかげで3月31日、ついに尹潽善、金大中、金泳三、梁一東が集まって、改憲闘争隊列の統合と在野勢力の権力獲得の確立のための4者会談を開き、野党統合の大原則に合意した。(25) 中央情報部は次の4月1日、金大中、張俊河らを抱き込もうとしたというキム・タルナム、ユ・ジョンソクら在日同胞スパイ事件〔1970～80年代、韓国のソウル大学などに留学していた在日コリアンを北朝鮮スパイとして起訴した事件。その被害者は120名以上。再審により2015年10月現在、23名が無罪判決となっている〕を発表して、野党統合の流れに「アカ塗り」をしようとした。維新政権のこのような悪ふざけにもかかわらず、統一党は5月7日、全党大会を開いた。そして、野党統合に対する権限を梁一東党首に委任すると決議した。(26) だが、張俊河が乗り出して、やっとの思いで作り出した野党勢力の統合の土台は、朴正熙が金泳三を引き抜いたことで壊れてしまった。与野党党首会談以後、金泳三が反維新闘争から手を引いたことについては、朴正熙と何らかの密約があったという噂が飛び交った。だが、金泳三はこの問題については今も口をピタッと閉ざしている。

## 疑問の死

張俊河が疑問の死をとげたのは、まさにこのような状況の中であった。彼はこの世を去る20日余り前の7月末、金大中を訪ねた。張俊河は1971年の大統領選挙当時国民党にいて、金大中を攻撃する立場だった。そのために二人の間には、ちょっとしたわだかまりがあった。今や張俊河が、準軟禁状態にあって自由に活動できない金大中を訪ねて、君が動けないから私が動いて犠牲を覚悟して闘うから、力を合わせようと提案した。張俊河は光州に洪南淳《ホンナムスン》（1912～2006年）弁護士を、原州に池學淳《チハクスン》（1921～93年、民主化、平和、人権運動家。「維新憲法は無効だ」という良心宣言で有名）主教を訪ね、金泳三と新民党が抜けた空白を埋めようとした。張俊河と金大中が手を握ったことは、朴正熙としては全く気に入らないことだった。『金大中自叙伝』は、張俊河の死を独裁政権によった殺人だと確信していた咸錫憲がこのように話したと伝える。「張俊河は金大中と和解したことが死を招いたんだ。あいつらは二人が力を合わせるとどうなるかってわかっていたんだよ。二人の内、一人は死ななきゃならなかったってことだ[27]」

張俊河は朴正熙にとって、尹潽善や金大中のような政敵とか政治的脅威ではなかった。しかし、日本軍将校と中途半端な光復軍出身として二度にわたって国憲を踏みにじった朴正熙には、本物の光復軍出身であり、本物の民族主義者である張俊河は全くどうすることもできない存在論的脅威だった。歌謡『哀慕《エモ》』（1989年、金秀姫《キムスヒ》歌）が出るはるかに前のことだが、「あなたの前に立つと私はなぜ縮まるのか」の歌詞がまさに張俊河の前に立つ朴正熙の姿だった。

張俊河が独裁政権によって殺害されたのだったら、その理由は何だろうか？　それについては多くの推測が乱れ飛んだ。ある者は、野党議員であったが、軍で深く尊敬されていた張俊河が軍事クーデターを計画していたと信じもした。駐越韓国軍司令官を務めた蔡命新《チェミョンシン》〔1926~2013年〕将軍は、「彼のような方が大統領に出馬するなら、裸足で走って行って選挙運動したい心情」というほどだった。(28) ある者は、朴正熙を射殺した金載圭との特別な因縁に重きをおいたりもした。また、ある者は、張俊河が広範囲な民衆蜂起を準備していた最中だったと言いもした。しかし、第2期の疑問死委員会はこのような蜂起説を証拠が不足しているとして採用しなかった。彼の死因もやはり「真相究明不可」という判定になった。

張俊河は4・19墓地の前で「今の我々の代わりになり、この民族が受けていたその恐ろしい試練を死でもってやり遂げた人々」に対する礼儀を話したことがある。「今、我々の心の中に彼らが生きる場所を空けておかなかったら、どうして同じ血が流れている人だと言えようか？(29)」張俊河のように生きて、張俊河のように死ぬことはむずかしいことだ。彼の遺族たちは豊かさとは縁遠く借間を転々としているというが、我々の心の片隅にでも張俊河の生きる場所を空けておかなかったなら、我々は一体何だと言えるのか？　張俊河は分断と戦争で破壊された若者らに、枯れて荒涼しきった分断国家の思想界に『思想界』を通して魂の滋養分を与えてくれた民族の偉大なる師匠である。しかし、5人もいる自分の子どもたちには、ろくに大学教育も受けさせられなかった愚かな父親だった。

# 第2章

# タブー、抵抗、傷心

## 1．タブーの時代と「青年文化」

韓国の時計と世界の時計はいつも食い違ったが、1968年は食い違うにしても物凄〜く食い違った。韓国の1968年は、青瓦台の裏山洗剣亭《セゴムジョン》〔ソウル鐘路区新栄洞《シンヨンドン》〕の銃声で始まった〔1・21事件または1・21事態という〕。

映画『實尾島《シルミド》』〔2003年公開〕の最初の場面、北朝鮮の特殊部隊が朴正熙の首を取りに南に侵入したのである。この後、朴正熙は郷土予備軍〔1・21事件を受けて、1968年4月1日、自主防衛を目指すという名目で創設された非正規軍。平常時は社会生活をするが、有事の場合に召集される予備戦力〕を設置し、国民一人一人に固有の番号を付けて住民登録制度を強化した。さらに国民教育憲章〔国民の倫理と精神的な基盤を強固なものにするために1968年12月5日朴正熙大統領によって頒布、1994年事実上廃棄〕を頒布して、高等学校と大学で軍事訓練をさせた。朴正熙が全国民を誰一人の例外もなく集めた兵営国家を作ったとき、世界時計はいわゆる68革命〔パリ五月革命〕の時間を指していた。全世界がアメリカのベトナム戦介入に反対して平和を叫んだとき、韓国の街角には「赤い連中を皆殺しにして自由を守れ」というベトナムに行った猛虎部隊〔現在の首都機械化歩兵師団。韓国軍の中で最も早く機械化された師団で緑の地に虎のマーク。1965年ベトナム戦争への派兵師団に指名〕と青龍部隊〔正式名称は「海兵隊第2師団」。1965年9月に創設され、同年10月にはベトナム戦争に参戦〕の歌があふれかえった。

アコースティックギター、ジーパン、生ビールに象徴される「青年文化」〔西欧文化の影響を受けた70年代に10代、20代の独得なアイデンティティを表現する非主流の抵抗文化」が出てきた時点を普通1970年代初めと見るが、文化研究家李英美《イヨンミ》は青年文化時代の開幕を1968年に見る。(1)アメリカから韓大洙《ハンデス》〔1948年〜、韓国モダンロックの創始者、韓国最初のヒッピー、韓国フォークロックの大家〕が帰って来、申重鉉《シンジュンヒョン》〔1938年〜、ロック音楽不毛の地だった韓国にロックを本格的に取り入れた先駆者〕が本格的に活動を行い、宋昌植《ソンチャンシク》〔1947年〜〕と尹亨柱《ユンヒョンジュ》〔1947年〜〕がトゥインフォリオ〔Twin Folio〕という名前のデュエットでデビューしたのがこの年である。68革命以前の四月革命〔1960年4月19日〕と6・3事態〔1964年6月3日、朴正煕が非常戒厳令を宣布して日韓会談反対デモを鎮圧した事件〕であらかじめ気勢をそがれたためか、全世界的68革命の熱気の中で韓国の若者は、「応答せよコリア」にほとんど反応しなかった。

1970年代は、独立以後に生まれ日本の影響よりアメリカの救援物資をしっかり食べて育った人々が、20代初めから半ばに入っている時期だった。1960年代後半と1970年代前半に20代になった世代は、それ以前の両親なり兄姉世代に比べ、ちょっとはホッとできる歴史的空間の中で育った。日帝末期に20代になった世代は、日帝の徴兵が始まり、「聞くな、甲子《カプチャ》生まれ」〔1924年生まれ、最も徴兵された世代〕という言葉があるほど苦労し、1930年代初めに生まれた人々は朝鮮戦争をもろに体験した。しかし、1960年代後半はベトナム派兵と1968年の武装共産ゲリラの大騒動にもかかわらず、朝鮮戦争のショックが冷めてきた時期であった。軍国日本の軍歌ではなく、アメリカのフォークソングを聴いて育ったこの時代の若者は、ようやく若いということ、ロマンについて初めて語ることができるようになった世代だった。時代の変化が早いせいか、彼らの感受性はよく4・19世代や6・3世代と呼ぶ兄貴世代とは大いに違っていた。だから、古くさい親の世代とは合うはずがなかった。

韓国の若者文化もとても限定された範囲ではあるが、黒人民権運動、新左翼学生運動、反戦平和運動、そしてフランスで始まった68革命、女権伸張などの流れと無関係ではなかった。尹福姫《ユンボッキ》〔1946年～、歌手。76年までラスベガスで活動、ミニスカートを韓国で流行させた〕がアメリカからミニスカートをはいて帰国し、韓大洙が髪をダラリと伸ばして戻ってきた。青年文化は特に音楽分野で際だって表れた。趙英男《チョヨンナム》〔1945年～、歌手。大学在学中からキャンパス歌手として有名だったが、1970年正式デビュー。親日発言を繰り返し論議を呼び、テレビ番組から降板させられたこともある〕、徐酉錫《ソユソク》〔1945年～、歌手、放送人〕、尹亨柱、宋昌植、金世煥《キムセファン》〔1948年～、フォークポップ歌手、72年デビュー〕らはギターを携えて演歌〔今はトロットと呼ぶ〕とははっきりと違う新しく洗練された歌を歌った。最近、突然起こった復古の熱気の中心であったセシボン〔70年代ソウルにあったライブミュージックカフェ〕は、まさに彼らの世代が楽しんで訪れた文化的解放区だった。

## 歓迎されなかった青年文化の論争

青年文化という言葉は様々なところで使われていたが、社会的な論争として広まったのは、文化評論家であり『東亜日報』の記者であった金炳翼《キムビョンイク》が「今日の若い偶像たち」という特集記事を『東亜日報』1974年3月29日付けに書いてからだった。1938年生まれ4・19世代の金炳翼は、若者文化の象徴であるギターとジーパンと生ビールを、「しっかりと染まった軍服と分厚い『思想界』とバラックのマッコリが象徴」する以前の世代とは違う風景としてながめた。金炳翼は、度量の広い兄貴分として弟分らの青年文化をゆとりを持って肯定的にとらえたのだ。彼は「断絶された仮面の伝統劇からゴーゴーダンスに至るまで、マルクーゼ〔ドイツの哲学者、社会学者。1898〜1979年〕から安仁淑《アンインスク》〔1952年〜〕（映画『星たちの故郷』（1974年）でキョンア役を演じた俳優〕に至るまで」成長していく青年文化が「退廃的な発散や理由のない反抗に終わらないのは明らかだ」と断言した。金炳翼は青年文化に無気力な先輩と閉鎖的な現実、政治的な挫折と社会的な敗北主義を克服する可能性を見た。彼はジーパンとギターと生ビールを「六党《ユクタン》〔崔南善《チェナムソン》、1890〜1957年、六堂は号。雑誌『少年』を創刊。韓国近代文学の先駆者の一人。独立宣言文起草者として民族代表48人の一人だったが、後に親日活動に転じた〕と春園《チュンウォン》〔李光洙《イグァンス》、1892〜1950年、春園は号。韓国近代文学の先駆者。1919年『2・8独立宣言書』を起草して上海に脱出、大韓民国臨時政府機関紙『独立新聞』の主幹として活動したが、後に創氏改名を自発的に行うなど親日派に転じ、糾弾された〕、3・1運動と光州学生運動、4・19と6・3デモへと連綿と続いた若者の運動が70年代に装った新しい衣裳」だと規定した。[2]

高麗大学社会学科教授林禧燮《イムヒソプ》（1937年生まれ）は金炳翼と同じ4・19世代だったが、青年文化を好意的に見なかった。彼は『朝鮮日報』で、ギターとジーパンと生ビールで表される青年文化とは「一部の富裕層の子息たち、一部の浪人生、少数の大学生、少数の『男女工員』、そして多分大部分のゴーゴー族によって受け入れられている」とその意味を限定していた。彼はこのようなゴーゴー族文化以外に大学文化と勤労青年の文化があり、青年文化の中心は大学文化でなくてはならないと主張した。[3]

1945年生まれの崔仁浩《チェイノ》（1945～2013年、都市的な感受性、繊細な心理描写を通して大衆小説に対する認識を新しくさせた）は『星たちの故郷』『馬鹿たちの行進』などの小説を書いて、当時青年文化の旗手に数えられていた。彼はエリートと大衆の二分論に強く反対した。彼は「青年文化宣言」の文で「今日の青年文化は少数のエリートによって代表される文化ではなく」、「古典が壊されているといって不平」を言わず「大衆の感覚が洗練されて」いることに注目しろと強調した。彼はこのように叫んだ。「彼らの悪口を言う前に一度その場に行って一緒に徹夜してみろ。音楽に体をまかせて今までのように二人で踊る踊りではなく、一人で気軽に体を揺らして踊る若者らの閉じた目を見ろ。賭博場に殴り込もうとするなら最小限の掛け金を出して、食ってかからなくちゃ！」[4]

当時代表的なギター歌手だった大学生楊姫銀《ヤンヒウン》（1952年～、大学1年の1971年に金民基の『朝露』でデビュー）は、青年文化論争に対して「ジーパン歌手も言いたいことがある」という文を書いた。そこで、「我々はみんな貧しかった」のであり、自分たちを「憂鬱で貧乏に育ったみにくいアヒルの子」だと主張した。[5] そうはいっても彼らは、少なくとも教育と文化的な面では選ばれた少数者だった。1970年代初めに、大学生は同年輩人口の10パーセント程度にすぎなかった。はるかに多くの若者は青年文化と呼ばれる「フォークソング」よりは南珍《ナムジン》（1946年～、代表的トロット歌手。65年デビュー）と羅勲児《ナフナ》（1947年～、南珍と並ぶ代表的トロット歌手。66年デビュー）にいまだに熱狂していた。民衆の現実は、青年文化の作品を通して生まれたものよりさらに困難だった。映画『星たちの故郷』のホステスのキョンアは、現実では自殺したり娼婦に転落し、「ナンジェンイ」

続けていた。

〔趙世熙《チョセヒ》の小説に出てくる小人で何も持たない社会の弱者を意味する〕たちは、むなしく煙突の上を登り

既成のエリートや先輩世代が、一部の例外を除いては青年文化に対して「年寄り」の本性を出すのは仕方がなかっただろうが、同年輩の大学生らが作った大学言論もやはり青年文化に対してかなり批判的な立場であった。高麗大学の『高大新聞』は、「ジーパンとギター」(1974年4月9日1面)で青年文化は6・3世代の継承ではなく歪曲であり、大学生が批判的精神を忘れてしまい、外来文化に溺れていると批判した。ソウル大学の『大学新聞』は青年文化特集で「若者文化という用語は我々の社会に存在はしているが、実体がないお化け」だと青年文化を「バターに混ぜたカクテキ〔大根キムチ〕」と罵倒した。(6)

## 朴正熙とタブーの時代

一部の大学生らが、ギターとジーパンと生ビールに象徴される青年文化をよく思わなかったのは、時が時だったためでもあった。『東亜日報』が若者文化を大々的に紹介する記事を出した直後、民青学連事件が起こった。大学生1000名以上が捕まって調べられ、200名余りが拘束起訴されたところに、「貝殻つなげて彼女の首にかけて」〔尹亨柱 作詞〕うんぬんする甘ったるい歌を歌う人々が好ましく見えるはずがなかった。維新憲法を直そうというだけで死刑にするという者たちと立ち向かっているうちに、抵抗勢力も硬直化していった。数百人が監獄に引っ張られて行った大学街は、それこそ喪中の家と同じであった。大学街で喪中らしい敬虔さと悲壮さを求めるのは、ジーパンの代わ

りに相変わらず軍服を着てゴム靴を履いて、行き交う人々だけではなかった。自分じゃなくてはダメだというとんでもない考えを持った独裁者に出会ったせいで、友だちだった若者は一カ所に集まって甘い歌を歌うことができず、傷ついた人々同士で互いが互いを慰めるのではなく、代わりに互いに噛みつきあったのだ。

当時学生運動勢力が青年文化に対して必ずしも友好的ではなかったのは、世界時計と韓国時計の不一致のためでもあった。韓国は相変わらず自由や民主主義のような近代的価値のために切実な闘いを続けなければならなかった。ところで、68革命は我々がまだ持てない自由や民主主義や豊かさの土台になった資本主義と自由民主主義の体制を転覆しようとするものだった。新しい文化の主翼として登場したヒッピーらと友だちになるには、韓国の学生運動の主翼はあまりにも謹厳で真の模範生だった。

1968年、朴正熙は国民教育憲章を宣布した。その中で朴正熙は我々に一言の相談もなく、我々の出生の意味を「民族中興の歴史的使命を負ってこの地に生まれた」と決めてしまった。この時期朴正熙は兵営国家大韓民国の泰然とした総司令官に、「大韓国民学校」のゆったりとした校長先生になろうとはしなかった。彼は心が狭い内務査閲官として、自分の学生時代だけ記憶している「学年主任」として君臨した。朴正熙は維新独裁が始まる以前から若者とうまくいってなかった。日本の軍国主義の思考方式が生理的にピッタリな朴正熙と、自由を追究する若い世代は合うわけがなかった。当時の若者は最小限のアメリカ式民主主義の教育を体ではなくても頭で学んだ世代だった。時代錯誤的な朴正熙は、このような若者を皇国臣民と皇国兵士を調練する方式で育て上げようとした。朴正熙は長髪とミニスカートのような外見だけではなく、若者の頭の中と心も気に食わなかった。彼は、限りない前進のため誰も彼もがんばらなくてはならないと考えた。だから、若者が「道ばたにすわって顔を見合わせ／通り過ぎる人々が僕等をながめる」〔金世煥『道ばたにすわって』〕なんて暇そうにペチャクチャしゃべる格好も見るのが嫌だった。彼はまた、祖国近代化のためによそ見をしないで前に走って行かなくてはならないと思った。だから、若者が「花びらの先に下がっている小さな水玉」や「母をなくし、足もないかわいそうな小さい鳥」〔楊姫銀『美しいものたち』〕なんかを見つめていることも情けないかぎりだった。

　朴正熙は人革党の人々を死刑にした1975年に、なんと225曲の歌謡を禁止曲にした。大麻取り締まりを通して、李章熙《イジャンヒ》〔1947年〜、シンガーソングライター、プロデューサー〕、尹亨柱、申重鉉、金秋子《キムチュジャ》〔1951年〜〕ら人気絶頂の歌手を含む27名を拘束した。禁止曲の基準は特別なかった。金珉基や申重鉉は名前だけで無条件に禁止される「栄誉」を分け合った。『朝露』も禁止曲だった。「太陽は墓地の上に赤く上って」という部分は、検閲官の耳には「太陽」は民族の太陽金日成将軍であり、「墓地」は朴正熙支配下の南朝鮮であり、「赤く上って」は赤化統一と聞こえたようだ。韓大洙の『幸福の国へ』は北朝鮮を賛美する歌に聞こえ、どこへ行っても「やれば出来る」の標語が張ってあった時代『実らない愛』は敗北主義の象徴として退けられた。一言の抵抗の言葉も、一つの抵抗の動きも許されなかった時代、東海《トンヘ》の海に「小さな美しい鯨一頭」〔崔仁浩作『鯨とり』、キム・スチョルの歌〕を捕まえに行こうとしていた若者の夢のどこがいけないのか分からないが、とにかく国家施策に合わないと禁止された。

## 新しい民謡の誕生

険しい時代に続けられた青年文化論争は、1975年大部分の歌が禁止曲になり、大麻事件と様々な理由（金珉基の入隊、ベトナム戦争を批判した徐酉錫の放送出演禁止）で代表的な歌手が舞台から消えていつの間にか終わってしまった。若さは再び若さを奪われた。愛唱歌を奪われた若者に独裁政権は数百曲の「健全歌謡」を押しつけた。「仕事をなさる大統領この国の指導者」のような『維新讃歌』や『大統領讃歌』に、はなはだしきは『国民教育憲章』の歌まで出てきた。「あのお方」（朴大統領）がみずからモヤシの根を取って下さったという『わたしの祖国』や『セマウル歌』（新しい村作り運動の歌）みたいな日本の軍歌風の歌は、無意識にフンフンと口ずさむほど一日に何回もいろんな所から聞こえて来た。一部では青年文化の旗手が朴正熙に抵抗しなかったせいにする。しかし、私は自由の鐘を乱打していた60年4・19革命の世代の兄貴が先を競って朴正熙に抱き込まれたとき、彼らがこのくだらない歌を歌わなかったことが嬉しい。そうでなかったら、セシボンコンサートは開かれなかった。〔2014年、その主なメンバーによるコンサートが開かれた〕

ギターを持った歌手の歌をフォークソングというが、フォークソングとはもともと民謡の意味だ。フォークソングはアメリカの民謡であり、我々の民謡ではなかった。楊姫銀は「私の歌は我々の歌、我々若者の歌であり、我々全ての人々と民衆の歌になってこそ新しい民謡」になるとその思いを語った[7]。当時の悪童が「（祖国を）いつまでも保全して私の娘に譲ってやろう」と歌詞を変えて歌っていた「あのお方」の『わたしの祖国』は消えてしまったが、あの時代の禁止曲『朝露』は今はまさに「新しい民謡」という言葉がふさわしい境地に達した。

西洋音楽を無批判的に受け入れたと責める大人たちに対して楊姫銀は、いつ学校でパンソリ、伽《カ》伽琴《ヤグム》などわが国の音楽を教えてくれたことがあるかと反問した。青年文化の旗手は歌を作り始めてから後に伝統音楽に目を向け、口伝歌謡を探し出して国楽の調べや楽器を自分らの歌に取り入れた。1968年に交通事故で亡くなったモダニスト金洙暎は、ボード・ビショップ（1831～1904年）の旅行記を英語で読んで悟ったように断絶されていた伝統と出会い「伝統はいくら汚れた伝統でもいいものだ」と絶唱（『偉大なルーツ』〔1974年〕）を残した。彼の後輩も長い回り道をしてから汚れてしまった伝統、散らばってしまった民衆と再び出会った。青年文化論争は「エリート」と「大衆」に対する理解と関心を深化させ、我々がなくしてしまった「民衆」を探さなければという切実な思いを強くした。

1960年代に人々は狂ったようにソウルに集まってきた。一方ではパティ・キム（1938年～、歌手。本名は金恵子。パティは米歌手パティ・ペイジにちなんで付けられた。58年デビュー、62年韓国における初めてのリサイタルを開いた）の『ソウル讃歌』があり、また一方では金芝河の『黄土の道《ファントッキル》』や『ソウルの道《キル》』があった。今や朴正熙の『チャルサラボセ（豊かに暮らそう）』も、大衆歌謡『土に生きよう』も窮屈だという都市的感性を知った若者は、自分の声で「今や私は行く　あの険しい荒野に」（『朝露』）を歌い始めた。金芝河が『朝露』を初めて聞いて予見したように若者があの険しい荒野に出て行った。これから何がやってくるのか、どこへ行かねばならないのか誰も分からなかったが、若者は荒野に出たのだ。

## 2. 女工哀史

20世紀後半、韓国は産業化と民主化という二つの領域で注目に価する成果を収めた。守旧陣営の一角では「産業化勢力」という言葉で自分たちを包み込みながら、民主化も産業化が成し遂げられたために可能だったのだというデタラメな主張を繰り広げてもいる。また一部では、朴正熙を産業化の父、祖国近代化の父として持ち上げてもいる。はたしてこの地の民主化と産業化は、誰が成し遂げたものなのか。民主化と産業化の二つの課題で真に核心的な役割を果たしながらも主役としての扱いを受けられなかった人々は、労働者、特に「コンスニ」〔工場で働く娘という差別語で、「コン」は工場、「スニ」は女性を意味する俗語。女工〕の名で差別と蔑視を受けてきた女性労働者である。彼らこそ長時間の苦しい労働で最も底辺で産業化を成し遂げてきた働き手であり、あれほど強固だった維新独裁を倒した民主化の先峰であった。

資本主義化を経験した全ての国々では、それぞれの悲しみ極まりない女工哀史と少年労働の血と涙がにじむ話が伝わっている。韓国の女性労働者は、儒教的家父長制の遺産に加え植民地支配と戦争と圧縮された近代化を経験した。彼女らはほかの国の女性労働者より悲しいにしてもあまりにも悲しい話も多いが、ほかの国ではなかなか見られない光輝く瞬間も持っている。「維新時代」と呼ばれる1970年代の韓国労働運動の主役は女性労働者だった。長期間にわたる軍事独裁において、1970年代のように労働運動内部で男性より女性のほうが多かった時期はなかなかない。多くの研究者はなぜ女性たちがそのように熱心に闘争したのか究明するために努力して、相当な研究成果を生み出した。この場でその研究成果を検討して評価する余裕はないが、私は重要な質問が一つ落ちているのがいつも残念だった。矛盾が存在するとき、人々が闘争を行うのは当然なことだ。1970年代になぜ女性労働者が闘争に乗り出したかを問うよりは、なぜそのとき男性労働者が闘争に立ち上がらなかったのかを究明しなければならない。

女性労働者は1970年代の間中、労働運動の責任を負い、大学生すらろくにデモができなかった維新の最後の瞬間YH事件〔1979年8月9日YH貿易の女性労働者170名余りが会社正常化と勤労者の生存権保障を要求して野党の新民党本部講堂に籠城した事件〕を通して金城鉄壁のようだった朴正熙政権が倒れる端緒を開いた。朴正熙政権はあまりにも堅固だったために、小さな衝撃も吸収する余地がなく壊れてしまった。だが、その反対にこの時代の女性労働者は限りなく弱かったために、むしろ無限に強くなることができた。彼女らは貧しく、学ぶこともできないかわいそうな下っぱに甘んじることなく、互いによく分かち合い、サポートしながら堂々とした人間に、立派な労働者にと生まれ変わった。女性労働者の話はごくまれには英雄化されもしたが、大部分の場合不当に低く評価されたり意図的に無視されてきた。しかし、維新時代を完全に理解するためにも、非正規職がくじけず今日を生きるためにも、彼女らの話は必ずしっかりと記憶されなければならない。最近「経済民主化」のスローガンがやかましいが、労働のことが抜け落ちた経済民主化がなぜ詐欺であるしかないかをはっきり示すために、維新時代の女性労働者の生きざまと闘争を論じてみようと思う。

## 姜周龍の乙密台、金鎮淑のクレーン

大恐慌の余波が持続していた1931年5月29日、姜周龍《カンジュリョン》〔1901～32年〕という女性労働者が木綿1疋〔2反〕に体を任せたまま平壌の乙密台《ウルミルテ》〔平壌にある高句麗時代の楼閣〕に登った。楼閣の後ろ側は12メートルの崖だが、前側は籠城を見物する中学生の頭が写真に写る程度のわずか2層の高さだった。姜周龍は賃金を上げてほしいというのではなく、削らないでほしいと断食闘争を始めた49名のストライキグループの代表だった。自分一人の賃金が削られること、49名のストライキグループの賃金が削られることを止めようと望楼に登ったのではなかった。姜周龍は、自分の賃金削減は平壌のゴム工場労働者2300名の賃金削減につながるものであり、結局は朝鮮8道全体の労働者の賃金削減へとつながるものであるために、死を覚悟して望楼に登ったのだ。姜周龍は長くはもたなかった。籠城8時間だけで後ろから秘かに接近した警察は、姜周龍を押して、下に張っておいた網に落ちた彼女を捕まえて連れて行った。(1) たった2層の高さでわずかに8時間頑張ったのだが、朝鮮8道が騒然となった。人々は、姜周龍が女性の体であんな高い所に登って、ほかの労働者の利益のために闘うのをどうしてただ見ていられるのかといいながら、力を得て賃金引き下げを食い止めた。

姜周龍が行った最初の高空籠城は、今から80年余り前のことだ。韓国経済が比較できないほど発展した間、姜周龍の孫世代の少女は、その時代と比べられないほどにより高く、より遠くに登り、もっと長い間持ちこたえなくてはならない。金鎮淑《キムジンスク》〔1960年～、労働運動家。2010年経営悪化を理由に韓進重工業が生産職労働者400名を希望退職させようとしたことに反発、2011年1月6日から韓進重工業内の85号クレーンで高空籠城に入り、11月まで309日間の高空籠城を行った〕は、はるかに遠い40メートル上の85号クレーンに登り300日持ちこたえなくてはならなかった。お坊さんの知《チュ》律《ル》〔1957年～、慶尚南道にある内院寺の僧侶。チョウセンサンショウウオの生態系保護を要求して断食〕の100日断食以後、20日くらい断食する程度ではその数多いインターネット新聞にも記事一行載るのもむずかしい。私が初めて元山《ウォンサン》総《チョン》罷業《パオプ》〔1929年1月13日から4月6日まで4カ月にわたって元山の労働者がストライキを断行した事件。20年代の労働運動史上最大の組織的闘争であった〕を勉強した大学院時代、「どうして1カ月間ストライキを続けられるのか」とみんなが不思議がったのが数日前のことのようだ。コオロンインダストリの亀尾工場は9年、コオルトコルテック〔世界ギターマーケットの約30％を占める有名ブランド会社。2007年に経営悪化を理由に一方的に工場閉鎖を行ない、不当解雇に抗議する労働組合の長期闘争が続いている〕と才能教育〔学習用紙および教育教材出版社（1977年設立）。使用者側の一方的な人員削減に対して、組合と2007年～15年まで長期労働争議となった特殊雇用労働者（非正規雇用）解雇問題の代表的な事業場〕は6年以上闘った。最近1年程度闘っただけでは長期闘争の事業所だと名乗ることもできない。

姜周龍が乙密台の屋根に這い上がっていた時代、植民地朝鮮の女性労働者の賃金は男性労働者の半分だった。男性労働者の賃金は日本の男性労働者の半分で、日本人女性労働者と大体同じだった。少年労働者の賃金は成人労働者のこれもまた半分だった。十代の朝鮮人女工は日本人成人女工の4分の1の賃金を受け取っていた。[2] 第2次世界大戦の敗戦で朝鮮半島から引き上げた日本が、20年余り後朴正熙の手引きで戻ってきて馬山《マサン》輸出自由地域〔1970年1月1日に着工、71年3月12日に完成。慶尚南道昌原《チャンウォン》市馬山會原《フェウォン》区にある輸出自由地域であったが、2000年代にはサービス機能を追加して名称が馬山自由貿易地域に変わった〕に工場を設けた。この時我が国の幼い女工が受け取った賃金は、日本の成人女性労働者の6分の1に過ぎなかった。(3) この女工の末息子・末娘よりも若い88万ウォン世代〔就職難、雇用不安に苦しむ20代を指す言葉。非正規職の平均給与119万ウォンに20代の平均給与に該当する73パーセントを掛けた金額が88万ウォンであることをいう。2007年8月に出版された『88万ウォン世代』(禹晳熏《ウソックン》、パク・クォニル著)で初めて使われた〕は、5年前初めて名前を付けられた当時の88万ウォンよりはるかに及ばない賃金を受け取らざるをえない状態におかれている。彼らにとって解放、祖国近代化、民主化とはなんであったのだろうか。

## 都市にやって来た田舎の娘たち

1969年、パティ・キムが発表した『ソウル讃歌』は「美しいソウルに、ソウルに住みつづけま〜す」と元気よく歌った。水が良かったためか、炎天で農作業をやらなかったためか名節《ミョンジョル》〔正月や秋夕〕のときソウルから土産を一抱えかかえて田舎へと戻った町内のお姉さんや友達の顔は見違えるほど白くなっていた。誰も彼も田舎から出たかった。〔歌詞のように〕鐘が鳴り、花が咲いて、鳥は鳴き、人々は優しく迎えてくれる所、ソウルへ。結末を十分に知っているマスコミは「当てもない上京」と呼んだが、ソウルに憧れた夢多い田舎の娘は3、4年だけ懸命に働いて弟の学費を払ってやって、お金を貯金して豊かな家の嫁になりたいという抜け目ない計画を立てての上京であった。必ずしも赤貧洗うがごときの貧しい家の娘だけではなかった。「祖国近代化」という怪物は、田舎の娘と、まだ娘と呼べない幼い少女まで全て、つまり結婚前の若い女性を農村から根こそぎ引き抜いて行った。

清渓市場《チョンゲ》（ソウル中区）の女工の体験を修士論文『13歳女工の生きざま』に表したシン・スネによると、全く同じように見える女工の生きざまも実家の経済力の差によって出発点が違ったという。東一《トンイル》紡績は「ウンコを食べて生きていけない」という凄まじい叫びがその象徴にもなっているが、東一紡績に入社するのは実際は至難の業であった。この会社に就職するには最低限高校中退でもして、管理職の家で短くて6カ月、長ければ1年ずつただで〝食母《シンモ》〟（お手伝いさん）暮らしをしなければならなかった。後に東一紡績労組委員長になるイ・チョンガクは、先に入社した姉のおかげで長く待たされなかったが、管理職に美味しい延坪島《ヨンピョンド》（仁川広域市《インチョン》）のイシモチの干物1俵を贈らなくてはならなかった。(4)一方、学歴もぱっとせず、イシモチ1俵を「ワイロ」にできる暮らし向きでもなく、何カ月もただで食母暮らしもできない人々は、すぐに両親の薬代や弟の学費を用意するために小規模工場や縫製工場の門を叩いた。シン・スネはイ・チョンガクのようにイシモチ1俵をワイロに贈れる状況ではなかったので、平和市場で仕事を見つけた。それでも家族が一緒にソウルに来て寝るところはあった。シン・スネは、ほこりが立ちこめる平和市場の暗い小部屋で仕事をしていて、栄養失調に結核までかかった。だが、一人上京して「月収〇ウォンに寝食提供」という広告に釣られて風俗店に流れていったポクスニ（福順、1975年の映画『英子《ヨンジャ》の全盛時代』のヒロインを演じた女優の名前。素朴な田舎の処女英子は、たいした考えもなく上京して娼婦へと転落していく）はこのようなシン・スネをうらやましがった。(5)

奥様や女子大生にはどうだったか分からないが、田舎から上京したばかりの10代の女工らにソウルは決して「鐘が鳴り、花咲く美しい所」ではなかった。彼らの虚しい期待が壊れるのに長くはかからなかった。田舎で生活状態がそれでもまあまあだった家の娘は、ソウル生活をよけい辛がった。また、必ずしも余裕ある家の娘だけそうだったのでもなかった。田舎ではいくら貧しくても便所がない家はなく、いくらみすぼらしくても家に板の間や庭もあった。ソウルのトイレはきれいな水がチョロチョロ流れると聞いていたが、「タルトンネ」（月の村、丘の斜面などの高台に集まって暮らしている貧しい人々の村）や川辺のバラックではトイレも満足になかった。賃貸の家にたまにトイレがあっても大家の家族に優先権があった。(6)

## 刑務所より悪い勤労環境

当時幼い女工が経験した勤労条件は、私のようにソウルの恵まれた家庭で育った者が想像する範囲を越えている。そうでなかったら、どうして全泰壱《チョンテイル》（1948〜70年、韓国の労働運動を象徴する人物。縫製労働者として仕事をしながら、女性労働者の過酷な労働条件改善のために努力したが、現実の壁にぶつかり、1970年11月13日「労働基準法を守れ！」と叫びながら焼身自殺した。彼の死は韓国労働運動の発展に重要な契機となった）が自分の体に火を放とうか。その時代も労働基準法はあった。全泰壱は「労働基準法を制定しろ」ではなく「労働基準法を守れ」と叫んだ。守らないので、いや初めから守る考えなく作ったからなのか、労働基準法は実にすばらしかった。

労働組合法、労働争議調整法、労働基準法などの労働3法は、朝鮮戦争中の1953年初めにそれこそさっと作られた。国連の参戦国は民主主義を守るという名目で韓国に派兵した。ところが、各国の野党や労働運動界では労働3法もない韓国に守るべき民主主義がどこにあるのかと、撤兵を主張したり援助を削減しろと声を張り上げた。そこで急いで法律を作ろうと、韓国は世界で最も先進的な日本の労働法を書き写した。米軍最高司令部は、日本で軍国主義の復活を止めようとするなら労働運動が当然役に立つだろうとみて、自国でも資本家らの圧力で反映できなかった条項を日本の労働法に多く取り入れたのだ。(7)

法律はとてもすばらしかったが、政権は法を守らない者を取り締まるのではなく、法を守れと主張する者を「パルゲンイ〔アカ〕」だとして捕まえた。1973年労働庁を作り、長官に連続して治安局長出身（崔杜烈《チェドゥヨル》〔1932年〜〕、崔錫元《チェソゴォン》〔1931年〜〕）を任命したことだけ見ても、維新政権が労働問題をどんな視点でながめていたのか分かる。

1970年代を代表する闘争が続いた東一紡績〔1955年9月東洋紡績として設立。72年韓国最初の女性支部長を選出し、民主労組を維持してきたが、76年7月会社と公権力による労組破壊工作に対して女性労働者がストライキで対抗した〕や元豊《ウォンプン》毛紡〔72年7月「組合正常化闘争委員会」の結成に、会社側は弾圧で対抗した。労組幹部14名が国家保安法違反で逮捕された。82年9月、全斗煥政権の弾圧によって元豊毛紡労組は解体された〕の労働条件が劣悪だったと、普通考えやすいが事情は正反対だった。こういう所で民主労組が結成されて闘争が続いたことは、労働環境が劣悪だったのではなく、十分ではないがそれでも労働条件が良かったためだと当時の闘士は口を揃える。チャン・ナムスの労働手記『奪われた仕事場』には、彼女が捕まって拘置所に拘禁された話が出てくる。当時チャン・ナムスは勤労条件が最も良いと噂の元豊毛紡の寄宿舎に住んでいたが、拘置所の食事のほうが寄宿舎の食堂で出す食事よりはるかに良かったという。(8) シン・スネも刑務所に行って人生で初めてゴボウやレンコンのおかずを食べたという。シン・スネは家族には申し訳なかったが、刑務所では思う存分寝られて、時間になるとご飯もくれるのでいろいろと楽だったという。(9) その上、刑務所は汁も水もくれた。国民教育憲章の教え通り能率をものすごく崇め尊んでいた時代、工場の食堂では労働者に汁や水も出さず、彼らはただもくもくとご飯を食べなければならなかった。食堂で水分を与えると、労働者がトイレに行ったり来たりして仕事の能率が落ちると考えたのだ。1日に15時間くらい働いても、罪人より悪い生活をせざるをえない労働者の状態はまさに哀れだった。朴正煕は労働者の貧しさが懸命に働かないせいだとして、勤勉、自助、共同の精神を強調したが、その時も今も朝一番電車に乗って仕事に行く人々は最も貧しい人々だ。

## 名前を呼んでください

国家は輸出の日〔11月30日、1964年制定〕のようなとき、時々労働者を産業戦士だとか産業役軍だとか言って持ち上げたが、国家も資本も社会も式典が終わってしまえば、労働者を「コンドリ」〔コンスニと対をなす言葉。「コン」は工場、「ドリ」は男性を意味する。工場で働く男〕「コンスニ」として扱った。多くの労働者らは貧しさも差別もみんな運命だと思おうとしたが、一部はこの差別に対して敏感に反応した。労働運動に乗り出した彼らは、劣悪な労働条件と低賃金も辛かったが、最も耐えがたかったことは差別と非人間的な待遇だったと口を揃える。

全く同じようにデモをして捕まっても、大学生とコンスニは扱いが違った。学生はちょっと前にトイレに行って来て、また行こうとしてもすぐに行かせてくれるが、労働者には「おい、このアマ我慢しろ」という悪口だけ返ってきた。[10] コンスニら弱者に対する差別は、労働者の間にも存在した。両親がくれるお金でバスを利用する学生には料金が半額になる回数券があったが、低賃金の中からバス代を出さねばならない同じ年のコンドリ・コンスニは回数券の対象からはずされた。バスの女性車掌も学生服を着られない悔しい立場だったが、女性車掌は日曜日でも労働者らが回数券を出せば、見逃さず学生証を見せろと言った。資本はいつも裁断師がミシン職人を、ミシン職人がミシン補助を、ミシン補助が下っぱをひたすらいじめて生産目標を達成した。それでも軍隊と違っていたのは、担任は班長を叱り、班長は組長を叱り、組長はまた幼い女工を叱るが、互いに手を握ってやたらと泣きもしたという。[11] このような素朴な姉妹愛、兄弟愛が労働運動の基礎だった。

シン・スネは「中等授業無料」というチラシを見て労働教室を訪ねていった。そこで、社長がある日「一人のヤクザが死んで、かますに包まれて置いてあったから市場の方には行くな」と言っていたその話の人物が全泰壱であることを初めて知った。長時間苦しい労働を終えて勉強することは辛かったが、ここでだけは彼女を「7番下っぱ」ではないシン・スネという名前で呼んでくれた。7番下っぱシン・スネは2年半の間一緒に仕事をした7番ミシンのお姉さんの名前を知らない。いつも「3番下っぱ」、「5番ミシンお姉さん」式に呼んでいたので、名前を知りようがなかった。[12] 同年配の青少年は「私が彼女の名前を呼んだとき、彼女は私のもとにやって来て花になった」〔金春洙《キムチュンス》の詩「花」〕を教科書で習ったが、今や非正規職の母とも言えるあの時代の女工は、その詩を労働組合や夜学で涙を流して体験した。

## 下っぱの夢

その時代「コンスニ」らの宿命であった貧しさと無知は、コインの両面のようなものだった。貧しいので学べず、学べないので無知だった。大部分の幼い女性労働者は弟や兄の学費を稼ぐために自分の学業や進学を諦めなくてはならなかった。しかし、彼女らは勉強に対する渇望まで諦めたのではなかった。苦しい工場生活から抜け出せる唯一の道は、勉強だった。彼女らの夢を満たしてくれるはずもなかったが、工場周辺には多様な学びの空間があった。

多くの少女は、昼には工場で仕事をして夜には勉強できるようになっている環境の仕事場を求めて、工場をよく移動した。12時間2交代で仕事をすると、学校へ行く気も出ないが、1日3交代で仕事をする紡織工場で朝6時から仕事をする勤務組にいれば、学校に通えるように見えた。しかし、現実はそうではなかった。1週間毎に1回ずつ変わる勤務時間のために3交代といっても、夜間学校に通うのは不可能な場合が多かった。だが、工場で働きながら学校に通う人々も時々いた。ナミョンナイロンの場合、1000名を超える従業員のうち、夜間学校に通う人が50名ほどいた。だが、仕事が忙しいときイライラして足をトントンと鳴らしても班長や組長が出退勤カードを出してくれず、学校に行けなかった。泣きながらはむかって争い、班長が「あいつは性格がケチくさくて、かなわない」とカードを出してもらった3、4人だけが学校に行けた。(13)

一部の企業では企業の付属学校を建てた。昼には工場でお金を稼いで、晩には学校で勉強するという企業付属学校は学ぶことを熱望していた女性労働者に歓迎された。馬山の韓一《ハニル》合織〔1964年設立、2007年東洋グループに吸収〕は国内最初の企業付属学校である韓一女子実業学校を建てた。8

道から集まってきた女性労働者が一握りずつ故郷から芝を持ってきて校庭に植えた「8道の芝」が企業広報の象徴として注目された(14)。企業付属学校は、光と影を全て持っていた。昼に苦しい労働をして夜に勉強をするのは、言うほど簡単ではなかった。企業付属学校で勤務していた教師の中には情熱をもって学生を教えたかったが、こっくりこっくり居眠りをする学生を見て教えることが苦役だったと回顧する人々も多い。授業料は会社の負担であったが、会社を辞めれば学校もやめねばならなかった。学生の立場では、卒業証書を手に入れようとすれば会社に通わねばならず、会社の立場では、学校は女工らの転職を止めて安定的な労働力を確保する手段でもあった(15)。韓一女子実業学校の場合、卒業証書を取るとすぐ近くの馬山輸出自由地域に職場を移す卒業生がざらにいたという。

永登浦《ヨンドゥンポ》駅の前にあった韓林《ハニム》学院は、切実に学びたかった近隣地域の女工全ての「母校」であった。ここでは時間帯別に講座が開設されていて、勤務時間がよく変わる3交代でも学院に通うことが可能だった。詩と小説が取り入れられた教材で国語も漢文も学び、「ユーアーマイサンシャイン」のようなポップソングを主に教える音楽の時間もあった。英語も習う「淑女教養クラス」はここの代表的な講座だった。ここで勉強した女性労働運動家は、通っているときはそれなりに楽しく面白かったが、後で考えてみると女工の学びたい熱望を適当に和らげなだめながら、低賃金の一部分をそっくりそのまま持って行ったと批判した(16)。清渓川の平和市場近くの検定考試〔国家試験〕学院である首都《スド》学院も金をとてつもなく稼いだという。

清渓被服労組でたった20名余りが入れる労組の事務室で初めて労働教室が開設されたとき、受講を希望した労働者は200名だったという。労組の婦人部長チョン・インスクが1972年模範勤務女性に選ばれ、青瓦台に招かれて行ったことがあった。その時、陸英修女史は何か必要なものがあるかと聞いた。チョン・インスクは平和市場に女性労働者が2万名いるが、相当数が15歳未満でみんな勉強したいのだが、勉強する場所が一つもなくできないでいるので場所を用意してくれたらうれしいと言った。そのおかげで東和市場の屋上にセマウル労働教室ができた。だが、雇用主らが運営権を持って教育内容を管掌しようとして労組と摩擦を起こした。(17)

労働教室は陸英修女史の斡旋で始まったが、政権はまもなく1977年9月家主に圧力を加え、労働教室を閉鎖しようとした。労組では労働教室を絶対奪われないように、またたとえ奪われるとしても反対の声を一度上げようと意見をまとめた。労働者は家主が通告した労働教室閉鎖時限の1日前の9月9日に労働教室に集まって「労働基準法を守れ、無駄にするな」という全泰壱の追慕歌を泣きながら歌って籠城を始めた。警察は彼らを連行して、北朝鮮政権樹立の日である9月9日に籠城を始めたのをみると、清渓被服労組は「パルゲンイ」の巣窟だと労働者を責め立てた。結局この事件で何人かが拘束されたが、警察はわずか14歳の未成年者であるイム・ミギョンを拘束するために住民登録番号までねつ造した。(18)

民主労組が活発だった永登浦と仁川の労働者にとって、大変重要な学びの空間は産業宣教会だった。民主労組組合員出身者は産業宣教会〔1957年設立。都市と産業現場の民主化のために活動した進歩的キリスト教徒団体。1996年社会福祉宣教会と名称変更〕に出たり、組合活動をしながら新しい観点と知識を習得する過程で、学びに対する渇望を満たすことができたと口を揃える。

## 文字を知らないコンスニからハングル教師へ

1970年代の女工の中ではハングルを知らない人々も相当多かった。平和市場で働く女工は国民学校卒あるいは国民学校中退が大部分だった。ちゃんと学校に通える家に生まれていたら、平和市場に来なかっただろう。英語のラベルを縫い付けるのはハングルも知らない少女らには苦役だった。シン・スネは、下っぱがMとWを混同していつも「おい、この間抜け、ラベル一つもちゃんと付けられないのか?」と叱られるのを見てハングル教室を開いた。国民学校3年中退のシン・スネが教師になり、組合員らにハングルを教えるようになったのだ。

自分自身が、遅くにハングルを理解したシン・スネのハングル教育法は並外れていた。彼女は「ㄱ、ㄴ、ㄷ、ㄹ〔ハングルの子音字母〕から始めなかった。代わりに最初の日はタリム社、ソンジョン社、ヨンヒ社、現代社などハングル教室に来る労働者が仕事をしている工場の商号を教えてやり、宿題には周りの友だちが働いている所の商号を2つ以上調べさせた。2回目の授業では、ハングル教室に来る学生たちの名前を読んで書けるようにして、宿題には両親の名前を書いて来させた。3回目の時間には、学生が住んでいる町の名前を書けるようにして、4回目には、裁断師、ミシン師、下っぱ、裁断補助、社長など工場で使用する用語を教えた。このように勉強をすると、学生は進んで今日の宿題は反物の名前を書いてくるようにしようと提案したという。5回目の授業では、南方《ナムバン》〔半袖の開襟シャツ〕、ズボン、バーバリー〔コート〕、ジーパン、ブラウス、子ども服、紳士服、婦人服など自分らが作る洋服の名前を勉強した。そして、6回目の時間には、平和市場、東和市場、統一商街、新平和市場、南大門、東平和市場など自分らが働いている商店街の名前を読んで書けるようにした。このように実生活からハングルの勉強を始めるや、そんなに経たないうちに労働者は国語の本をスラスラ読めるようになった。無学に近かったシン・スネがハングルの先生になって識字教育に乗り出したことは、世宗大王が作ったハングルが優れた文字だったお蔭とも言えるかもしれない。だが、労働者らの現場での知恵と勉学への情熱こそが、どんな知識人や専門家が作り出した教育法より優れていることを示しているものでもあった。[19]

ハングル教師だったシン・スネは全斗煥が政権に就いた後の１９８０年12月、合同捜査本部に引っ張られた。捜査官らは「ネズミの子にも価しない平和市場のやつら」、「ここで死のうが自分たちは毛の先一つ痛まない」と脅かした。シン・スネは労働教室閉鎖事件のときに捕まって執行猶予期間が終わっていないので怖くもあった。だが、自分のためにほかの組合員が捕まらないようにしなければと決心した。

全ての捜査は供述書から始まった。捜査官はシン・スネに労働組合を知るようになった時からもれなく全部書けと白紙を差し出した。同僚の女性労働者らにハングルを教えてきたシン・スネは「私、ハングル知らないです」ととぼけた。捜査官はすぐに横っ面を殴りつけたが、ハングルを知らないと言い張るので「嘘をついたら、殺されるぞ」と脅迫した後、故郷南原《ナモオン》〔全羅北道《チョルラプクト》〕の国民学校にシン・スネの学籍を照会した。国民学校3年中退という結果に捜査官は「ハングルも知らないアマが何がデモだ」と馬鹿にしたが、どうしようもなかった。シン・スネは、ハングルを知らないふりをして20日余りの捜査を受けたのは容易ではなかったが、担当捜査官はもっと大変だったろうと振り返っ[20]た。１９８０年代の社会科学書籍には『もう一つの闘争[21]』という本があるほど公安機関に捕まった後、どうやって捜査を受けるのかは重要な問題だった。私はスパイ事件や組織事件を多く調べたためにリアカー一杯になるほどの膨大な捜査記録も何枚かの供述書を土台に作られるという事実をよく知っている。無学に近いでっち上げスパイ事件の被害者らも叩き殴られながら、モナミ〔60年に設立された韓国の代表的な総合文具類製造会社、国民愛用のボールペン初生産〕のボールペン1ダースがなくなるほど供述書を書かされたせいで、30年が過ぎても中指の固くなったたこがなくなってはいなかった。ところで、シン・スネは供述書を書かないで耐えたというのである！

1980年代前半、全斗煥殺人政権の弾圧の下で1970年代に成長した民主労組は一つずつ潰れていったが、無数に多くの彼女らの小さな現場での勝利の蓄積によって今日の民主主義の勝利の歴史が書かれたことを忘れてはなるまい。知識人は悲壮にも「ただ一度の大勝利」を叫ぶが、その最後の大勝利は民衆の日常生活での小さな勝利を通らなければ実現しないのである。

## 懸命な労働脱出、しかし……

1980年代に入ると、学生運動出身で労働運動に身を投じた若いインテリは、1970年代に女性労働者中心に軽工業事業所に作られた個別企業単位の民主労組が経済闘争と組合主義に埋没したと厳しく批判した。1970年代の労働者はたしかに維新憲法撤廃や軍部独裁打倒のような政治的スローガンを叫びはしなかった。しかし、そのようなスローガンを叫ばないと政治闘争にはならないのか？　維新体制の最も底辺で犠牲と服従を強要されてきた女性労働者が自身の位置を悟るそのこと自体が、大変な政治的行為だった。当時の女性労働者は、ただ食べて生きるために始めた組合活動を懸命にしただけだ。金鎮淑も「解雇者3人が踏みつけられたその場所に、その床に、そのまま座り込んだ行為がまずあって、断食籠城という概念はその後も何年か経って登場」したと振り返った。[22] 連帯という言葉は知らないので使ってはいなかったが、ほかの事業所で争議が起きると、ほとんどいつもともに行動した。元豊毛紡のように労働者が力を合わせて闘って労働組合を作った場合、組合員は自分らが労働組合もないさらに困難な職場に入ってともに活動しなければならないと考えた。しかし、自分のように教育もない者がその仕事をやり遂げることができるか心配もした。ナミョンナイロンのキム・ヨンジは御用労組を民主労組に変えようとしたが失敗した後、自分らも元豊と同じく労働者の自主的な労組を持とうとしたのが夢だったと言い、そのような夢を持ったことの何が間違っていたのかと語った。そして、自分らを当時組合主義者だと批判していたいわゆるインテリたちが、今、セヌリ党〔保守与党〕や朴槿恵政権を支えているのを痛烈に批判した。[23]

朴正熙の死をもたらした連鎖反応の引き金になったYH事件を思い浮かべるまでもなく、1970年代の民主化運動で女性労働者は本当に大きな役割を果たした。1970年代後半の民主化運動で最も中心的な集会は鐘路5街で開かれる木曜祈祷会であった。この集会では全泰壱と東一紡績をはじめとする数多くの女性労働者の闘いの話が中心的な話題となった。拘束者の家族以外にたくさんの女性労働者が、苦しい労働に疲れた体を引きずるようにしてこの祈祷会の席を埋め尽くした。

彼らが労働者として自立して主体的に生きるために身もだえしている間、韓国社会は労働者の学びたくても学べない恨《ハン》をはらすためにほかの方向に脱出を試みた。一生を辛い労働に苦しみながら子どもを育てあげた親世代は、大学を出たばかりの事務職にパンマル〔ぞんざいな言葉〕を使われながら、自分の子どもだけはどんなことがあっても労働者としての「油飯」を食べさせまいと強く誓った。国を挙げて続けられた必死な労働からの脱出の結果、その夢は成し遂げられた。大韓民国は今や世界で大学進学率が最も高い国になり、高校卒業生のほぼ90パーセントが大学に進学する。しかし、労働の道を蔑視するだけではなく、敵対視さえする現実はさておいて、個人的に労働脱出の道を試みた結果はどういう社会を生み出しただろうか？　産業化の成功を誇る人々が言ういわゆる先進化過程を経ながら、車掌は乗務員に、食母は家政婦に、運転手は運転士に、掃除婦は美化公務員に、工業高校は特性化高校やマイスター高校に、コンスニはオペレーターに変わったが、果たしてこの社会では何がどれだけ本質的に変わっただろうか。

あのころの女性労働者は今やあまり見られない時代になったが、だからと言って消えた存在ではない。元豊は今も２００名近くが会合に集まり、東一紡績は１００名余りが労組の集いに出ている。清渓被服のこの前の労組集会には80余名が参加した。彼女らの多くは平和市場の付近でミシンを踏んでいたが、今は汚れた目が悪くなり、もうこれ以上ミシンを踏めずビルの掃除をしながらなんとか暮らしている。元豊でも良い結婚相手に出会った少数を除いては、みんなマートや食堂で非正規職をして暮らしているという。まれに保守与党のセヌリ党員になった人もいるが、ほかのみんなは労組の活動をしていたその時の気持ちをそのまま持ち続けて暮らしている。ある女性は、美容院を経営しながら、四大江事業〔四大江とは漢江、洛東江、錦江、榮山江。李明博政権時代の国策事業で、深刻な環境破壊と財政無駄使い・不正の問題が指摘されている〕を褒めたたえる客と言い争いになったという。客が来なくなっても正しい話は必ずしてしまうのが、１９７０年代に民主労組活動をしていた女性労働者たちなのだ。彼女らの子どもたちは大部分が大学生になったが、深夜にコンビニでアルバイトをせねばならず、卒業しても非正規職でも就職先を見つけるためにあらゆるところに履歴書を出さなければならない[24]。

韓国の現代史で最も輝かしい成果が民主化と産業化なら、その歴史は必ず書き直されなければならない。その成果の真正な主人公は、朴正熙でもなく何人かの名が知られた民主化運動家たちでもない。我々が最も記憶しなければならない人々は、その時代最も困難な境遇のなかでも自分が人間であることを自覚して、人間としての待遇を受けるために抵抗していた数多くの女性労働者たちだ。その当時民衆の最前線を守ったのは、鉄の腕を持つ男性労働者ではなく、みすぼらしい「コンスニ」たちだった。「愛も名誉も名前も残さなかった」彼らの真の歴史はまだ書かれていない。

## 3. 東一紡績労働組合の人糞事件

朴槿恵大統領が最も深く感銘を受けた映画が『リトル ダンサー』〔原題Billy Elliot、2000年英国作品〕だという記事[1]を見て、ハ・ジョンガン〔1955年〜、聖公会大学教授、1994年第6回全泰壱文学賞受賞〕先生の労働問題講演で聞いたこの映画の一場面が思い浮かんだ。主人公ビリーのオーディションが終わって、みすぼらしい姿のビリーの父が息子と一緒に講堂を出ようとするシーンだ。英国社会の最上流人物である王立バレー学校の校長が「エリオット氏」とストライキ中に学校に来た鉱夫である父親を呼び止めた。「ストライキで必ず勝利して下さい」。もしかしてこの校長先生はアカだったのだろうか。時が経つにつれて労働運動自体を社会的犯罪と取り扱う韓国社会の基準で見るとそうかもしれないが、これがヨーロッパの常識的な市民の一般的な情緒であり、よく言うグローバルスタンダードだ。全泰壱の死後、芽生え始めた自主的労働運動に対して維新時代の独裁権力と資本は、どんな態度を取ったのか？　パンだけでは生きていけないという民衆の叫びに「パンがなかったら、菓子を食べろ」という伝説の代わりに、韓国では労働者らに糞尿を飲ませた。

## 娘たちの反乱、女性支部長の誕生

東一紡績は、1930年代日本の5大紡績会社の一つであった東洋紡績仁川工場を前身とする1970年代の代表的な繊維会社だった。この会社にはかつて1946年に労組が結成された。労働者の大多数が女性だったが、1972年まで23代にわたる歴代労組委員長は全員男性だった。ところが、1972年5月10日、東一紡績労組の定期代議員大会で、異変が起こった。女性候補者であるチュ・ギルジャが、3度にわたり委員長を歴任し会社の支援を受ける男性候補を大差で破り、支部長に選出されたのだ。当時、韓国労総〔韓国労働組合総連盟、母体は1946年3月に組織された右翼青年団体及び政党関係者らが中心となった大韓独立促成労働総連盟（略称大韓労総）。61年5・16軍事クーデター以降、韓国労総として再編されて、軍事政権期御用組合として親政府親衛隊の役割を果たしてきた。87年7～8月労働大闘争以降編成された民主労組を標榜する民主労総とともに現在2大ナショナルセンター。組合員は2015年現在、韓国労総約83万人、民主労総約65万人である〕傘下448の支部の組合員は49万9000名で、その中で女性は12万4500名に達していたが、女性支部長が誕生したのはこれが初めてだった。[2] 東一紡績は組合員1383名のうち1214名が女性だった。東一紡績労組で女性支部長が出現した以後、1974年には半島《パンド》商事富平《プピョン》（仁川広域市）工場支部で、またYH貿易支部で女性支部長が輩出した。女性が多数の事業所で女性支部長が当選するのは、今では当然のことと見られるが、女性の社会活動に対する認識がきわめて弱かった1970年代には、一つの事変と言えた。

チュ・ギルジャの当選には趙和順《チョファスン》（1934年〜、仁川で産業宣教活動を展開、東一紡績労組事件で国内は勿論国際的にも広く知られた）牧師が率いた産業宣教会の活動が相当な役目を果たした。会社にとっては女性執行部の出現は望ましいことではなかったが、「どこまで持つか見るか」という雰囲気ですぐに敵対的な扱いはしなかった。チュ・ギルジャは以前御用労組の婦人部長だったが、支部長になった後、組合費の支出明細（内訳）を公開した。さらには、現場活動を強化するなど以前の男性支部長執行部とは完全に違うやり方で労組を運営した。チュ・ギルジャ執行部の出現は、中央情報部の指示のもとに一糸乱れず労働者を統制してきた韓国労総の繊維連盟体制に亀裂をもたらした事件であった。

会社や男性労働者は、1975年初めの選挙で支部長職を奪還しようと望んだ。しかし、女性従業員の生理休暇、会社創立記念日の有給休日化、寄宿舎の温水施設などの成果を土台にチュ・ギルジャ執行部の総務部長だったイ・ヨンスクが労組支部長に選出された。[3] 任期3年の支部長にまた女性が当選すると、会社と男性労働者は毎年選出する代議員で多数を占めて女性執行部に対する不信任案を通過させて労組執行部を交代させようとした。中央情報部は政府に協力的な韓国労総の統制を抜け出ようとする民主的な労組の出現を喜ばなかった。中央情報部は会社と男性労働者をけしかけて、イ・ヨンスク執行部を瓦解させようとした。1976年7月23日、仁川東部警察署にイ・ヨンスク支部長が連行されていった間に、会社の支援を受けた男性労働者は自分たちの派閥の代議員だけで代議員大会を開き、現執行部を不信任にしてコ・ドゥヨンを支部長に選任した。会社側は組合員の抵抗を防ぐために寄宿舎の門にくぎを打って外に出られないようにしたが、組合員は窓から飛び出るなどして寄宿舎を出て来て籠城を始めた。午後2時、出勤してきた労働者が籠城に加勢する気配を見るや、警察はイ・ヨンスク支部長とイ・チョンガク総務部長を釈放したが、出勤者が仕事を始めるとまた彼らを連行した。退社した者たちはこの知らせを夜10時に聞き、連行された幹部の釈放を要求して徹夜の籠城に突入した。

労働者は初めは籠城をしたのであり、ストライキをしたのではなかった。「なんで奴らに都合の良い法（国家保衛に関する特別措置法）が勝手にできてしまったのか、ストライキをしたら不法だということ」だった。善良な労働者は、法の枠を出ないために交代で8時間の作業を終えて16時間籠城してまた仕事に戻っていったのである。それでも会社は水道を止め、電気を切り、トイレの入口まで鍵をかけてしまった。籠城が3日目に入ると、暑さとひもじさで疲れた労働者がその状態で法を守って仕事場に戻ることはできなくなった。労働者は「法だってデタラメ」だと、かまわず全面ストライキに入ったのだ。(4) 労働者が大それた「不法」を犯すと、すぐ警察が投入された。今でこそ我々は護送車と戦闘警察に余りにも馴れているが、労働者が警察とぶつかったのはその時初めてであった。あちこちで幼い労働者がわっと泣き出した。

## 下着姿で立ち向かい守った指導部

警察は一歩一歩包囲網を狭めながら近付いて来た。警察は「リーダーだけ渡しなさい。リーダーだけ渡してくれれば、ほかのみんなは無事に家に帰らせてあげます」と言って労働者を懐柔した。労働者は「首謀者はほかにいない。我々みんなが首謀者だ」と言い返した。会社の幹部は警察に誰々が組合幹部で首謀者と連行対象者を指で指し示した。その時、誰かが急に叫んだ。「服を脱ごう！ 服を脱いだ女の体には警察が手を付けられない！」まさに荘厳な光景が起こった。大部分が20代前半の女性労働者がたくさんの警察と会社幹部を前にして、進んで作業服を脱いで投げたのだ。ある女性労働者はこう書いた。「私が服を脱ぐとは！ それもたくさんの男の前で！ でも、後悔はなかった。どこからこんな勇気が出て来たのか、ぞっとしながらもただ驚いている。どっちが恥ずかしいかと考えれば、脱いだ我々よりも無慈悲な暴力を振り回したあいつらのほうだと思った。そうだ。恥ずかしさは我々のものではなく、あいつらのものとしていつまでも残って行くのだ」(5)。不幸にも警察は下着姿で立ち向かった女性労働者を無慈悲に叩き殴って引っ張って行った。労働者が引っ張られて行った後には、脱いで投げた作業服と誰のだかわからない運動靴、作業帽などが散らかっていた。この騒動で70名余りの労働者が連行されて、40名余りが気絶した。二人はそのときの衝撃で精神病院に入院した。そのうちの一人は兄を見ると、警察だと悲鳴を上げるなど状態が深刻で5カ月後になってようやく退院することができた。

警察署に連行された労働者は東部警察署2階の講堂で、警察署長から、緊急措置や国家保衛に関する特別措置法云々を聞かされ、首謀者だけ探し出して残りの者は全て釈放すると言われた。そのとき、窓の外で歌とスローガンの声が聞こえて来た。「我々みんなが首謀者だ！　我々全てを捕まえろ！」同僚を載せて行った護送車を追って、数百人の労働者が泣きながら警察署に走って来たのだ。女性労働者は中でも外でも互いにぎゅっと抱き合ってすすり泣いた。

東一紡績は当時作業環境が良い工場として知られていたが、実際にそこで働いた人々の話を聞いてみると、状況はとても劣悪だった。初めて工場に来てみた人々は工場の雄壮な規模と美しい庭園などきれいな環境に驚く。だが、工場の門を開けて入るとまず顔がかっかとほてるほどの40度の熱気に息が詰まったという。轟音を出して廻っている機械の音で人々はゴムの耳栓を付けていて、怒鳴ってもよく聞こえないためにホイッスルを吹いて意思疎通をはかった。さらに、綿から出るもやもやしたほこりが目や鼻や口に入ってきて、それこそ生き地獄だと感じたという。1日8時間1日3交代は、勉強も出来る良い条件のようだが、それくらい労働がきつかったことを意味した。東一紡績に入社した者が初めて受けた訓練は、ほとんど走る速さで（1分に140歩）機械の間を早く早く廻ることだった。(6)

女性支部長が出現して、男性中心の御用労働組合が女性執行部が主導する民主的な労組に脱皮すると、様々な変化が起こった。女もうまく支部長の役割を果たすことができ、いや、よりしっかりと出来るということがいろいろな面で証明された。女性が執行部になったのでまず生理休暇も取れるようになり、月次休暇もお金で支払われていたが休暇を取れることになり、トイレもちょっとは自由に行けることになった。現場管理者の女性労働者に対する横暴もだいぶなくなった。食事時間も取れるようになり、食堂のメニューも変わり、労働者と事務員の食堂が別々に分かれていたのも一つになるなど、実生活で体感できる変化が生まれたのだ。組合員が誰も彼もが労組の事務室に飛んできて服を脱いで投げながら凄絶に闘ったことは、まさにこのような変化をもたらしてくれた指導部を守るためだった。世界大衆運動史に二つとない涙ぐましい指導部防衛闘争は、今我々に民主政権がなぜ失敗したのか、どこから再び始めなければならないかを辛い気持ちで振り返らせるのだ。

## 糞尿を食べて生きることはできない

2番目の女性支部長のイ・ヨンスクが1976年12月26日、個人的事情で退社して新しく執行部を選出することになると、中央情報部は東一紡績事件に深く介入した。1977年3月30日の選挙では、イ・ヨンスク執行部の総務部長イ・チョンガクと、裸体デモ当時は執行部側だったが、その後立場を変え会社と繊維労組本組側になったムン・ミョンスンが立候補した。男女対決ではない女性対女性の対決で行われたのだ。この選挙でイ・チョンガクが勝利して、民主労組の3期執行部がスタートした。中央情報部はイ・チョンガクの動向を綿密に監視し、会社側は男性組合員を中心に組合員脱退工作を行った。当時東一紡績はユニオンショップ制度を取り入れていたにもかかわらず、繊維労組本組と労働庁と会社の庇護の下、脱退工作を行なったのである。しかし、執行部は一致団結してこの事態を乗り越えた。

絶え間なく行なわれた労組破壊工作は、代議員大会が予定されていた1978年2月21日、糞尿事件でクライマックスに達した。『東一紡績労働組合運動史』によれば、明け方6時10分前、男性労働者5、6人と執行部と対立していた女性組合員ムン・ミョンスン、パク・ポンレらが防火水の桶に人糞を入れて、夜間作業を終えた組合員が投票準備をしていた労組の事務室を襲って糞尿をまき散らした。さらに、ゴム手袋をはめた手で糞尿を、悲鳴を上げる女性組合員の顔と体中に塗りたくり、口に突っ込み、服の中に押し込むという蛮行を犯した。当時、労組では不祥事を憂慮して警察に警備を要請しておいた。だが、せっぱ詰まった女性組合員が今にも泣きながら救援を訴えたが、警察官は「おい、この売女、ジッとしてろ。すぐに乾くぞ」と言い返した。現場に出て来ていた繊維労組本組の幹部は、面白い見物ができたというようにしきりにクスクス笑ったという。女性労働者は、「いくら貧乏に暮らしてでもウンコを食べて生きては来なかった」と泣き叫んだ。(7)

この当時中央情報部仁川支部で労働問題を担当していたチェ・ジョンソンは、維新政権によって拷問・殺害されたソウル大学法学部の崔鐘吉教授の弟だった。1978年初め仁川支部に赴任した彼は、維新撤廃と政権打倒さえ要求しなければ、現場担当の責任で最大限手助けするとイ・チョンガク執行部と一種の平和協定を結んだ。しかし、平和協定は長く続かなかった。2月初め、チェ・ジョンソンは保安司令部仁川支部から新浦洞《シンポドン》(仁川広域市)のある旅館に挙動不審者多数が集団でしきりに出入りするという諜報を入手した。彼は現場に行って自分が中央情報部仁川の調停官だと名乗って、彼らに身分を明らかにしろと要求した。だが、彼らは何も答えなかったので、チェ・ジョンソンが身分を明かさないと強制拘禁すると脅した。すると、やっと彼らは「本当に我々が誰だか知らないで聞くのか」と言い、「上(中央情報部2局)ではみんな知っている」と自分らは東一紡績労組をたたき壊そうと来た繊維労組の組織局長ウ・ジョンファンと組織行動隊長メン・ウォングだと身元を明らかにしたのである。担当官も知らない間に本部で強硬な方針が樹立されたのだ。(8)結局彼らの庇護の下、東一紡績の男性組合員が糞尿をまき、繊維労組本組が派遣した組織行動隊が現場を掌握している中で民主労組破壊工作が進行した。繊維労組委員長キム・ヨンテは東一紡績労組を「事故支部」と決定して、イ・チョンガク支部長など幹部4名を反労働組合的活動をしたという全くお話にならない理由で除名した。

東一紡績女性労働者50名余りは、3月10日に奨忠《チャンチュン》体育館で開催された勤労者の日の記念式が全国にテレビで生中継されたとき、立ち上がって「我々はウンコを食べて生きていけない」、「東一紡績問題を解決しろ」などのスローガンを叫んだ。彼女らが殴られ、長い髪を押さえつけられながら、スローガンを叫んだために生中継は3回も中断された[9]。彼女らの中の相当数が連行されたが、連行を免れた人々は明洞聖堂に行き、断食籠城に入った。彼女らは、断食籠城14日目に金壽煥《キム スファン》（1922～2009年、1969年、韓国最初の枢機卿となる。教会の改革と奉仕する教会、韓国の歴史現実に参加する教会像を提示し、内外の若い知識人・労働者から支持を受け、時局関連事件が起こる度に直接、間接に影響を与えた）枢機卿らの仲介で籠城を解き、会社に復帰しようとした。だが、会社は長い断食で体が衰えた労働者に回復のための時間も与えず、屈辱的な事実上の労組脱退覚え書きを要求した。そして、労働者が覚え書きに署名しないと、無断欠勤を理由に126名（2名は自主退社）を解雇した。繊維労組委員長キム・ヨンテは、部署、住民登録番号、本籍まで記載した東一紡績解雇者126名の名簿を「業務執行に関する参照事項」という文書にしてこれを全国の労組と事業所に配布した。これがいわゆる「ブラックリスト」の始まりだった[10]。ブラックリストは、金を稼がなければ、生きていけなかった彼らにとって死刑宣告と同じだった。

この時解雇された124名の大部分は、1952年生まれの朴槿恵大統領と1959年生まれの筆者の間の世代だ。20代の若い年で糞尿を頭からすっぽりかぶって、解雇という青天霹靂の目に会った彼らはみんなその時死んでしまいたかったと話す。その時死のうと考えなかった人は正常ではなかっただろう。でも、彼らは生き残った。産業宣教会の狭い床で何年間も何もない暮らしのために自然に「あんたのパンティ、私のパンティの区別なく、あんたの歯ブラシ、私の歯ブラシ区別なく」暮らしたので、「血と肉が混ざって」一つになった。[11] 朴正熙が死んだとき、ついに復職なるかと思って喜んでいた彼らは、いまだ復職ができないまま彼らと同年配の朴槿恵、あの時彼らがあんなに羨ましがっていた大統領の娘朴槿恵が大統領になった残忍な歳月と向かい合っている。2013年は、彼らが解雇された時から年数で36年になる。これは日帝時期に匹敵する。解雇は殺人だ。しかし、東一紡績の「オンニ、ヌナ」（お姉さん）たちはその死の歳月に立ち向かい、今も変わらず、屈せず闘っている。

## 4. 記者らの覚醒、自由言論実践宣言

1974年10月24日、東亜日報の記者らは自由言論実践宣言を発表した。今の『ハンギョレ』新聞（87年民主化運動以降、東亜日報、朝鮮日報などを軍事政権時代に解雇された記者らを中心に国民に株式を公募して集められた資金で創刊された（88年5月15日）。現在、韓国の進歩言論として信頼度は毎年1位となっている）の誕生は、まさにこの宣言から始まったと言っても過言ではない。当時、記者協会『東亜日報』分会長としてこの宣言を主導した張潤煥《チャンユナン》（1936年〜）前ハンギョレ新聞編集委員長は、

民権日誌事件〔東亜日報闘委は、1978年「10・24自由言論実践宣言」4周年に合わせ、体制側の言論が隠蔽してきた民主化運動時期の事件125件を載せた『民主・人権日誌』を出したが、関連委員10名余りが拘束された事件〕で拘束されたとき、自由言論実践宣言を発表した力は「恥」であったと告白した。(1) 何が若いエリート記者たちをそれほどまで恥ずかしくさせたのだろうか。

## 言論人に送る警告状

知識人の社会で一番怖いのは、生意気な後輩だ。後輩がする批判は間違いないので、一言の弁明もできず聞き入れるしかない。ただ「お前らが後でどうするか一つ見てみておこう」とぶつぶつつぶやくのが、慰めといえば唯一の慰めだ。批判を受けるのは辛くても我慢できるが，揶揄と嘲弄は本当に死ぬほど辛い。

4月27日の大統領選挙をちょうど1カ月前にした1971年3月26日午後3時、ソウル光化門東亜日報の前で、ソウル大学各学部学生会長10余名が集まり「民衆の声を無視した罪、何をもって償うか」というプラカードを前に立てて座り込み籠城を始めた。学生らは2、3日前から単科大学別に校内で言論火刑式や糾弾大会を開いていたが、今や新聞社に直接押し寄せたのだ。学生は「言論人に送る警告状」で『東亜日報』の自尊心を容赦なく突っついた。「残念だ。あの場所、あの建物でありながら、民主闘士はどこに行ってしまい、雑鬼〔正体が分からない鬼神〕のみがうようよするのか。獅子の偉容はどこへ行き、盗賊の前でしっぽを振る犬ころの姿になり果てたのか?」と言論人を揶揄した学生は「政治問題は権力が怖くて書けず、社会問題は金をもらったから目をつむり、文化記事は販売部数のために低質になった」とマスコミの現実を糾弾した。東亜日報社前で、建物はあの建物だと言ったのは、道の向こう側の『朝鮮日報』が、政府の斡旋で高額の借款を導入して「キーセン観光」の聖地になったコリアナホテルを建てているためであった。学生は『東亜日報』さえ「天を恐れず上ろうとする朝鮮の醜い抜け殻」をまねようとするのかと戒めた。学生は「今や権力の走狗、金力の侍女になってしまったお前たちマスコミを悲しみ、祖国に反逆して民族の声に背いたお前たちマスコミを民族に対する反逆者、祖国に対する反逆者と規定して民衆の名で火刑に処する」という内容の「言論火刑宣言文」を読んだが、出動した警察20余名にリーダー4名が連行されて解散させられた。(2)

後輩らによって火刑までされると、若い記者たちの衝撃は大きかった。そうでなくても学生デモの現場取材に行くと、新聞に載せることもできないのに何をしに来たんだと揶揄されるのが常だった。『東亜日報』から解職された記者の中で一番若い鄭淵珠《チョンヨンジュ》(1946年〜、ハンギョレ新聞創刊に参加、2003年からKBS社長)は声明書1枚もらおうと学生らがバリケードを張って籠城中の所に行ったが「記者と犬は接近禁止」と書いてあるのを見て大変な衝撃を受けた。(3) 外に出ればいびられる記者は、中に戻ってきてもホッとできなかった。中央情報部や治安局など様々な情報機関からやって来た機関員が新聞社に「常駐」していたのだ。すでに1967年に新民党がマスコミに機関員が常駐していると批判した。すると、各マスコミは新聞社に機関員を送っている情報機関ではなく、新民党を強く糾弾した。この時、『東亜日報』は「情報機関員が『常駐』するのは考えられないことだが、頻繁に出入りしたことは事実」だと認めてないような認め方をした。(4) 1971年4月15日、『東亜日報』をはじめとして『朝鮮日報』、『韓国日報』、『中央日報』など主要新聞と放送局で言論自由守護宣言が行われたのは、まさにこの火刑式で若い記者が恥ずかしい体験をしたためであった。この時の言論自由守護宣言に共通して含まれていたことは、情報要員のマスコミ出入り禁止であった。

1971年4月の大統領選挙で、金大中が善戦した。当時彼は2002年の盧武鉉《ノムヒョン》（1946～2009年、第16代大統領（2003～08年）。人権弁護士出身。88年第5共和国非理特別委員会の「聴聞会スター」になり、2002年大統領に当選。庶民大統領として国民の期待が高かったが、保守勢力の抵抗による改革の失敗や親族の腐敗問題などにより、2009年自宅の裏山で投身、死去した）よりも若く国会議員経歴も短かったが、善戦できたのは火刑式以後マスコミが比較的中立な態度を取ったためだったという評価もある。

## 政府広告板になった新聞

『新東亜』筆禍事件（1968年当時朴正熙政権の「借款」による政治資金問題を暴露する記事を載せた『新東亜』（10月号）に対して、難癖をつけた中央情報部は東亜日報記者ら連行し、反共法違反などで弾圧し、記事を取り消させた事件）で『東亜日報』主筆をやめた千寛宇《チョングァヌ》（1925～91年、後に全斗煥政府の官職につき、民主化陣営はもちろん言論人も彼と袂を分かった）は権力の威勢の前ですっかり萎縮した当時のマスコミを煉炭ガスで中毒になったことに例えた。「眠った間に入り込んだガスで中毒になって、悲鳴さえも出せないほど面食らっている状態」ということだ。千寛宇は「振り返って見るとガスが入り込んだのも1日2日の夕刻のことではなかったようで」「自分のポジションを充分に果たさないまま」「記者は編集員のせいに、編集員は発行人のせいに、発行人は記者のせいにするそんな悪循環」だけ

郵　便　は　が　き

料金受取人払

麹町局承認

6889

差出有効期間
平成29年2月
28日まで
(切手不要)

102 - 8790

108

(受取人)
東京都千代田区富士見 2-2-2
東京三和ビル

彩流社　行

●ご購入、誠に有難うございました。今後の出版の参考とさせていただきますので、裏面のアンケートと合わせご記入のうえ、ご投函ください。なおご記入いただいた個人情報は、商品・出版案内の送付以外に許可なく使用することはいたしません。

◎お名前《フリガナ》　性別 男 女　生年 年

◎ご住所　都道府県　市区町村

〒　TEL　FAX

◎ E-mail

◎ご職業　1. 学生（小・中・高・大・専）2. 教職員（小・中・高・大・専）
3. マスコミ 4. 会社員（営業・技術・事務）5. 会社経営 6. 公務員
7. 研究職・自由業 8. 自営業 9. 農林漁業 10. 主婦
11. その他（　　　）

◎ご購読の新聞・雑誌等

◎ご購入書店　書店　都道府県　市区町村

# 愛　読　者　カ　ー　ド

●お求めの本のタイトル

●お求めの動機　1. 新聞・雑誌などの広告を見て（掲載紙誌名→　　　　　）
2. 書評を読んで（掲載紙誌名→　　　　　）3. 書店で実物を見て　4. 人に薦められて
5. ダイレクト・メールを読んで　6. ホームページなどを見て（サイト名ほか情報源→
　　　　　）7. その他（　　　　　）

●本書についてのご感想　内容・造本ほか、弊社書籍へのご意見・ご要望など、ご自由にお書きください。（弊社ホームページからはご意見・ご要望のほか、検索・ご注文も可能ですのでぜひご覧ください→　http://www.sairyusha.co.jp.）

●ご記入いただいたご感想は「読者の意見」として、匿名で紹介することがあります

●書籍をご注文の際はお近くの書店よりご注文ください。
お近くに便利な書店がない場合は、直接弊社ウェブサイト・連絡先からご注文頂いても結構です。

弊社にご注文を頂いた場合には、郵便振替用紙を同封いたしますので商品到着後、郵便局にて代金を一週間以内にお支払いください。その際 400 円の送料を申し受けております。

5000 円以上お買い上げ頂いた場合は、弊社にて送料負担いたします。

また、代金引換を希望される方には送料とは別に手数料300円を申し受けております。

ＵＲＬ：www.sairyusha.co.jp
電話番号：03-3234-5931　ＦＡＸ番号：03-3234-5932
メールアドレス：sairyusha@sairyusha.co.jp

続いたら、「煉炭ガス中毒からさえ目をさませなくなる」と語った。(5)

言論自由守護宣言文は煉炭ガス中毒にかかった韓国マスコミには、冷たいトンチミ〔大根で作った汁の多いキムチの一種〕1杯のように清々しいものだった。しかし、韓国のマスコミは体中の細胞一つ一つまで煉炭ガス中毒にかかっていたせいで、トンチミ1杯でしっかりすることはできなかった。大統領選挙期間、情報機関員はちょっとマスコミに出入りするのを自制したが、朴正煕が大統領に当選するや再び堂々とマスコミ各社に出入りし始めた。1971年10月、教練反対と学園自由を叫ぶ大学生のデモが勢いを増すと、朴正煕政権はソウル一帯に衛戍令を発動した。そして、主要大学に武装軍人を投入して学生デモのリーダーらを連行した。12月6日には、朴正煕は国家非常事態を宣布した。そして、政府は一切の社会不安を許さないといい、「惑世誣民〔世を惑わし民を騙す〕」の一部知識人は、言論の自由を口実に無責任な安保論を分別もなく持ち出して民心をさらに混乱させて」いると非難した。朴正煕は「マスコミは無責任な安保論議を控えなくてはならない」とし、さらに「最悪の場合、我々が享有している自由の一部も留保する決意を持たなければならない」と宣言した。(6)

朴正煕は1972年10月17日、維新という名の親衛クーデターを起こして再び憲法を踏みつけた。戦時状況でもないのに出し抜けに宣布された戒厳令によって実施された事前検閲と取材活動制限は、すでに極度に萎縮したマスコミを恐怖の中に陥れた。1年前の国家非常事態宣言のときは、それでも一部マスコミで注意深く批判的な態度が見られたが、維新が発表されるや、「10・17特別宣言は国家の進運を加速的に開拓して自由民主主義の土壌を堅固に固める一大革新措置であることを確信して、これを積極支持」するという新聞協会の声明を1面に掲載するなど、競うように維新を誉め讃えた。(7)

戒厳令下のマスコミが経験せねばならなかった苦衷は、報道すべき事件を報道できなかったことに終わらなかった。戒厳司令部の公告文や政府の発表文または政府当局が送る解説記事などは、1字も漏らすことなく大きく報道しなくてはならなかった。当時のマスコミは報道する自由だけではなく、報道しない自由すら剥奪されたのだ。新聞は全くの政府の広告板になってしまった。10月27日、朴正熙が維新憲法案を提出して国民投票を実施しようとしたとき、各新聞は政治面（1面）と社会面（7面）に「韓国的民主主義を我々の地に根を下ろそう」、「救国の維新だ、新しい歴史を創造しよう」、「統一のための救国英断、誰も彼も支持しよう」、「団結して憲政維新、力を合わせて平和統一」、「豊かに暮らそうとするために誰も彼も先頭に立とう」、「体には合う服を、国には合う法を」、「支持しよう10月維新、参加しよう国民投票」、「10月維新を成功させ国の繁栄を成し遂げよう」、「私の1票で10月維新、私の力で南北統一」のような恥ずかしくて顔から火が出るようなスローガンを6段ぬきで毎日毎日掲げなければならなかった。維新政権は第9代国会議員選挙を前にした1973年2月1日、一部候補者らが事前選挙運動をした嫌疑で内偵を受けている事実を取材報道した『東亜日報』放送ニュース部の高濬煥《コジュファン》〔1943年〜、後にハンギョレ新聞創刊発起人、現在京畿大学法学部名誉教授〕記者を、虚偽事実流布で拘束した。彼は懲役8カ月、執行猶予2年の宣告を受け、3カ月余り獄中にいた後釈放された。

国会議員まで捕まえ容赦なく拷問をしていた維新直後の殺気立った雰囲気の中で、知識人社会と学園は大変萎縮した。しかし、1973年8月、金大中拉致事件をきっかけに学生らがまず立ち上がり始めた。1973年10月2日、ソウル大学文理学部で起こったデモは、維新憲法の開始以後最初の維新撤廃を叫ぶデモだった。韓国のどのマスコミもこの歴史的なデモについてただの1行も報道しなかった。『東亜日報』は翌10月3日付けの新聞に、文教部がソウル市内各大学の学生課課長を召集して最近の学生らの動きと関連した指導対策を論議したと短い記事を載せた。勘が良い人々だけがただ「何かあったんだなあ」と推測する、そんな記事だった。『東亜日報』は週刊誌ではなく日刊紙だったが、このデモをほぼ1週間が過ぎた10月8日になってようやく、それも警察が学生のデモと関連してソウル大学生21名を拘束した事実を報道しながら付け加えただけである[8]。

世の中は決してただでは良くならない。10月2日のデモの記事が遅いにしても報道されたのも若い記者たちの苦闘があったためだ。記者らは2日のソウル大学文理学部デモに続いて4日ソウル大学法学部で、5日ソウル大学商学部で立て続けにデモが起こるや、これを郵便切手ほどのたった1段記事でも報道しなければならないと主張した。彼らが頑張って書いた記事は印刷過程で中央情報部の要求で削除されてしまった。そうすると彼らは編集局で徹夜籠城を始め、今後報道せねばならない記事が抜け落ちたら、いつでも徹夜籠城することを決意したのである。このようにしてデモや集会―記事脱落―徹夜籠城が何回か繰り返された後、『東亜日報』記者は11月20日「言論自由守護第2宣言文」を採択した。この宣言文も同様に言論の自由が「言論人自らの無能と無気力によって守られなかったこと」に対する恥を告白した。事情はほかの新聞社も似たようなもので、先んじたり遅れたりしたが、言論自由守護のための決意文を採択した。『東亜日報』記者は12月3日「言論自由守護第3宣言文」を採択した。

若い記者の小さな苦闘で、維新政権も学生デモが発生した事実自体を1段で短く報道したことは目をつむった。そうしてみると社会面はだんだん1段分の小さい記事がほとんど半分を占めるというとても滑稽な紙面になった。そんな中で張俊河、白基玩らが主導した改憲請願運動が勢いよく起こると、朴正熙は1974年1月8日、緊急措置1号と2号を発動した。維新憲法を直そうというだけでも令状なく逮捕して軍法会議で懲役15年に処することができるようにしたのだ。緊急措置は「親切」にも維新憲法を批判したり直そうという一切の行為を放送、報道、出版その他の方法でほかの人に知らせる行為も同様に処罰するとした。今や、記者らはアルベルト・ハーシュマン〔1915～2012年、ドイツの経済学者〕式に表現すれば、やめるのか、残って服従するのか、そうでなければ残って闘うのかを悩まざるをえなくなった。最も象徴的な事件は、当時記者協会長であったキム・インス〔新亜日報〕が新しくできる内務部スポークスマン職に就くという噂が出回るや、記者らの批判を受けて辞任したことだ。

## 言論各社の労組誕生と自由言論実践宣言

記者たちの見つけた解決は労働組合だった。1970年代の女性労働者とはまた違う理由で、当代最高の知識人であることを自負していた主要マスコミの若い記者が労組を組織し始めたのだ。当時中央紙の場合はやや事情が良かったが――地方紙や週刊誌を含む場合――記者の月給はとんでもなく低かった。記者協会が1973年8月、全国の言論人3000名を対象にした調査によれば、経歴13年の次長待遇記者の月給は経歴1年の銀行員より低く、経歴20年の局長の月給も6～7年の経歴の銀行代理に及ばなかった。記者としての自尊心は地に落ちた状態で生活上の基本的に必須なものも充足されない低賃金に疲れていた記者は――事実これまで名門大学出身のエリートとして労働者という意識を特に持ってなかったが――憲法上の労働三権によって法的な地位を確保できる労働組合を通して言論の自由の保障を得ようとした。記者たちは3回にわたる言論自由守護宣言にもかかわらず新聞紙面があまり改善されなかったことは、自分らが組織的な力を持てないためだと考えた。『新東亜』筆禍事件当時、『朝鮮日報』主筆であり編集人協会会長だった崔錫采《チェソクチェ》（1917～91年）がいち早く言った通り、今や言論各社が企業化された状況で実質的に言論の自由を脅かしていたのは、政治権力よりも報道機関の社主であり、その脅威に対処する最も良い方法は労組の結成だった(9)。

1974年3月7日、『東亜日報』労働組合が正式に設立され、東亜日報社社長金相万《キムサンマン》（1910～94年、東亜日報設立者、金性洙《キムソンス》（1891～1955年）の長男）は次の日、会社の名誉を失墜したという理由で組合内支部長を含む労組役員11名など全部で13名を電撃解雇した。労組側が続いて「解雇効力停止仮処分申請」で対抗すると、会社側はさらに22名の記者を追加懲戒した。会社側は法律に照らして解雇が無効になるのが確実になると、4月13日付けで懲戒者全員を「赦免」した(10)。

1974年4月の民青学連事件と8月の陸英修女史銃撃死亡事件を経て、再び10月がやって来た。折しも『東亜日報』文化部金炳翼記者と張潤煥記者がそれぞれ記者協会長と記者協会『東亜日報』分会長に選ばれ新しい風が吹いた。言論の自由は守護しようと言葉で宣言することではなく、体で実践することだった。10月に入って学生デモが再燃して記者が動き始めると、中央情報部は経営陣と編集陣を脅して言論を統制するために、10月23日には『韓国日報』の張康在《チャンガンジェ》（1945～93年、ソウル経済新聞会長などを歴任）社長とキム・ギョンファン編集局長をベトナム戦争に関する解説記事を問題にして連行した。『東亜日報』でも宋建鎬《ソンゴノ》〔1927～2001年、「韓国言論の指標」「民族の知性」と呼ばれる韓国のハンギョレ新聞を創刊した代表的な韓国の進歩的言論人〕編集局長がソウル大学農学部のデモの記事を中央情報部調停官が止めたにもかかわらず掲載したという理由で連行された。

記者たちは宋建鎬編集局長らが戻るまで、進んで籠城に突入した。徹夜籠城を終えて、10月24日朝『東亜日報』の記者は歴史的な自由言論実践宣言を採択した。記者は「我々は、教会と大学など言論界以外で言論の自由回復が主張されて、言論の覚醒が促されている現実に骨身にしみる恥ずかしさを感じる」と告白した。(11) この宣言の掲載を『東亜日報』が阻むと、記者たちは新聞製作拒否に入った。10月24日付けの新聞は、日が変わって25日の明け方1時になって自由言論実践宣言全文と記者総会の関連記事が1面3段で報道されたまま製作された。25日朝東亜日報社正門には、記者協会『東亜日報』分会が製作した「機関員出入り禁止」という警告文が張られた。火刑式にされて「犬と記者は出入り禁止」の揶揄の対象にならなかったとしても、記者らしい記者になりたかった一人の人間の恥が、若い彼らをここまで動かしてきた。世の中には2種類の人間がいる。恥じることを知る者と知らない者と……。

## 5.「無等山ターザン」の悲劇

2009年1月20日、「龍山《ヨンサン》惨事」〔ソウル龍山区の再開発補償対策に反発していた撤去民を警察が強制退却させる過程で火災が発生、撤去民5名、警察官1名が死亡した〕。死なないですんだ、死ぬべきでなかった元気溢れていた6人の命が火に燃えてしまった日である。何人かの人々は開発と呼んだが、多くの人々にとって突然の雷のような撤去の過程で、人々が死んだのは龍山が初めてではなかった。龍山惨事の32年前、無等山《ムドゥンサン》〔光州広域市〕の麓、俗称ムーダン〔巫女〕谷で4名の撤去作業員が殺害された悲劇が起こったことがあった。[1]「silencewb」というIDを使うネチズン〔networkとcitizenの合成語〕は、次のように書いた。「ムーダン谷と龍山で起こった都市貧民の悲劇は、多くの点で似ていた。火が出た点で似ていて、撤去しようとする者と撤去されまいとするものがいた点で似ていて、誰かが死んだという点で似ていた。そこで死んで行った彼らは生きることができた。彼らが貧しくなかったら、移住計画さえあったなら、火さえ付けなかったら[2]」

無等山と龍山、本当によく似ていながらも二つの間には不幸な多くの家々が撤去された32年という歳月の重みほどの差がある。「無等山の悲劇」は維新時代、韓国の賎民資本主義〔前近代的非合理的資本主義、ドイツの社会学者マックスウェーバーが使用〕が赤裸々に示した開発と撤去の社会史だった。趙世熙《チョセヒ》〔1942年〜、ナンジェンイの連作を通して、1970年代の韓国社会の最大の課題であった貧富の格差と労使の対立を描いた〕の小説『ナンジェンイが蹴り上げた小さなボール』〔小説はソウル市楽園区幸福洞に住むナンジェンイ一家が撤去警告状を通告されるところから始まる〕が出版されたのは、無等山の悲劇の1年後であった。「無等山ターザン」パク・フンスク〔1954〜80年〕の凄絶な単独蜂起からちょうど3年後、光州民衆抗争が起こった。

## マスコミが作り出した「無等山ターザン」

人々は悲劇の主人公パク・フンスクを「無等山ターザン」と呼んだ。無等山は豊かな山だが、ないものが多かった。無等山ターザンにもないものが多かった。彼にはジェーンもいないし、チーターもいないし、「アー〜アア〜アアアア〜」と呼べば跳んで来てくれるライオンもゴリラもいなかった。無等山にはターザンだけがいて、うんざりする貧しさがあった。徐廷柱《ソジョンジュ》（1915〜2000年、土俗的、仏教的内容を主題にした詩を多く書いた、いわゆる生命派詩人）は『無等を見て』で「貧しさとは単に襤褸《ぼろ》にすぎない」と言ったが、貧しさと撤去が炎のように出会ったとき殺人が起こった。振り返ってみると、幼いとき何回も見た『ターザン』では、悪党すらも死んで行くのを見たことがないみたいだけれど。無等山ターザンには映画『ターザン』に出て来ない母親がいた。徐廷柱は「妻は夫をじっと見上げて／夫は妻の額に手を当てるなり」と詠ったが、彼の母にはじっと見つめたり額にでも手を当ててくれる夫がいなかった。

1977年4月20日午後3時に光州市東区庁所属の撤去作業員7名が管轄地域である雲林洞《ウルリムドン》山145番地の證心寺《チュンシムサ》渓谷徳山谷《トクサンゴル》（俗称ムーダン谷）に押し寄せて来た。徳山谷にはもともと20余りの無許可の建物があったが、何回かの強制撤去を通して4軒だけが残っていた状況だった。何回か警告状を受け取ったパク・フンスクの家族は、予定された日に撤去班が来ると家財道具を取り出すなど素直に撤去に応じた。問題は、撤去作業員がただ建物を撤去するだけに終わらず、火を付けた点だ。それは廃資材をゴチャゴチャ組み合わせてまた家を作らせないためだった。パク・フンスクの母は当時多くの貧民がそうしていたように、金を銀行に預けず天井裏に入れておいた。彼らにとっては巨額な貯金30万ウォンであった。火柱が立ち上るや母親が家の中に走って入ろうとしたが、撤去作業員が強く押したために倒れて気を失った。パク・フンスクはここまでは我慢した。パク・フンスクの家を燃やした撤去作業員は、渓谷を燃やしながら登って行った。何十メートルか離れた所には、動けないおじいさん、おばあさんの家があった。行ったり来たりできない患者らの家まで燃え上がるや、パク・フンスクは理性を失った。

鍵修理店や金物工場で働いたことのあるパク・フンスクは、このときの経験を生かして私製銃を作っていた。当時でも無等山に虎が出るという噂があって、山に住む獣に出くわしたときの護身用として銃を作ったのだ。銃弾が出るのではなく音だけ大きく出るかんしゃく玉であったが、パク・フンスクが銃を持って現れるや撤去作業員らは恐れをなした。7名の撤去作業員中2名が山を下りて逃げて行くと、パク・フンスクは妹パク・チョンジャに洗濯ロープを持ってこさせて残った5名を互いに結びつけてから、光州市長と談判するために光州市庁に行こうとした。ふだん優しかった兄が恐ろしく興奮したのを見た妹は、山を下りて光州市に電話して切迫した状況を知らせた。しかし、市庁では大したことではないと考えて電話を切った。あわてたパク・チョンジャはなけなしの金でタクシーに乗って、市庁へ駆けつけ市長室に直接知らせた。パク・チョンジャは、家に戻って来る途中で警察に連行された。当時パク・チョンジャは徳山谷でどんなことが起こっていたか想像もできなかった。

撤去作業員は大体武術有段者や元気で丈夫な体格の青壮年だったが、私製銃を持って現れたパク・フンスクに制圧され、引っ張られて行く状態になった。彼らの中で、何人かは隙を見てロープをほどいてパク・フンスクに抵抗したが、また押さえつけられた。興奮したパク・フンスクは彼らを近くの横2・5メートル、深さ1メートルほどの穴に追い込んでおいて鉄のハンマーをぐるぐる振り回した。一瞬のうちに4名が死に、1名は脳が陥没する重傷を負った。我に返ったパク・フンスクは現場からあわてて逃げ出した。

マスコミはこのむごたらしい事件の真相をきちんと報道しなかった。武術有段者など元気で丈夫な撤去作業員が4名も体格の小さなパク・フンスクに殺害されたことは、実際簡単に信じられないことだった。その上光州市は暴力的な強制撤去、特に放火がこの悲劇的な事件の原因になった事実を隠すのに汲汲だった。パク・フンスクが困難な環境でも司法試験を準備してきたことは、荒唐無稽な出世欲に囚われていて「かないもしないことを夢見る誇大妄想狂患者」の行動だと罵倒した。マスコミはパク・フンスクの親しい友人も聞いたことのない「無等山ターザン」というあだ名を贈った。パク・フンスクが運動に熱中していたのは、「国家試験の勉強をしている先輩らをみると、勉強しているうちに体が弱って失敗する場合が多いために勉強のためには健康が第一だという考えから体力鍛錬をしたもの」だ。(3) パク・フンスクは運動をよくしていたので体がすばしこかったが、特別に武術の技術を磨いたのではなかった。

マスコミは「ムーダン村を死守しようとする執念に囚われたムーダンの息子が、祭壇を構えていた家も燃やされようとするや狼藉を働いたもの」のように事件の動機を歪曲までした。事件はパク・フンスク個人によって犯されたが、マスコミは「30名余りの住民が鎌と棍棒で集団狼藉」を起こし、住民らが火も付けたようにねつ造した。一部のマスコミは、パク・フンスクの母シム・クムスンをムーダンとした。ムーダンでも普通のムーダンではなく「ムーダン谷でも最も優れた祭祀10種余りを全部執り行ってほかの人より並外れて収入が多いムーダン村の実力者で、光州市内に家を3軒も買った」などと報道した。[4] 徳山谷がムーダン村と呼ばれた理由は、そこが山も水も良いので人々がムーダンが行う祭祀をしに来るためであった。パク・フンスクの母は祭祀をしに来る人々が食事を用意してほしいと言えば、金をもらって食事を提供する、そんな日雇いをやっていただけだ。悲劇の現場だった穴は、家が撤去されるのを覚悟したパク・フンスクが撤去の後、勉強小屋として使おうと掘っておいたものだった。しかしマスコミはパク・フンスクが撤去作業者を殺害して秘かに埋めるためにあらかじめ穴を掘っておいたかのように報道した。当時朝鮮大学学生だったキム・ヒョンジャン(1950年〜)は、徳山谷の現場を訪ねてパク・フンスクの家族と近所の人々に会い事件の真相を取材した。そして、クリスチャンアカデミーで発行していた月刊『対話』1977年8月号に「無等山ターザンと人間パク・フンスク」というルポを書き、維新言論が歪曲したパク・フンスクの真実を知らせた。

## 穴蔵でも幸せだった素朴な青年

一瞬のうちに4名を殺害したパク・フンスクは、もともとまじめな青年であった。文化放送(MBC)の『今だから話せる』で発掘されたパク・フンスクの国民学校の生活記録によると、彼は「頭が非常に良く、気立てが良く、自立しようと努力」する生徒だった。[5] 肺結核を患ったパク・フンスクの父は、彼が6年生のときに亡くなり、まもなく彼の兄まで父の後を追った。母は弟妹らと一緒に光州に出たが、パク・フンスクは故郷に残って自分が首席で合格した栄光中学校に通おうとした。しかし、家庭の事情でとうてい勉強を続けられなくなると、パク・フンスクは教科書を友だちに売って交通費を準備して光州に来た。パク・フンスクの家の状況では光州の川辺にバラック1軒すら構えられなかったので、彼らは無等山中腹の徳山谷まで流れて行った。そこに住む人々は「本当にそれこそ何もなく、踏まれても声もでない、そんなふうに暮らす人々」、「庶民程度ではなく完全に貧民、ただ木の根を掘って食べる程度で、誰かが来ると食べ物をもらって食べる、そんな人々」だった。(6) 幼いパク・フンスクは苦労に苦労を重ねて光州に来たが、そこでも家族は一緒に暮らすことはできなかった。国民学校4年で中退した妹は、幼い年で食母として働き、母は幼い弟らを連れて内藏寺《ネジャンサ》〔全羅北道井邑《チョンウプ》市〕に食母をしに行き、母方の祖母もパク・フンスクに麦2升と米1升を用意してあげてから遠い親戚の家まで食母をしに行った。パク・フンスクも市内の金物工場と鍵修理店で仕事をしながら、大変な思いをして国の検定試験に合格した。

　パク・フンスクの願いは、家族らが集まって一緒に住む家だった。1974年、彼は自分の手で家を建て始めた。我々が普通に考える家ではなく、「部屋1つと台所1つだけで出来た、石をゴチャゴチャ積み上げた『穴蔵』に近いもの」だった。「食べたいものもちゃんと食べられず、手にマメができ血が出ても薬がなく塗ることもできなかった」が、1カ月余りかかって問題のその「無許可」の建物を建てたのだ。その家は「小さくて取るに足らない家であったが母を喜ばせることができる唯一のもの」であった。彼は「この家を母親に捧げた」。家族が一緒に集まって暮らす家を建て、母に捧げたことは、パク・フンスクには「二つとない人生のクライマックス」であった。それは「私は泣いて倒れてまた泣いたが、再び立ち上がった」というパク・フンスクが手に入れた「小さな果実」だった。(7) パク・フンスクの妹パク・チョンジャは「貧しかったが、家族が一緒に暮らしていたのでもの凄く幸せで、あの時が一番幸福なときだった」と当時を振り返った。

しかし幸福は長く続かなかった。パク・フンスクが「神でないのに次に起こることを前もって想像しましょうか」と嘆いたことが起こった。徳山谷深い山奥まで無許可建築を自発的に撤去しろという警告状がやって来たのだ。パク・フンスクは「すぐさま引っ越す所もなく、まさに血と汗の結晶と言っても過言でない苦労、苦労、そんな苦労をして建てた家をどうしても自分の手で壊すことはとうてい出来ませんでした」と最終陳述でその時の心情を述べた。(8)

## 国家暴力に立ち向かったナンジェンイ

問題の1977年、なぜ光州市では無等山中腹まで撤去作業員を送ったのか？ 1977年10月には、光州で全国体典《チョングクチェジョン》〔全国体育大会〕が開かれることになっていた。朴正熙はこの時光州に来ることになっていて、道立公園に指定された無等山を訪ねる可能性が大きかった。それで光州市は無等山一帯に対する浄化事業を大々的に展開することになった。当時ソウル市都市計画に深く関わっていた孫楨睦《ソンジョンモク》〔1928年～〕は「朴正熙大統領はソウル上空をヘリコプターに乗って廻りながら、上空から市長室に電話をして『あの無許可建築を今すぐに撤去しろ』と命令しました。これが朴正熙大統領の趣味でした。朴正熙大統領ほど無許可建築に関心を持って無くさなければならないという方はいません」と振り返った。(9) その朴正熙が無等山を訪ねるとは。当時の光州市長全錫洪《チョンソコン》〔1934年～〕は、「ドイツ軍人」、「チョンポレオン」〔姓の全《チョン》とナポレオンを合わせた〕(10) などあだ名が物語るように「一度決めたことはさっと押しまくる猪突猛進の推進力」で有名だった。彼は無等山一帯の無許可バラックをきれいに片付けようとしたのだ。朴正煕が維新クーデターを断行して維新憲法によって大統領に就任したとき、18歳のパク・フンスクは「私は大韓民国国民の一員として大統領閣下に国民総和のための無窮の指導力と我々民族の宿願である平和統一を祈願した」と日記に書いた。(11) その朴正煕が無等山に来るので、撤去班は二度と家を建てられないように、はなっから無許可建築に火を放ったのだ。

樂園区《ナゴォン》幸福洞《ヘンボクトン》がナンジェンイらのねぐらにならなかったように、パク・フンスクは生きても死んでも無等山にその体を横たえる土地1坪たりとも持つことができなかった。パク・フンスクは自分が殺人の罪を犯した事実に身震いしながら「愛する父母、愛する子ども、愛する兄弟を失い、痛み悲しむ遺族らの姿が寝ても覚めても目の前にチラチラして、日が経つにつれてたまらなく辛い。私の罪は百回死んでも謝罪できない。私のような奇形児が再びこの地を踏めないようにどんな極刑を下されたとしても甘んじて受けます」と言った。心優しく頭が良く自立心旺盛だった青年は、そして徳山谷に療養に来て一人で寂しく死んで行く肺病患者のために一人で葬式も執り行っていた美しい青年は、一体どうしてまた稀代の殺人者になったのか？　パク・フンスクは自分の行為自体に対しては深く懺悔したが、最終陳述でこのように叫んだ。「当局にはなんの対策もないのに寒い冬にすみずみまで警告状を出して、これに応じなかったと村の人々を犬扱いにして家を壊してしまうことまではまだ許せたが、すぐに行くあてがない我々の家に火まで付け、金や天井に差し込んであった春に播く種などが全部燃えてしまった。まして当局によってまでこのように冷遇と蔑視を受けなければならない我々に、誰が喜んで一部屋を貸してくれようか？　昔の言葉にあるように泰山は一つかみの土も拒まず、大河はまた一滴の水も拒まなかったと言うではないか？ 世の中で多くの金を持って裕福な人だけがこの国の国民で、罪なく貧しさに震える人々は全てこの国の国民ではないと言うのか？」[12]

なんの対策もなく強制撤去を押し通すという国家暴力に立ち向かったパク・フンスクの「単独蜂起」に対して、司法部は死刑を宣告した。パク・フンスクに死刑が宣告されるや、各界からは救命運動が起こった。パク・フンスクの妹パク・チョンジャは「朴槿恵氏まで自分の父親のほうが間違っていたと知って、救命運動をしてくれたので」と証言した。[13] しかし、救命運動も甲斐なく、パク・フンスクは〔80年5月、光州事件の鎮圧後の〕１９８０年12月24日、死刑に処された。

『ナンジェンイが蹴り上げた小さなボール』でナンジェンイの息子ヨンスは、印刷所の労働者になり昔の奴婢文書の版組みをしたが、「父だけ苦労したのではない。父の父、父の祖父、祖父の父、その父の祖父」まで苦労した事実を悟る。『ナンジェンイが蹴り上げた小さなボール』が出版されて30年があっという間に過ぎた今、ヨンスの息子はどんな境遇になっただろうか？ 今や、彼らは非正規職という名のより小さなナンジェンイになってしまったのではないか？ 「父の父、父の祖父、祖父の父」が苦労したことは、どうしようもない歴史だ。だが、息子らの息子、息子の孫、孫の息子までもがナンジェンイと同じ人生を生きなければならないとしたら、それは呪いだ。パク・フンスクがハンマーを持ったなら、ヨンスは刃を抜いた。ヨンスは父を死に追いやった銀剛《ウンガン》財閥領袖の胸元に刃を下ろそうとしたが「不幸」にも彼ととても似ていた、しかし経営権を継げない財閥領袖の弟を殺して死刑になった。

事件3年後に光州民衆抗争が発生したとき、パク・フンスクは獄中にいたが、妹パク・チョンジャは光州市内の大仁《テイン》市場の路地で母親と一緒に小さな店を開いていた。母親とパク・チョンジャはご飯を入れ物に入れて熱心に道庁に差し入れていた。その頃ちょうど全斗煥の新軍部側の撹乱工作で毒針事件などが起こり、市民軍の神経が逆立っていて外部から持ってきた物資を受け取らない時期だった。その時パク・チョンジャが自分がパク・フンスクの妹だと言うと、市民軍が安心して差し入れを受け取ったという。パク・チョンジャ母子はこの時熱心に差し入れをしたことで、2007年、第1回5月母親賞《オウォルオモニサン》を受けた。

32年が過ぎた後、悲劇の舞台は人がほとんどいなかった無等山中腹からソウルのど真ん中の龍山へと変わった。死んで行った人々は撤去作業員ではなく、撤去される人々だった。「無等山ターザン」のように抵抗もできないまま、彼らは都心のテロリストになった。生きるために屋上に上がって下のほうに向かって手を頭の上に載せ手でハート型を作っていた「凶悪なテロリスト」は、真っ黒な炭の塊になった。生き残った「暴徒」8名は、監獄に行き、3年9カ月が過ぎた去る2012年10月、2名だけ仮釈放された。1977年、無等山ターザン事件が起こったとき、パク・フンスクの救命に積極的だった若い朴槿恵は今や何をなすべきか？

# 第3章

# 維新の社会史

## 1. 祖国「軍隊化」の陰

一部では朴正熙を「祖国近代化」の旗手というが、私は朴正熙の時代の特徴を「祖国軍隊化」と呼びたい。朝鮮戦争が法的に完全に終結せず60万を超える大規模常備軍が存在する韓国社会は、それ自体が一つの巨大な兵営であったが、民間人李承晩が支配していた時期と軍人である朴正熙が支配した時期の雰囲気は全く違った。朴正熙が執権していた18年でも後半の維新時代は、軍隊も非常時状態の軍隊だった。歴史的にみると、軍隊は必ずしも国を守るためにだけ存在したのではなかった。多くの場合、権力者は国防にぴったり必要な最小限の人員だけ徴集するのではない。自分たちが望む方法で、社会を運用するのに適した人間の型を育成する教育の場として軍隊を利用した。盛んに戦争をしているときより、3倍も多い兵力を維持してきた韓国も同じだった。

### 99・9パーセントの社会

1950年代と1960年代の兵役忌避者数をみると、その規模が全体徴兵対象者の15～20パーセントでちょっとびっくりするほど高かった。まだ国家の行政能力が個々人を徹底的に把握できるほど発展していなかった。それに加えて、分断と戦争で戸籍など兵士の書類が完備されていなかったせいで、毎年数万から十数万名の兵役忌避者が出ていたのだ。1961年5・16軍事クーデター直後内閣公告第1号で兵役義務不履行者の自首を受け付けたが、一次期間に進んで申告した兵役忌避者が実に40万に達した。政府はまだ未申告兵役忌避者が17万に達するとみて、二次申告期間を置くことにした。[1] 軍事政権は1962年兵役法改正を通して地方の兵務庁を新設して、兵務行政の責任者を国防長官として一元化した。[2] もともと兵務行政とは、民間人を召集して軍人にする過程であるため、現役入隊後には国防部が管理する。しかし、民間人の身分であるときは内務部や地方自治団体が管理するのが一般的だ。韓国と同じく冷戦の最前線を担っていた台湾の場合も韓国の兵務庁に該当する役政司は、国防部所属ではなく内政部の所属だ。地方兵務庁が作られ、兵務行政が国防長官の責任として一元化されて、地方兵務庁官は兵務行政に関する限り地方行政部署と警察官署に対する指揮監督権を持つようになった。1968年、北朝鮮124軍部隊の青瓦台襲撃事件で、韓国社会が急速に兵営国家化の道を歩み出すのに伴い、兵務行政はさらに強化された。1968年に導入された住民登録証は、個々人に固有の番号を付けた徹底した監視体制の確立を象徴するものだった。

朴正熙は「不正と不信で汚れた兵務行政を正す」という名目で1970年8月、国防部兵務局を解体して、国防部とは別に中央行政に兵務庁を創設した。[3] 1971年12月、国家非常事態を宣言した朴正熙は翌年2月、中央兵務事犯防止対策委員会を開いて、国家非常事態における強力な兵役忌避者取り締まり方針を明らかにした。それでも兵役逃れが発生するや、朴正熙は政権党である共和党議長白南檍、産業銀行総裁キム・ミノなど兵役逃れに連座した者を辞職させた。さらに将軍級10余名を拘束して、兵務庁官全富一《チョンブイル》〔1924～2004年〕を解任した後、自身の陸軍士官学校の同期金《キム》存命《ジェミョン》〔1925～2009年〕を後任に任命した。[4]

維新直後の1973年1月20日、朴正熙は国防部を巡視した場で「今後法を作ってでも兵役を忌避した本人と両親がこの社会で顔を上げて生きられない社会気風を作るようにしろ」と指示した。この指示に従って、既存の兵役法や刑法に比べて処罰規定を強化したものが「兵役法違反等の犯罪処罰に関する特別措置法」であった。入営および召集忌避者は、既存の兵役法では3年以下の懲役に処されていたが、新法では3年以上10年以下の懲役に処するようになった。朴正熙は兵務非理の根絶のためには兵務庁だけではなく、関連機関の協力が絶対必要であると考えた。1973年2月26日、大統領訓令第34号として「兵務行政刷新に関する指針」を制定したのはそのためであった。これによれば、「兵役忌避者は維新課業と国民総和を阻害する『非国民』的行為者」と規定された。(5)「非国民」とは、日本帝国主義者が自らの戦争行為に非協力的な人々を体制から排除するために好んで使った凶暴な言葉だった。

維新政権が兵役忌避一掃方針を強力に押しだし、またこの頃から行政のコンピュータ化が急速に進展し、停戦以後韓国で生まれた人々が徴集年齢に達してから兵役忌避者数は急激に減り始めた。兵務庁によれば、1970年13・2パーセントに達していた兵役忌避率は1973年3月特別措置法発効以後0・3パーセントに急減し、1974年には0・1パーセントになった。(6)5・16直後の兵役忌避者数が40万を越えていたのに比べると、10余年後0・1パーセント以下の200余名に減ったのは、事実上兵役忌避者が根絶されたことを意味する。しかし、朴正熙はここで満足しなかった。維新体制は「ただ一人の例外」もない総和団結を望んでいたのだ。朴正熙は公務員をねちねちいびった。兵役忌避者が発生したときには「地方兵務庁と区・市・郡・邑・面・洞〔地方行政の単位〕」にあっては忌避者追跡責任者を指定して徹底した捜索、告発を行い、告発遅延または脱落があるときには関係職員を厳重問責」するようにした。これによって「検察および警察署単位で兵務事犯担当検事および

警察官を指名して各警察署単位で探索責任者を決め、その検挙実績を地検検事に報告する制度」が確立された。(7)

## 赤いペンキで書いた「忌避者の家」

兵務事犯取り締まり専門班の活動実績をよく見てみると、1974年6月1日から7月15日まで1カ月半の間、取締班は官庁の許可を必要とする業者1万2584カ所を調査して、兵役忌避者を雇用していた6カ所の業者の許可を取り消した。また「6284カ所の職場で539名の兵役忌避者を見つけだし、17カ所の業者を兵役忌避者雇用禁止違反嫌疑で司法当局に告発」した。このとき告発された業者は、国際化学、大成煉炭など財閥級大企業から町の理髪店に至るまで全国の大小の業者が網羅されていた。ある新聞は社説で「忌避者539名を見つけるために、1万2500カ所余りの官許業者と6200カ所余りの職場をくまなく捜すとは、これに動員された調査官の数と使われた経費がどの程度であるか十分に見当が付く」と皮肉った。このような強力な取り締まりがなされた時期は、まさに民青学連事件関連者を令状なく逮捕して、軍事法廷で極刑の死刑に処すことができるという、ぞっとするほど恐ろしい緊急措置4号が宣布された直後だった。維新体制は兵役忌避者の取り締まりを名目に、個々人に対する検問検索と職場と町村に対する監視と統制を強化した。朴正熙はこのようにして「社会紀綱の確立」を、別の言い方をすると社会を飼い慣らしていった。

一つ興味深いのは、当時朴正熙は著名人や特権層、富裕層の子息らに対して例外を認めず厳格に管理した点だ。1973年、兵務当局は「一般の国民らから注目の対象になる著名人、特権および富裕層の子弟942名と芸能人および体育関係者708名を選定」して、特殊兵役管理対象者とし、名簿を作り管理した。中央情報部は特殊兵役管理対象者の親権者の背後関係を調査してこれを各部署に知らせた。朴正熙はこの計画の報告を受けて決済欄に自筆で「着眼が良好」と書いた。(8) 兵務庁は翌1974年度にも特殊兵役管理対象者1288名全員に対して現役入営577名、防衛召集201名、徴兵検査510名など兵役義務の履行を監督した。1975年にも特殊兵役管理対象者2708名全員の名簿を作った。(9)

このようにして維新時代には高位公職者や財閥、新聞社の社主、国会議員など上流層の子弟らの兵籍記録簿には、「特」というハンコが押されて別途の管理を受けた。朴正熙の特別な関心事であったので「特」の字が押された人々も頭を丸めて軍隊に行かねばならなかった。朴正熙の監視は、ピタッとそこまでであった。いったん軍隊に入隊した後は「依病除隊《ウィビョンジェデ》」や「依家事除隊《ウィガサジェデ》」をしたり、「パンシル」〔ニコニコの意で、楽な仕事のこと〕な職に抜けることは適当に目をつぶってやった。特権層子息についての特別管理に対して特権を持った者たちの不満は多かった。特権を持った者は自分の息子に対する特別管理が逆差別だと主張して、ついに1996年、国防部に特殊層子弟に対する特別管理を廃止させた。(10)

特権層子息すら例外なく軍隊に引っ張られて行く状況で、兵務当局は平凡な家の子息が兵役忌避をする場合、彼らの人権を少しも考慮してやらなかった。一つの例だが、忠清南道《チュンチョンナムド》洪城郡《ホンソングン》廣川邑《クァンチョヌプ》の兵士担当職員は、ある兵役忌避者の家に横30センチメートル、縦1メートル40センチメートルの大きさの白い板に赤いペンキで「忌避者の家」と書いて貼り付けた。(11) そこの家の息子が10年前、17歳のとき金を稼ぎに行くと家出した罪への罰であった。

このように懸命に兵役忌避者を無くしたことは、思わぬ副作用を生んだ。相当な比率の兵役忌避者の存在を前提にして徴兵制度が運用されていたが、突然兵役忌避者が一掃されたことは、軍隊で人があふれ出たことを意味した。軍事政権は防衛制度を作り、戦闘警察を作って国防の義務を果たすために召集した青年らを政権維持のために利用した。それでも人は余った。それで生まれたのが企業に配置されて兵役の義務を代用する「産業特例要員」だった。企業が資格を取り消せば、すぐに現役に引っ張られる産業特例要員は、軍隊というひもで首をギュッと締められた現代版奴隷労働という批判を受けた。軍人が権力を握った国家は資本にこのような恩恵を施したのだ。

## 維新体制の「非国民」エホバの証人

朴正熙がただ一人の例外もない強力な兵営国家建設を夢見たとき、「公共の敵」として登場したのは、まさに良心的兵役拒否を実践するエホバの証人であった。日本軍国主義者によって「非国民」と追われ獄に閉じ込められたエホバの証人の人々は、朴正熙体制下で再び受難の歳月を過ごさなければならなかった。兵役忌避者一掃を叫ぶ朴正熙の意図に合わせて兵務庁は、1974年を「兵役忌避者一掃の年」に決めた。兵務庁の方針に最も大きな障害になるのは、もちろんエホバの証人だった。一つの例として兵務庁は1974年7月、「今年に入って発生した兵役忌避者は全部で78名で、この内には宗教的良心を口実にして兵役を忌避したエホバの証人が87・2パーセントである68名だと発表した。[12]エホバの証人さえいなければ、兵役忌避者率を画期的に減らせるということだ。朴正熙は

1974年兵務庁の取り締まり実績報告を受けて、エホバの証人問題を解決しろと特別指示を出した。兵務庁は1974年12月12日から1975年1月11日にわたって、エホバの証人代表210名と入営懇談会を開催した。その結果、信者らが良心に従って行なった兵役拒否は「誤っていたこと」だと認め、兵役義務を果たそうとしているとうその報告をした。[13]エホバの証人の良心に従った兵役拒否の決定はどこまでも聖書に立脚して個々人が自分の良心に従って行なうものなので、教団次元であれこれできることではなかった。しかし、兵務当局としては、エホバの証人が兵務庁の説得によって兵役義務を積極的に果たすことにしたと青瓦台にうその報告をした。そのためにエホバの証人信徒の中で多数の兵役忌避者が出ることを放置できなかった。その結果は、エホバの証人信徒に対する兵務当局の不法な連行と強制入隊だった。

1975年3月9日、釜山地検検事朴哲彦《パクチヨロン》〔1942年～〕が率いる釜山市兵務事犯取締班は、伽倻王国会館など19カ所のエホバの証人の集会所を急襲して礼拝中の青年63名を殴るなどして強制連行した。[14]平和的な宗教行事を執り行っている信者を公権力を動員して連行したのは、憲法に保障された宗教の自由を重大に侵害したものだった。兵務当局はエホバの証人の宗教集会だけでなく、信徒の家までやってきて令状なく不法連行したり、兵務召集に応じないと妹を捕まえて拷問すると脅迫さえした。

兵務庁がエホバの証人らの宗教行事まで襲撃するなど過酷な手段に出たのは「兵役法違反などの犯罪処罰に関する特別措置法」が持っている問題点のためでもあった。現在、良心に従う兵役拒否者は1年6カ月の実刑を宣告されると、それ以上令状が発布されることはない。しかし、特別措置法は兵役拒否者が実刑を済まして出て来てもまた再び令状を発布して、何回も繰り返して処罰されるようになっていた。医大生だったチョン・チュングクが4回にわたって7年10カ月服役したのも特別措置法の「おかげ」だった。チョン・チュングクの苦難は、彼が21歳のときである1969年、兵役忌避罪で10カ月の刑を受けたことに始まり、彼が33歳、朴正煕が死んで2年の月日が流れたあとになってやっと終わりを迎えた。(15) エホバの証人も人間なので、若い年でまた懲役暮らしを繰り返さないようにしたいのは当然のことだった。そのためエホバの証人の中には令状が出ることを知って、家に戻らないで逃げる人々が現れ始めた。兵務当局は信心深い彼らが家には戻らずとも礼拝には出るだろうとみて王国会館などを襲撃したのだ。エホバの証人は宗教集会だけではなく、時と場所構わず引っ張られて行った。懲役を終えて出て来たチョン・チュングクは刑務所の前で再び引っ張られて行き、またある新郎は結婚式ですぐさま捕まえられて行った。

朴正煕の強力な意志に合わせて、忌避率ゼロを夢見ていた兵務庁は不法な強制連行によってエホバの証人を軍隊に引っ張って行った。今や兵役忌避率は事実上ゼロに近づいた。しかし、これは「目を覆って阿吽《あうん》」〔くさい物にふた〕に過ぎなかった。徴兵年齢の該当するエホバの証人の男性信徒は、国家の強力な取り締まりに関係なく良心の命令に従った。彼らは民間人として兵役法に違反するのではなく、強制的に軍隊に引っ張られて来て抗命罪を犯したことになったのだ。今やエホバの証人問題を処理する国家機関の最前線には兵務庁ではなく、軍が登場するしかない状況が起こった。その結果、キム・ジョンシク、イ・チュンギルらエホバの証人信徒5名が軍隊で殴られ死ぬ事態となった。(16)

エホバの証人が論山《ノンサン》訓練所〔忠清南道〕に引っ張られて来るや、訓練所長キム・ヨンソンは「どんな方法を使ってもエホバの証人を『教化』しろ」と憲兵隊に指示した。もちろん殴れという指示はなかった。ただエホバの証人が増えれば、大韓民国が滅びるとして「寝かせるな。夜も休ませるな。骨身を惜しまず仕事をさせ、必ず教化して再服務させろ」と指示しただけだ。(17) １９７５年11月14日、エホバの証人キム・ジョンシクが銃を執ることを拒否して中隊長に殴打されて倒れ、数日後に亡くなった。

キム・ジョンシクが死んだ後エホバの証人で軍隊に引っ張られて行ったパク・ジョンウクは、代表としてキム・ヨンソン訓練所長に呼ばれていった。彼によれば、キム・ヨンソン所長は二度と暴力を使わないと約束したという。その代わり論山訓練所に設置されたのが、「独居特倉《トッコトゥクチャン》」である。独居特倉とは、現在、西大門刑務所歴史館に日帝の悪行を告発する証拠として展示されているものと同じ形態の特別拘禁施設だ。独居特倉は横1メートル、縦0・6メートル、高さ2メートルの煉瓦で作られた空間である。論山訓練所の憲兵隊営倉の一部を改造して設置したものだ。一般刑務所の独房に比べ、はるかに小さいここに収監されていた人々の多数が、30年が過ぎた今もパニック障害など心理的障害で苦痛を受けている。独居特倉に収監された人々の手は後ろに縛り上げられた。誰かが寝入ろうとすると、憲兵がベルを押して収監者らは再びベルを押して答えなければならなかった。手を後ろに縛られているので、口でベルを押した。食事の搬入口から飯が入れられると、体を動かすのも辛い狭い空間で体を縮めてしゃがみ込み、口で飯を食べた。用便も服を下ろすことができないまま、そのましなければならなかった。(18)

論山ではそれでも死亡者がもう出なかったが、１９７６年3月、39師団に防衛召集（軍事及び郷土防衛の業務を支援するための補充役及び第二国民兵役制度。1995年からは常務予備役（基礎軍事訓練役・予備役編成）と公益勤務要員制度、2014年から代替服役制度の一環として社会服務要員制度へと変更された）されたイ・チュンギル、1976年3月海兵1師団に防衛召集されたチョン・サンボクらエホバの証人が「変死」処理された。イ・チュンギルの遺族には、部隊長名義で現金1万ウォンが慰労金として渡された。[19]

本当に悲しいことだが、軍隊で死んでいった人々はエホバの証人だけではなかった。朴正煕が国民を相手に戦争を起こしていた維新時代、本当に多くの若者たちが「花郎《ファラン》タバコ」（軍隊用のタバコ）の煙の中に消えて行った。

## 民主化が救った命

死んだにしてもあまりにも多く死んだ。朝鮮戦争の銃声が止んだ後今まで60年間、軍隊で命を失った若者の数は、（軍隊用語で「非戦闘人命損失」は）ベトナム戦争で戦死した5000名を除外してもほぼ6万名に迫る。韓国軍では戦争をしなくても毎年1000名の軍人が死んで行ったのである。イラク戦争9年間で米軍の死亡者数が大体4500名として、年平均の犠牲者数が900名なので、韓国軍は戦争をしなくともこれより多くの人々が死んで行ったのだ。

死んだ理由も実に多様だった。劣悪な環境の中で病気にかかってもきちんと治療を受けられず死に、殴られて死に、自殺して死に、交通事故で死に、山崩れで死に、雪崩で死に、洪水で死に、日射病で死に、さまざまな形で軍人らが死んで行った。

1956年2月末、記録的な大雪が降ったとき、朴正熙が師団長であった5師団では、除雪作業をしていた小隊長と兵士8名が雪の中で凍死する惨事が起こるなど全部で59名が大雪で死亡した。当時の軍隊では厚生事業という名目で、炭を作って売り幹部の月給を補填していた。炭を焼いていた臨時の建物が潰れて雪に埋まって、その中にいた将兵が窒息死したのだ。[20] 人命被害の規模だけで言えば、天安艦《チョナナム》事件〔2010年3月26日、白翎島《ペンニョンド》近くの海上で韓国海軍の哨戒艦天安が沈没した事件。46名死亡。韓国側は北朝鮮の攻撃によると結論、北朝鮮はこれを否定している〕よりもっと大きな被害が出たにもかかわらず、師団長は人事処罰されることもなくむしろ大雪で大変苦労したと表彰状をもらった。その時、万一きちんとした人事処置が出されていたら、今日我々が知る朴正熙も、朴槿恵もいなかっただろう。

2006年、軍疑問死委員会が作られたとき、息子や兄弟の無念の死の原因を明らかにしてほしいと委員会に事件を問い合わせた事例は、600件に過ぎなかった。軍隊で死んだ事例の中でたった1パーセント程度だけが、年月がたっても真相究明を要求したのだ。両親の立場では、軍隊であらゆる死があってはいけない死であり、疑問死だった。それにもかかわらず100件中1件程度だけ真相究明を要求した理由は何だろうか？　残りの事件は疑問の余地がないものだったのか？　それとも結果を待っていられず、あえて数十年前のことでもう一度傷つくことに恐れを抱いたのか？　それとも息子を心に埋めた両親がその苦痛に耐えきれずに息子のそばに早く旅立った結果、無念の死の事情を明らかにしてくれと哀訴する人すら残っていなかったためなのか？　その600件の死亡事故の中で、重複、合併、却下された事件を除外した579件中58パーセントの334件が比較的最近の1980年代以後の死亡者だった。[21] その全体人数は1万1180名で、1954年以後の全体死亡者6万1424名の18パーセントに過ぎなかったが、その割合が高かった。

一般人対象の講演で、よく聞かれる質問がある。「民主化されて暮らしが少しでもよくなりましたか」。熱くなっていた雰囲気が急に冷水を浴びせられたように沈んでしまう。暮らしがよくなったなら、李明博《イミョンバグ》（1941年〜、国会議員を経てソウル市長（2002〜06年）、第17代大統領（2008年〜13年））、朴槿恵が続いて政権に就いたはずは決してないだろう。では、民主化されて我々の社会が少しでもよくなったことはなかっただろうか。我々は民主化が残した最も重要な成果を忘れて生きて来た。軍隊に行った息子を両親の心の中に埋めなければならなかった死の時代を終わらせたという点だ。1998年の民主政権発足以後、軍の死亡者数がずっと減り続け、盧武鉉政権末期になると120〜130名程度に減り現在に至っている。朴正熙独裁政権時期（年平均死亡者数は、政権初期は1452名、ベトナム派兵期は2462名、維新政権期は1403名[22]）に比べると、民主化は軍隊内の死亡者数を10分の1以下に減らした。強制徴集された兵士を対象に密偵役を強要して、6名の無念の犠牲者を出した緑化事業（強制徴集された大学生らに対する政訓教育計画で、全斗煥政権の1981年〜83年に行われた。当時の学生運動に対する弾圧と官製プラクチ活動を通した諜報収集のために当局が実施した強制徴集と軍の服務のうち「特別政訓教育」という名前で行われた肉体・精神的暴力を伴った精神教育などを言う）のようなことが中断されたことだけを意味するのではない。民主化は必ずしもデモをして捕まったのではない、平凡な若者を毎年1000名以上、死のどん底から救い出した。

軍事政権時代、軍隊内でとんでもない死の行進が続いていたのは、言論がその役目を果たせなかっためだ。朴正熙の維新クーデター直後、国会が解散された状態で非常国務会議が代表的な維新悪法「軍事機密保護法」を制定した。この法は事実上軍と関連した全ての事項を機密の範疇にくくってしまうだけでなく、「新聞・雑誌またはラジオ・テレビその他出版物によって」罪を犯した者は、刑の2分の1まで加重することができるようにして言論の口をふさいだ。(23)

軍隊内での死亡事故が減って行ったのには、息子を心に埋めた両親の恨《ハン》がこもった苦闘が大きく作用した。依然として軍出身の盧泰愚《ノテウ》〔1932年〜、第13代大統領（1988〜93年）〕が政権に就いていた1990年11月には、1987年6月、軍で疑問死した息子（イ・ジンドン）を心に抱いていた撤去民イ・チュンウォン氏が自殺し、(24)1991年2月には1987年9月軍で疑問死したチェ・ウヒョク氏の母カン・ヨンイム氏が漢江で投身自殺した。(25)息子を失った父と母が自ら命を絶って息子の無念の死の真相を明らかにしてくれるよう叫びながら、軍の疑問死問題を公に議論できるようにしようとした。しかし、当時のマスコミが軍隊ではいつもあまりにも多くの人がはかなく虚しく死ぬと考えたためなのか。疑問死が公に議論されるようにはなかなかいかなかった。

軍事独裁時代、軍隊は聖域だった。その時は、軍隊で人がまとまって死んでも新聞に記事1行出なかった。民主化以後になってやっと軍隊での事件と事故が報道され始めた。するとまるで民主化以後軍隊内で事故が突然急増したように見える。(26)民主化を誹謗する守旧勢力は民主化以後人権やならを要求したので、軍隊で軍紀が乱れ事故が頻発し、南北和解だ民族互助だとか騒がしいので主敵〔韓国の主な敵。1995年から国防白書に明記。2000年、南北首脳会談以降、対北宥和政策の影響で、2005年国防白書で削除。保守勢力の大反発により論争となった〕概念が失われて事故が急増したと主張する。だが、彼らが言っているように軍紀がきりりと守られて「殴って捕まえろ金日成、撃破しろ共産党、殲滅しろ北傀軍、成し遂げよう維新事業」を泣きながら叫んでいた維新軍隊では、軍紀が乱れたという民主軍隊に比べ10倍を超える若者が家に戻れなかった。

軍事政権時代と民主化以後を比べてみるとき、韓国軍の兵力や構造が大きく変わったとはいえない。変わったのは民主化によって軍がもう聖域ではなくなり、民間社会が軍を少しにしても見張れるようになったことだ。そして、軍隊で人が死ねば、「犬の値段」にも及ばなかったことが、今や二等兵の死に対しても場合によっては現場の指揮官がゾロゾロと軍服を脱ぐこともある状況になったことだ。死亡事故を適当に覆い隠せなくなると、殴打や過酷な行為の根絶や自殺防止プログラムの開発など実効性のあるプログラムに多くの努力が傾けられ、実際に死亡事故発生件数は驚くほど減ってきた。

## 韓国軍悪習のルーツ

韓国軍で数十年にわたって大変な数の非戦闘員の人命損失が発生した歴史的ルーツは、初期韓国軍の上層部が大部分日本「皇軍」と「皇軍」が育成した傀儡満州軍出身で構成されたことにある。後発資本主義の国家として急速に産業化、軍事化を推進した軍国日本は、前近代的な農村青年を一日でも早く近代化された軍人に作らなければならなかった。団体生活の経験がなく、時計の見方も知らず、近代的な時間概念がはなっからなく、機械を扱ったことが全くなく、読み書きもできない農村青年をすぐに戦闘に投入できる軍人として作り上げる作業には、当然、暴力を伴うしかなかった。日本軍内で長年続いた殴打と過酷な行為は、必然的に上部からも黙認されて助長されたとまで言える。総力戦の時期に後発帝国主義の国家としての劣悪な経済力を挽回するために日本軍は、早めに「火力主義」〔火力は銃砲などの威力を指す〕を放棄して、精神力を前面に押し出した。

「肉弾3勇士」〔爆弾3勇士ともいう。3人とも一等兵。1932年第一次上海事変で敵陣を突破し、突撃路を開いた英雄とされた〕など体を張って「やれば出来る」、「攻めろと言ったら攻めろ」の伝統は、このように作られていった。日本の青年すらやたらと殴って叩いて皇軍に作られたのだから、いわんや銃を逆に向けるかも知れない植民地の青年はまさに何倍ももっと殴られ叩かれなければならなかった。日本人の下で将校として出世したかった朝鮮の青年は、植民地出身という「コンプレックス」に勝つためにも朝鮮人兵士に対してより暴力を振るわなくてはならなかった。

新生韓国軍の主翼になった日本軍・満州軍出身者は「皇軍」の軍事文化をそのまま韓国軍に植え込んだ。韓国軍の外見、戦術教理と編成と武器はアメリカ軍に似ているが、韓国軍の意識構造と行動方式は、日本軍の悪習を受け継いだのだ。

虐殺者全斗煥がそれだけでも朴正熙より良かった点は、第5共和国時代の軍隊死亡者数が維新軍隊時代のほぼ半分に減った点だ。1981年1月に強制徴集された私が、自分の隊に配置されて一番多く聞いたことは「軍隊がとても良くなった」、「今は維新軍隊時代ではない」という言葉だった。全く何も知らない兵卒だった私から見ても、全斗煥が死亡者数を減らすために努力したことははっきりわかる。全斗煥時代軍隊での死亡者数が大きく減ったのには、2つ理由があると言える。全斗煥は自身が悪い奴だと知っている悪い奴だった。手に付いた虐殺の血をきれいにする方法の一つが軍隊死亡者数を減らすことに表れたと言えるだろう。また、もう一つの理由は全斗煥が、大日本帝国の最後の軍人と呼ばれた朴正煕とは違い、それでも日本軍の水を飲まなかったという点だ。全斗煥世代も日本軍国主義の教育を強く受けた世代だが、日本の軍服を着てみたか、着たことがないかの差は無視できない。

ベトナム戦争の期間を含んだ朴正煕政権18年間約3万4000名、維新時代だけでもなんと1万1000名以上が軍隊で命を失った。維新時代に朴正煕は自分の長期政権のために国民を相手に戦争を行なっていたためだ。しかし、このように多くの死亡者が軍隊で発生した重大な理由は、他にあった。軍隊に行って来た我々全てが実はこの死を仕方がないことだと考え、無視してきたためだ。そのようにして生きて来た我々が今や父母になり、自分の息子を軍隊に送りながら戦々恐々とする。軍隊から生きて戻ってきて、軍の服務をしていた方角を見ては小便もしないで生きて来たこの地の予備役たちよ！　まだ咲けないうちに倒れて行った6万の若者たちに「捧げ銃！」　息子を心に埋めた12万の父母に「捧げ銃！」　慟哭しながら慟哭しながら「捧げ銃！」

## 2. ベトナム派兵が残したもの

1973年3月20日、ソウル運動場ではベトナムから凱旋した将兵の歓迎大会が盛大に開かれた。「駐越軍部隊復帰および解体に対する国防部一般行政命令第143号」が朗読された後、駐越韓国軍司令官李世鎬《イセホ》（1925～2013年）は、陸軍士官学校同期である大統領朴正煕に駐越韓国軍司令部旗を返納した。駐越韓国軍司令部帰国申告式および解体式を兼ねたこの日、大会では五色のアドバルーンに付けられた「越南で戦った戦功　総力安保の礎にしよう」、「勝って戻って来た」などのプラカードがはためいていた。漢城《ハンソン》女子高校生は駐越韓国軍の戦闘場面と南ベトナムの人々を診療する様子をカードセクションでお披露目した。朴正熙は「昨日の平和十字軍が今日の維新十字軍、救国の十字軍にさせよう」と激励した。帰国した派越将兵は歓迎大会を終えて、雨が降る中、ソウルの都心を4キロ行進した(1)。その時から2年1カ月が過ぎた1975年4月30日、共産軍のタンクは南ベトナムの首都サイゴンの大統領官邸である独立宮に侵入し、南ベトナム政府は無条件降伏を宣言した。ベトナムからすればついに30年戦争が終わったのであり、ベトナムに大規模兵力を派兵していた朴正熙からすれば「越南敗亡」の惨事が起きたのだ。

## 朴正熙を救った「越南敗亡」

1975年初めには、新聞にはインドシナ半島で共産軍の攻勢が強まり、共産軍がサイゴンやプノンペンに何キロまで迫ってきたという報道が、ほとんど毎日載っていた。その頃、韓国では反維新民主化運動が盛んに沸き起こっていた。朴正熙は2月12日、維新憲法に対する賛否を問う国民投票を断行した。維新憲法に対する一切の討論は禁止されたまま、政府だけ国民投票参加を大いに奨励した。そんな中で行われた国民投票で維新憲法は73パーセントの支持を受けた（これより15日後の2月27日、フィリピンで独裁者マルコスは、戒厳令の持続の可否を問う国民投票で賛否の討論をするのを許しても90パーセントの支持を受けた）。朴正熙は国民投票の後、拘束者を釈放するなどの宥和措置を取ったが、民主勢力は国民投票という分かりきったショーに納得しなかった。特に人革党事件関連の拘束者に対する拷問とでっち上げ問題は、朴正煕を苦しめた。朴正煕は2月21日、文化広報部を年頭視察した場で「人革党は世間がみんな知る共産党」として「緊急措置でなくとも国家保安法で極刑にまで処することができる明白な内乱陰謀罪の犯罪者」で、一部知識人や宗教人がまるで愛国者のようにもてはやし、釈放運動をしていると激昂した語調で話した。彼がぶるぶる震えながらどれほど大きな声で叫んだのか、マイクを使わなくてもドアの外にいた記者らがその内容をみんな聞き取れるほどだった。(2)

ベトナムだけではなくクメール（カンボジア）とラオスなどインドシナ3国の情勢が日に日に緊迫している間、朴正煕政権はやはり極端に硬直していった。朴正煕政権は『東亜日報』経営陣に圧力をかけ、3月17日、自由言論実践を叫び籠城中だった記者を追い出したのに続いて3月19日には、1953年改定された憲法以来初の改正案（国家冒涜罪の新設）を強行採決で通過させた。国内の言論は『東亜日報』記者に対する暴力鎮圧によって完全に掌握したが、外信に対する統制はむずかしくなった。国家冒涜罪の新設は、外信を利用して維新体制を批判する「事大言動」を予防して「いわゆる『主体思想』を鼓吹」させる（共和党政策委議長朴浚圭《パクチュンギュ》の発言）ためであった。インドシナ半島で共産軍のタンクがサイゴンやプノンペンに近づくにつれ維新政権は理性を失っていった。4月8日には前日強行なデモがあった高麗大学だけを対象に緊急措置7号を発動して、休校令を出し軍隊を進駐させた。(3)大法院はこの日人革党事件など関連者38名に対する上告審判決で都禮鐘ら8名に対する死刑を確定した。これを報道した『東亜日報』4月8日付けの記事のすぐ下には共産軍が「サイゴンへ11キロ肉薄」したという記事が載せられていた。朴正煕政権は刑確定18時間だけしか経っていない明け方4時から司法の仮面をかぶった明け方の「連続殺人」を始めた。

4月17日、クメール政府は共産クメールルージュ軍に降伏を宣言し、4月30日サイゴンが陥落するや隣のラオスの左右連立政府で右派は事実上没落した（人民共和国の正式樹立は12月3日）。インドシナ半島でドミノ理論が現実として現れたのだ。そんな中で朴正熙は全ての緊急措置の集大成と言える緊急措置9号を宣布して、維新憲法に対するいっさいの批判と反対を禁止した。5月21日の与野党のトップ会談以後それまでの間それなりに維新反対闘争の一翼を担って来た新民党総裁金泳三は、維新体制に対する挑戦を放棄した。そして、8月17日反維新勢力の統合のために頑張ってきた「最後の独立軍」張俊河が疑問死した。「越南敗亡」の危機は「大日本帝国の最後の軍人」朴正熙に、ちょっとではあったが、民主化運動勢力の強い挑戦を振り切るきっかけになった。

## 戦時体制の確立と長髪取り締まり

1972年に朴正熙が維新クーデターを恣行した時は、決して危機状況とは言えなかったが、1975年は明らかに分断国家に致命的な危機状況が存在した。ありもしない危機を作って悪用してきた朴正熙は、このような危機状況を自身の権力強化の良い機会だととらえた。彼は日中戦争勃発以後、日本に「戦時体制」が樹立されたように、1975年の韓国にも戦時体制を確立しようとした。維新政権は戦時体制を法的に支えるために「社会安全法案」、「民防衛基本法案」、「防衛税法案」、「教育公務員法改正案」、「電波管理法改正案」などいわゆる5大戦時立法案を強行処理した。[4] 左翼活動をしたが転向して生き残った朴正熙の非転向者に対する劣等感と敵愾心が強く反映された「社会安全法」は、刑期を全て終えても転向していない人々を裁判なしでずっと獄に閉じ込めるという悪法中の悪法だった。また朴正煕は、1975年6月7日、「自主国防と総力安保」の旗印のもと、「学徒護国団設置法」を公布して全国の大学と高等学校の学生会を解体した。学園に樹立された戦時体制を象徴する学徒護国団の学生の師団長や連隊長生徒は、学生が選ぶのではなく総長や校長が任命した。「越南敗亡」が残した長期的な影響で落とせないのは、江南の開発である。戦争の恐怖の中で財産がある人々は、江北より江南を選り好みするようになった。

1975年5月と6月、韓国社会では（なんと休講中の大学街でも）安保決起大会と金日成火刑式が到るところで開かれた。「殴って捕まえろ金日成、撃破しろ共産党、殲滅しろ北傀軍、成し遂げよう維新事業！」を声高く叫んだ。全国で多分数千個の金日成のかかしが焼かれたことになる。このような安保決起大会のクライマックスは、5月10日、汝矣島《ヨイド》5・16広場で開かれた「総力安保ソウル市民決起大会」だった。なんと140万名（高校生だった私ももちろん動員された）が参加したこの決起大会では、男女20余名が壇上に登り「金日成の野望を粉砕しよう」などの血書を書いた(5)。

このような安保決起大会の熱風を問題にしたのは、男装の女性として有名だった新民党の金玉仙《キムオクソン》〔1934年～、1992年大統領選挙に出馬〕議員だった。金玉仙は10月8日、国会で政府に対する質問で、ドイツの政治学者フランツ・L・ノイマン〔1900～54年〕の戦争心理の助成、似而非《えせ》民主主義の制度、安全に対する約束などが強権統治の特徴だという理論を紹介しながら、最近の安保決起大会を官製デモだと主張した。彼女は「全国を揺るがしている各種安保決起大会、民防衛隊〔民間人で構成され、防衛活動を行なう〕編成、学徒護国団の組織、軍歌普及、絶え間ない戦争脅威警告発言、『戦いながら、建設しよう』というスローガンなどは、国家安全保障を口実にした政権延長の手段」であるだけだと、朴正熙の独裁政治を正面から批判した。金玉仙が「戦争挑発の可能性の判断は、もっぱら独裁者の占有物であり独裁者は自身の失政を国家安保という絶対的な命題にすり替えて国民を私兵化」していると発言するや、国会では大騒ぎになった。共和党と維政会が金玉仙の除名を主張すると、金泳三は金玉仙を守らずに辞職を勧めた。(6) 男装の女傑金玉仙が涙を浮かべて辞職すると、新民党には鋭利なカミソリが入った抗議の手紙が舞い込んだという。

ちょっと中断したかに見えた長髪の取り締まりは「越南敗亡」と共に急激に強化された。文武両面から日本式皇民化教育をしっかりと受けた朴正熙は、若者の自由奔放な服装と思考方式がとても気に食わなかった。維新時代国民の外見と思想は、当然国家の統制の対象であった。維新公主〔お姫様の意味で大統領府の狭い世界で生活してきたことの比喩〕であった朴槿恵大統領が、初めて主催した国務会議で最初に扱った案件が軽犯罪処罰法施行という事実(7)は、今日まで残った維新の濃い影を痛感させた。過度な露出を取り締まろうという事が、必ずしも維新時代のミニスカートの取り締まりの復活を意味するという意味ではない。私が絶望したのは、朝鮮半島の緊張が極度に高まっていて、国内外で難題が山積していて、とても重要な政治的メッセージを伝えることができる初めての機会だった国務会議の最初の案件がなぜよりによって軽犯罪処罰法の露出取り締まり条項でなければならなかったかということだ。なぜ大統領になって一番最初にしたかったことが、国民に対する統制だったのか？比較するのも実に心苦しいが、金日成が北朝鮮臨時人民委員会を作り、初めて扱った案件は、鉛筆生産に関する政令だった。植民地から解放されたばかりの人々、誰も彼もが学べなかった恨みが身に染みた人々を感動させる方法を彼は知っていたのだ。朴槿恵大統領は、そして彼女の参謀は初めての国務会議の最初の案件にどんなメッセージを込めなければならないか何も悩みがなかったのだろうか？その点に関する限り、明らかに維新の伝統を受け継いだ政権であることに間違いなかった。駐越韓国軍が維新の十字軍、救国の十字軍になれという朴正煕の言葉を受けて、崔太敏が救国十字軍を作った。一方、十字軍アルバ団〔2012年大統領選挙の前に、野党や進歩勢力を批判するために保守陣営によって作られたSNS世論でっち上げグループの別称〕は大統領選挙で朴槿恵の当選のために懸命に努力した。とすると、十字軍の遠征は実に長い間続いていることになる。

## ベトナム派兵が招いた変化

ベトナム派兵は我々が普通に考えているより、韓国社会をはるかに深刻に変化させた。しかし、ひょっとするとベトナム派兵は韓国より北朝鮮により極端な変化をもたらしたかもしれない。1967年、朝鮮労働党中央委員会4期15次全員会議会の後、北朝鮮の唯一体制は引き返すことのできない橋を渡ってしまった。1968年、1・21青瓦台襲撃事件や蔚珍・三陟に大規模武装工作員を派遣した無謀な攻勢は、金日成版ベトナム派兵だったといえる。キューバを旅立つ前、チェ・ゲバラは「第2、第3そしてより多くのベトナムを作り出そう」と有名な演説をした。チェ・ゲバラはボリビアをベトナムに作り上げるために自分の命を捧げた。一方、金日成は、ベトナムを韓国の第2戦線と見て大規模派兵を断行した朴正煕に対して、朝鮮半島をベトナムの第2戦線にするために北朝鮮社会が少しでも柔軟に対処する可能性を放棄した。1968年以後、韓国社会も深刻な兵営国家化になったが、市民社会があって民主化運動があった韓国は、それでも兵営国家の弊害を自ら治癒することができた反面、北朝鮮は日ごとに硬直化していった。

ベトナム派兵は韓国の外交関係にも深刻な影響を及ぼした。韓国はアメリカ軍の代わりに5000名の若者をはるか遠い異国の地で犠牲にさせたが、「与えたのに、頬を打たれる」の言葉のように、韓国とアメリカの関係は、ベトナム派兵を経て最悪の状況に陥った。全世界が反戦平和の波で覆われていた1968年、韓国だけは、全く違っていた。第三世界から、いや第三世界だけでなくアメリカ議会ですらベトナム戦争に派兵された韓国軍が「傭兵」だという声が出ていた状況で、いわゆるアメリカの非同盟国との関係は破綻を免れることはできなかった。1975年8月の非同盟外相会議で韓国と北朝鮮が同時に非同盟会員国として加入を申請した。北朝鮮の申請は受け付けられたが、韓国の申請は拒否されたこと[8]は韓国外交史上最悪の屈辱だった。米軍に軍事基地を提供しているだけではなく、米軍の同盟国としてベトナム戦争に大規模兵力を派兵して、数多くの非同盟国から非難を受けていたところに非同盟会員国として加入を申請したのは実に無謀なことだった。

ベトナム派兵は韓国の政治史で長期的な影響を及ぼした。上部層では、全斗煥、盧泰愚、鄭鎬溶《チョンホヨン》〔1932年〜、全斗煥、盧泰愚と陸軍士官学校11期同期。79年12・12軍事反乱、80年5・18光州民主化運動の鎮圧に加担〕、黄永時《ファンヨンシ》〔1926年〜、陸軍士官学校10期生。79年12・12反乱直後陸軍参謀次長、80年5・18民主化運動の武力鎮圧を指示〕、兪學聖《ユハクソン》〔1927〜97年、79年12・12反乱加担直後、第3軍司令官に、80年に国家安全企画部長に任命された〕、張世東《チャンセドン》〔1936年〜、陸士16期。ベトナム戦争参戦。79年12・12事態及び5・17非常戒厳に介入しようとした。全斗煥政権では大統領警護室長（1981〜85年）、国家安全規格部長〕、安賢泰《アンヒョンテ》〔1938〜2011年、張世東の後、全斗煥退任の88年まで警護室長。全斗煥政権の政治資金を担当〕ら新軍部の主要人物が、下部では、光州に投入された空輸部隊の将校や下士官の相当数がベトナムに派兵された者たちであった。

彼らの中で実際ベトナムで民間人虐殺に関与した者はごく少数かもしれない。だとしても、遊撃隊員と民間人の区分が事実上不可能だったベトナム戦争で民間人を潜在的ベトコンと見なして、銃でねらった経験を持った者たちが光州虐殺〔80年光州民主化運動に対する軍隊の鎮圧。5・17非常戒厳令拡大措置に抗議する学生、市民らのデモを鎮圧するため光州に投入された空輸特戦団の強硬な流血鎮圧に対して、5月18日から27日まで光州市民は民主化抗争を繰り広げた〕の主役になったことは、決して偶然だと思えない。また物資が豊かだったベトナムで富と経歴を積んだ一部の将校らは、互いに持ちつ持たれつハナ会〔1963年に全斗煥、盧泰愚ら陸軍士官学校11期生らの主導で秘密裏に結成された軍隊内の私組織。関係者が95年の12・12及び5・18事件裁判で有罪判決を受けた〕のような私的組織でがっちりと団結した。

## 民間人虐殺とその傷

ベトナム戦争がずっと続いていたら、国民的俳優安聖基《アンソンギ》〔1952年〜〕は存在しなかったかも知れない。辛かった子役俳優生活を清算した安聖基は、熱心に勉強してその当時人気だった外国語大のベトナム語科を首席で卒業した。彼が軍の服務を終えたときベトナム戦争が終わり、行く所がなくなった彼は仕方なく映画の道に入っていった。全斗煥は自分が白馬《ペンマ》部隊の連隊長としてベトナムに行って来たが、政権に就いた後、軍出身の団体を在郷軍人会として統合して越南参戦戦友会など38の団体を解体した。一時、ベトナム参戦軍人は、『越南から戻ってきた真っ黒な金上士』〔上士は下士官階級の一番上〕の陽気なリズムのように羨望の的だったが、国家からも社会からもすぐに忘れられた。韓国軍の撤収当時、ある新聞は「我が国史上初の海外派兵を記録した駐越国軍の勝戦報告は、戦火に苦しむベトナム人に永久に忘れられない十字軍の神話として残るもの」だとした。(9) しかし、5000名の戦死者を出した韓国軍のベトナム派兵は、長い間ベトナムでも「忘れられた戦争」になってしまった。大多数のベトナムの人々はベトナムがアメリカと戦って勝ったためにその「傭兵」であった韓国軍の存在は、無視するか、最初から知らなかった。

ただ韓国軍の民間人虐殺が起こった中部地方は、事情が違った。そこの人々にとってほぼ50年前に起こった民間人虐殺は、依然として生々しく苦痛と悲しみを与えている。2013年3月5日、私は青龍《チョンニョン》部隊によって135名が虐殺されたハミ村の45周年慰霊祭に参席したが、虐殺の傷が癒えるには50年の歳月もはるかに短いと痛感した。ハミ村では韓国の越南参戦戦友福祉会という団体が、金を出して作った碑文のない慰霊碑が立っている。碑文が無いのではない。村の人々が書いた碑文を、韓国政府とベトナム参戦軍人側で問題にしてもろもろの圧力を加えて修正を要求したのだ。住民らは強力に反対したが、ベトナム政府の圧力には勝てなかった。結局住民らは碑文自体は修正できないので、碑文を大きなハス模様の石で覆ってしまった。真実はまたもや隠されたが、決して消すことのできない真実は村の人々の心の中に刻まれている。(10)

一部の人々はベトナムで金も稼ぎ出世もしたが、はるかに多くの参戦軍人は戦争で受けた傷で苦しめられている。ミュージカル『ブルーサイゴン』〔1996年初演〕では、金兵長《キムビョンジャン》がベトナムで撃った銃弾は彼の人生を貫いたという素晴らしい台詞が出て来る。単に枯れ葉剤が残した肉体的苦痛だけではない。残酷だった戦争の閃光のような記憶は、時ところ構わずやって来て、年を取っていく心をえぐる。1999年9月から1年以上ほぼ毎週『ハンギョレ21』に掲載されたベトナムでの民間人虐殺とそれに対する謝罪運動である「ミアネヨ、ベトナム」（「ミアネヨ」は韓国語で謝罪の言葉）に関した記事は、参戦軍人を当惑させた。

傭兵と虐殺という非難に対抗して、彼らは自分らのベトナム参戦を正当化する記念物を作り始めた。国と地方自治体の予算の支援を受け、全国津々浦々に100個を超す参戦記念碑が最近5〜6年の間に立てられた。参戦軍人は、犠牲になった兵士らを称賛する追慕碑や慰霊碑ではなく、ベトナム参戦自体を「平和の十字軍」であり、国威発揚であり、祖国繁栄の礎石を築いたとして誉め讃える巨大な記念物を国の至る所に立てたのだ。その決定版は猛虎《メンホ》部隊と白馬部隊が訓練を受けていた江原道華川《ファチョン》郡《グン》看東《カンドン》面《ミョン》梧音里《オウムニ》に建設されたベトナム参戦勇士の出会いの場だ。ここで最も問題になったのは、ベトナム解放戦士が使っていたクチトンネルを観光資源として再現した場所だ。トンネルが終わる場所に韓国軍がベトコンに見える2人のベトナム人を膝まづかせて、銃でねらっている実物大の人形を立てたのだ。この人形はその後誰かが壊して、今は痕跡だけ残っているが、実に恥ずべき物だというしかない。立場を変えて考えてみよう。日本が過去、朝鮮に出兵した兵士らの訓練地に日清戦争や日露戦争記念館を建て、今日日本の繁栄をもたらした礎石になった事件だと称揚しながらパジ・チョゴリを着た朝鮮人に銃や刀を向けている日本軍の人形を立てたなら、我々の心境はどうだろうか？

ベトナム派兵当時韓国は、本当に貧しい国だった。その頃、経済企画院長官を務めた劉彰順（後に全国経済人連合会（略称全経連）会長と国務総理を歴任）は『思想界』座談会で、派兵をしたら橋もかけられて、港湾も建設して、ちょっと金も生まれるという話をかなりきまり悪そうにした。[11] よその国の戦争に若者を送って金をかせぐことは、未来の全経連会長にしてもとうていして良いことではなかったのだ。それから40年の歳月が流れ、大韓民国が大変金持ちの国になり今度はイラク派兵を論議したとき、国益という言葉は民主化運動勢力の人々の間でさえ大変な力を発揮した。

ベトナム戦争が終わった直後に民間人虐殺があった村では、天を突く韓国軍の罪悪を千代にわたって記録しようと「憎悪の碑」が立った。[12] 少し歳月が経ち、ベトナムの人々は憎悪の碑の代わりに慰霊碑を立てた。ベトナムと韓国は、1992年に国交正常化を実現し、今数多くのベトナムの新妻が韓国に来て住んでいる。しかし、韓国とベトナムの距離は参戦軍人が韓国に立てた記念碑と、民間人虐殺の生存者と遺族が惨事の現場に立てた慰霊碑くらい遠いものかも知れない。1歳の時韓国軍の民間人虐殺で両親も両目も失ったある被害者の生きざまをドキュメンタリーに撮っていたベトナムのある記者は私に聞いた。どうして韓国人は朴正熙の娘を大統領に選ぶことができるのかと。そんなことをしておいてベトナムと韓国が友だちになれるのかと！　日本でもA級戦犯岸の孫が首相に選ばれているじゃないかという言葉は、とうてい言えなかった。ミアネヨ、ベトナム。本当にミアネヨ、ベトナム。

## 3．基地村浄化運動

朴槿恵大統領は選挙の時、「女性大統領」をメイン標語として打って出た。生物的な性（セックス）

と社会的な性（ジェンダー）を厳格に区別する立場の人々からは、朴槿恵が言う「女性大統領論」は気に入らない。また、一方では公主も女性なのかという論争が起きている。このような論争が出て来る理由は、朴槿恵大統領が同時代の女性全体はもちろんのこと、自分と同年輩の女性とも違うと言ってもと〜っても違う人生を生きて来たためだ。すでに論じてきた女工たちよりもっと下にあるキーセン観光と基地村をよく見てこそ維新時代の女性の生きざま、その底辺が見えて来る。

朴槿恵大統領が救国の決断だったと誉め讃えてきた維新の中身を覗いてみると、日本軍慰安婦制度と本質的には似ている基地村浄化運動が見えて来る。人革党や正修奨学会問題〔金智泰が設立した釜日奨学会が5・16軍事クーデター後5・16奨学会と名前を変え、さらに82年朴正熙大統領の「正」と夫人陸英修の「修」を合わせて正修奨学会と命名された。朴槿恵大統領は同会の理事長（1995〜2005年）を務めた〕のようなよく知られている国家暴力事件の場合、直接的な被害者も直接的な加害者や受益者も国民全体から見れば少数に過ぎないと言えるだろう。だが、基地村問題はその被害者が数十万人であり受益者も特定できないほどに多い上に、あまりにも明らかに現在進行形である。基地村浄化運動を通して我々は大韓民国という国家が事実上の公娼制を運営しながら、か弱い女性の体を担保にして国家安保と外貨稼ぎを同時に解決しようとしていた気まずい真実と向き合うことになる。

## 基地村のセマウル運動

解放後、韓国に進駐したアメリカ軍は、日本軍が駐屯していた所に駐屯した。龍山の米軍基地は、日本軍の朝鮮軍〔大日本帝国陸軍の一つ。朝鮮を管轄。朝鮮人によって組織された軍隊ではない〕司令部の場所であり、アメリカ空軍が居座った平沢《ピョンテク》（京畿道）も日本軍が飛行場として整備していた所だった。当然日帝のときに作られた遊郭は、米軍を相手にした基地村へと変わっていった。社会安全網（Social Safety Net）みたいなものなんか存在しなかった時代、突然の戦争で夫を失ったり、共同体から離れてしまった女性が生きていくために出来る仕事は多くなかった。誰も彼女らを守ってくれなかった戦乱の中でも純潔は相変わらず命より尊い価値だった。一度「体を汚された」女性たち、特に持っているものと言えば「どうせ汚された体」しかない数多くの女性は、極度の家父長的社会で行く所はなかった。数多くのスニたちは、疲れた体を横たえる場所は基地村しかないと諦めて、エレナになっていった。(1) 果たしてどれだけ多くのスニがエレナになったのか。駐韓米軍の規模によって変動が大きいが、米軍を相手にする女性の数は多くて18万、(2) 少なくて3万と推算された。(3) 平沢の小さな村安亭里《アンジョンニ》は、たった7軒しか家がなく7軒家と呼ばれていたが、数千名の慰安婦が集まって住む巨大な基地村に変化した。

朴正熙は駐韓米軍を韓国に留めておくために韓国軍をベトナムに派兵すると宣伝したが、アメリカはニクソンドクトリンによって1971年3月、7師団と3つの空軍戦闘部隊など駐韓米軍6万2000名のうち、2万名余りの撤兵を断行した。米軍撤収でパニック状態になった朴正熙は、米軍の追加撤収を食い止めるために戦々恐々だった。「甲」であるアメリカは「乙」である韓国（甲と乙は、契約当事者の平等な関係だが、韓国では、封建的な社会関係や物理的な不平等関係により上下や従属関係に変質された両者の関係を意味する）に多様な経路で基地村の整備を要求してきた。アメリカ大使館は主として韓国の基地村で韓国人が黒人兵士を人種差別することに対するニクソン大統領の憂慮を伝えた。また、アメリカ第8軍側は、基地村の不潔な環境と性病問題を持ち出した。1971年12月、朴正熙が駐韓米第1軍団司令部を視察した時、副司令官李在田《イジェジョン》は朴正熙に随行しながら、米軍側が要求する基地村浄化について建議した。(4) 米軍は志願兵制度を取っているが、息子を軍隊に送った両親らが韓国が性病発病率も高く人種差別もひどいので、息子の韓国配置に強く反対しているというのだ。米軍側は韓国政府と国民が駐韓米軍の継続した駐屯を望んでも、アメリカの将兵や両親が韓国勤務を忌避したら、韓国に多くの人員を配置できないと主張した。駐韓米軍側は、ドイツや沖縄などの快適な基地村の例を上げて韓国側に大々的な基地村整備を要求した。

青瓦台に戻った朴正熙は、数年にわたって内閣に指示してきたがなぜ浄化されてないのかと大変怒り、青瓦台が直接事案を取りまとめろと指示した。担当者は政務秘書官チョン・ジョンテクだったが、彼はセマウル運動の担当官を兼任していたので、基地村浄化運動は基地村のセマウル〔新らしい村の意〕運動と呼ばれたりもする。(5) 1971年12月31日、青瓦台では10余りの部署の次官を委員とする青瓦台直属の基地村浄化委員会が発足して、アメリカの要求を積極的に受け入れ基地村の環境改善と性病の予防と治療などの課題をどのように処理するかを論議した。

基地村浄化運動がアメリカの要求によって始まり、推進も韓米合作で行なわれたが、韓国政府は実際は基地村浄化運動が公式に始められる前から、基地村の整備に大いに努力してきた。米軍の撤収が迫っていた状況でパジ〔ズボン〕の股下でも掴んで引き留めたい心情で基地村浄化運動をするしかなかったという言い訳は、事実と合わない。朴正熙の指示で5・16軍事クーデターの積極的加担者になったペク・テハは、中央情報部ソウル分室長として強大な威勢をふるった。そのペク・テハが主導した群山《グンサン》のアメリカンタウン〔全羅北道群山市山北洞《サンブクトン》〕は、米軍の快楽のために建設された計画都市だった。1969年9月にオープンしたアメリカンタウンは、米軍のためのクラブ、食堂、美容室、各種商店、両替所に基地村女性のための500余りの部屋まである売買春のための自給自足型新都市だった。多くの人々は、郡山のアメリカンタウンを政府主導のもとに作られた「軍隊娼婦株式会社」と呼んだ(6)。

## 検診の歴史、日本軍「慰安婦」から基地村まで

日本軍の慰安婦制度は、戦闘力を最大限に発揮するには、戦場の兵士がセックスを楽しめるようにして、なおかつ性病によって戦闘力の損失を防ぐためにきれいな性を供給するという国家管理性売買システムであった。この点で基地村浄化運動は日本軍慰安婦制度に甚だしく似ていた。日本軍の慰安婦制度は人間が作り出した最も野蛮な制度だが、この制度を作った者たちは野蛮人ではなく、大日本帝国の最も優秀な息子たちだった。基地村浄化運動を立案した者たちも韓国とアメリカのエリート官僚たちであった。大日本帝国の最も優秀な息子たちも、自由と人権という普遍的価値を守るため日本と戦った偉大なるアメリカの秀でた息子たちも、日本からアメリカへと主人が変わってももっと出世した植民地朝鮮の秀才たちも、慰安婦らの人権のような些細な、ひょっとすると最初から存在しなかったものを相変わらず無視するのは同じだった。朴正熙に基地村浄化運動を建議した李在田が率直に告白したように、基地村浄化運動は基地村住民のためではなく駐韓米軍のためのものだった(7)。

基地村の女性らは清潔な体ときれいな性を売るために、少なくとも1週間に2回検診を受けなけ

ればならなかった。いくら体を売る女性と言っても、検診台に上がって男の医者に恥部を見せるのは恥ずかしいことだった。このように検診を受けていないと、検診証にハンコをもらえなかった。基地村の女性らにとって検診証は身分証であり、「営業許可証」であった。検診証を持たずに、米軍憲兵の検問（基地村では〝討伐〟と呼ばれた）に引っかかると即刻審査に回された。当時米軍の性病は驚くほど増加していた。基地村浄化運動に対する優れた研究者キャサリン・ムーンの『同盟の中のセックス』によれば、1000名当たり性病発生件数は1970年で389件、1971年には553件、1972年692件と急激に増えていた。(8)米軍部隊正門の歩哨の主な任務は、外出する兵士にコンドームを配ることだった。検診で性病にかかったと摘発された女性は、容赦なく「モンキーハウス」と呼ばれた性病治療所に監禁された。反面、性病にかかった米軍兵士が完治するまで外出禁止になることは絶対なかった。米軍の7割が性病にかかっていたにもかかわらず、性病の責任はもっぱら韓国女性が取らされた。性病の診療所ではペニシリンを投薬したが、副作用がしょっちゅう現れ、たびたびの投薬に耐性ができ薬の効果が落ちるので投薬量を繰り返し増やした。医者は副作用がほとんどなかったと言ったが、女性は注射を打たれると足が切れるかと思うほど痛くなったという。多くの人々が、寝ている間に死に、トイレで死に、飯を食べながら死んだと証言している。(9)

まだ韓国経済がしっかりと成長できなかった時代、基地村経済の威力は大変なものだった。イ・ナヨン教授の研究によれば、1964年、韓国の外貨輸入が1億ドルに過ぎなかった時代、米軍専用ホールで稼ぐ金は、そのほぼ1割である970万ドルに達した。(10)韓国政府は週末の外出に出る米軍兵士が沖縄や日本に行って買春するのを国内で吸収するために、基地村女性に英語とエチケットを教育しようとした。基地村「洋公主《ヤンコンジュ》」〔米軍相手に体を売る女性〕から活動家へと変身し、すっくとそびえ立ったアメリカンタウンの大姉御キム・ヨンジャの回顧録を見ると、当時講師らはこんなふうに話したという。

「フムフム、エー、皆さんは愛国者であります。勇気と矜持を持って、ドル獲得に寄与することを忘れてはなりません。エー、私は皆さんと同じような隠れた愛国者の皆さんに感謝いたします。アメリカ軍人がわが国を助けようと来ているので、彼らの前で服もきちんと着て、低俗で下品な言葉は使わないでください」

　原材料なく外貨を稼ぐ産業戦士であり、米軍を留めておく安保戦士としてあなたがたこそ真実の愛国者なので矜持を持って仕事をしなさいという言葉に「そんなに良い仕事ならあんたの娘からさせなきゃね」と鼻でせせら笑う人もいた。そして、そうだ我々は「一生懸命まんこを売って、ちんこをしゃぶろう」と自嘲する人々もいた。[11]

　英語の講師は「メイアイ シッダウン？」式の教養英語を教えたが、女性たちは忙しいのに「メイ」なんて言ってる暇はないよ、凍えちゃうよと、自分たちに必要な英語とは「レッツゴーショータイム」、「レッツゴー ロングタイム」、「ハウ マッチ」みたいなものだと考えた。警察署や「姉妹会」が主催したこのような教養講座に関心を持つ人はいなかったが、検診証を奪われないためには参加しなければならなかった。[12]日本軍慰安婦に引っ張られて行った朝鮮の女性も大部分日本語を知らなかった。彼らは、「ニッポンジン、チョウセンジン、テンノウヘイカ　オナジネ」〔日本人と朝鮮人は天皇陛下が同じね）などのリップサービスをやっつけ仕事で学んで、すぐに覚えなければならなかった。

安保戦士らしく基地村の女性もチームスピリット訓練（1976年から実施された韓米両軍の大規模合同軍事訓練）に出かけた。基地村とは違い、訓練に出ればこっちの言い値だった。米軍も訓練の合間合間の短い時間に欲求を満たそうと前の人がちょっとでも長くかかればドアを叩いて大騒ぎになった。このように外では長い列を作って並び、中では5分もかからず事をすましながら女性は「昔、挺身隊（当時は慰安婦として理解されている）に引っ張られて行った人たちもこんなだったんだなあ」と考えた。その中で、韓国政府は野戦に臨時保健所を建て、女性らを検診した。女性のためではなく、米軍のためであった。大姉御キム・ヨンジャはそんな所まで金を稼ぎに行った女性も実に大したものだが、そこに天幕を張って保健所を建ててあげた政府も本当に大した政府だったと舌打ちをした。[13]

## 「洋公主」に寄生した国家女郎屋制度

米軍基地からどれくらい離れた場所までが基地村なのか？　寶山里《ポサルリ》（慶尚南道咸陽郡《ハニャングン》）、安亭里、龍《ヨン》洲谷《ジュゴル》（京畿道坡州市《パジュシ》）だけが基地村ではなかった。米軍基地はどこにでもあった。大韓民国がキャンプコリアであり、巨大な基地村だった。米軍がいなくなれば、我々はみんな死ぬんだと、米軍のパジのすそを掴んで取りすがる者が韓国の「指導層」である限り、精神的に大韓民国全体が基地村であるしかない。我々はみんなその巨大な基地村キャンプコリアの住民であった。我々が体を売っていなくても、我々が女郎屋をしてなくても、我々がポン引きをしてなくても、我々は我々の父母と兄弟姉妹がそのように稼いだ金で食べ、学校に通ったのだ。基地村浄化運動はどんなにいいように話したとしても日本軍慰安婦制度との関連性を否定できない国家女郎屋制度だった。イ・ナヨン教授の指摘のように、大韓民国全体が「洋公主」が保障する国家安保に寄りかかり、「洋セクシ〔嫁〕」が稼いだ金で、あるいは彼らの仕事場と関係した経済構造に寄生しながら、一定部分アメリカの「慰安婦」になって生きて来たのだ(14)。

軍隊がある所に売買春があるのはよくあることだが、軍隊と性売買の間に必然的な相関関係があるのではない。サウジアラビアのようなイスラムの法律が厳しい国の米軍基地の前には、売買春でにぎわう基地村は存在しない。基地村浄化運動は道徳的に堕落した女性や経営者とが売買春を望む米軍兵士との間の私的取り引きを言うのではなかった。基地村浄化運動は、アメリカと韓国両国家が緊密に協力して推進した国家的な産業であり政策であった。韓国とアメリカの同盟について語るとき、価値を共有している基地同盟についてまず語るが、価値同盟の前に「セックス同盟」があった。アメリカは自国の兵士の安全なセックスとストレス解消を望み、韓国は駐韓米軍の継続した駐屯と米軍兵士がばらまくドルを望んだ。両国はしっかりと手を握り、基地村浄化運動を繰り広げた。

1960年代までは米軍の犯罪に関した記事は、新聞によく載った。ところが、基地村浄化運動とほぼ同時に始まった維新時代の新聞紙上で、米軍の犯罪に関した記事はほとんど見つからない。政府は基地村女性を安保戦士であり、産業役軍だと持ち上げたが、実際には彼女らの人権と権利を保護するためには何にもしなかった。「混血」の子どもたちはアメリカに養子として送られ、一人残った彼女らは今や老いて病気にかかった体で孤独な日々を過ごしている。

2012年8月31日、基地村女性人権連帯が発足した(15)。これまでの間、基地村の女性のために活動してきた彼らがまず旗揚げをしたのだが、どうしてこの問題が基地村女性人権連帯だけの課題だろうか？　巨大な基地村キャンプコリアの住民全ては、この問題と無関係ではない。基地村女性問題は全ての国民が責任を取るべき問題ではあるが、国家女郎屋制度を作り、運営した朴正熙には格別な責任がある。彼女らは社会が少しだけでも門を開けてくれていたら我々はこんなふうには生きて来なかったと、今痛恨の涙を流している。彼女らが間違いなく安保戦士だったなら、当然国立墓地に祀らなければならないのではないか？　国立墓地の門を開けてほしいとは言わない。ただ彼女らに対して固く閉じられている我々社会の門、我々の心の門は開けなければならないだろう。その門を一番初め、一番サッと広く開けるべき責任は他の誰よりも朴槿恵大統領にある。令嬢朴槿恵は、その頃自分より2、3倍年を取った校長先生や元老級の社会的人物を集めてセマウル精神鼓吹という名前で忠孝思想を講演したが、本当にこの社会を一番下で支えた基地村女性らの手を握ったことはない。

## 4. 維新のもう一つの名前、セマウル運動

「夜明けの鐘が鳴り響いた／新たなる朝が明けた／君も僕も起き上がり／新たなる村を建てよう／住みよい我が村を／我らの力で築こう」

夜明けの鐘が鳴り響く時だけではなかった。倭色〔日本風〕歌謡だと言って『トンベクアガシ』〔『椿娘』、1964年李美子《イミジャ》が歌ったトロット曲〕を禁止させた国で、朴正熙大統領閣下が自ら作曲なさったという日本唱歌風の『セマウルの歌』〔新しい村の歌〕は、日ごとに全国に響き渡った。維新

クーデターでまたもや憲法を踏みにじった直後の１９７３年1月の年頭記者会見で朴正熙は「10月維新とはまさにセマウル運動であり、セマウル運動とはまさに10月維新」だと宣言した(1)。朴正熙の言葉でなくとも維新時代は、まさにセマウル運動の時代だった。ほとんど全ての公務員がセマウル帽子をかぶって、セマウル腕章を付けて『セマウルの歌』を歌いながらセマウル研修教育に通った。前から政府が推進してきた大部分の事業もセマウル運動として再編され、セマウルというレッテルを貼られるようになった。セマウル運動は「藁葺きの家もなくし、村の道も広げて」という『セマウルの歌』の歌詞が象徴するように、農村にだけに限定されたものではなかった。都市セマウル運動、工場セマウル運動、学校セマウル運動などなどが始められ、大空の下セマウルでない場所がなくなった。自然に人々は何がセマウル運動であり、何がセマウル運動でないかが分からなくなった。

１９７９年10月26日夕刻、何発かの銃声と共に朴正熙が死んで、下からの熱気に満ちていた「セマウル運動」も事実上幕を下ろした。その後もセマウルの名前を付けた政府系の団体が勢いを保ち、官公署ごとにセマウル旗がはためいていた。だが、維新に反対していた大学生までも一時感動させた情熱あふれたその多くのセマウル指導者は、みんなどこへ行ったのか？　まさにこれこそ「同志は行方が知れず、旗だけがはためく」（民衆歌謡『ニム（君）のための行進曲』）である。

## あり余ったセメントとセマウル運動

朴正熙は１９６９年8月4日、水害にあった地域の復旧作業を巡視したが、慶尚北道清道郡《チョンドグン》清《チョン》道邑新道里《ドウプシンドリ》村の人々が「壊れた村を復旧すべきこの機会にもっと環境をよくして清潔で暮らしやすい村を作ってみよう」と村の道を広くして屋根も改良したのを見て、大変感動したという。[2] 彼は翌年4月22日、干害対策地方長官会議でこの村の事例を取り上げて、農村で「セマウル作り運動」を繰り広げようと提案した。セマウル運動が具体化したのは、1970年10月から翌年春までに政府が全国3万5000個の村にそれぞれ300余袋のセメントを無償で配ってからであった。

興味深いのは朴正煕が各村に膨大な予算を投じてセメントを配布したきっかけが、雙龍《サンヨン》セメントの所有者だった金成坤が朴正煕にセメント業界の在庫過剰を何とかしてほしいと頼んだことだった点だ。金成坤は当時共和党の財政委員長として朴正煕の政治資金を管理する重要な役割を果たしていた。「あり余るセメントをなかなか進まないセマウル作り運動に回せる方案を作成」しろという朴正煕の指示を受けた当局は、配給を受けたセメントは村の進入路拡張、小さな橋梁建設、農家の屋根改良、井戸の改善、共同銭湯建設、共同洗濯場新設など政府が例示した20余りのセマウル事業に必ず限定して使うという条件を付けて配布した。[3]

物資が貴重だった時代、また思いもしなかったセメントを受け取った農民は、多くの場合これに自分らの資金と労働力を加えて村の念願事業に使おうとした。政府の立場では期待以上の成果を収めたのだ。朴正煕は続いて内務部に指示して各村単位の事業を綿密に評価させた。その結果、約3万5000カ所の村のうち1万6000カ所で優れた成果を上げたと報告を受けた。朴正煕はこの報告を基に全国の村を住民の参加度と事業の成果にしたがって基礎・自助・自立村に分けて「差別的、段階的な支援」をするようにした。朴正煕は良い成果を上げた村1万6000カ所には村当たり平均セメント500袋と鉄筋1トンを支援するようにし、残りの1万8000個の村には全く支援しないようにと指示した。１９７１年は大統領選挙と第8代国会議員選挙があった年だった。与党である共和党は支援を受けられない村の反発を心配したが、朴正熙は「天は自ら助くる者を助く」と選別支援を押し通した。村同士の競争心を刺激した朴正熙の賭けは功を奏した。朴正熙式に表現すれば、「競争でもっと豊かに暮らそうと努力する気運が津々浦々に満ち」るようになった(4)。しかし、このような変化は必ずしも肯定的なものではなかった。このように競争の気運が押し寄せる過程で、村を越えた共同体的結びつきは破壊され、村内部でも劣悪な経済的事情によって村単位の競争に労働力を提供できない家は、村でだんだん暮らしにくくなっていった。

金正濂をはじめとする維新政権の中心人物らが口を揃えて証言するように、セマウル運動は「完全に朴大統領の個人的構想で始め」られた。当時セマウル教育で活用された教材を見ると「閣下は（中略）セマウル運動の概念から事業内容、そして展開方向に至るまでの詳しい指針を自ら構想なさって、時に合わせて国民の前で提示・説明なさった」とある(5)。朴珍道《パクチンド》と韓道鉉《ハンドヒョン》がうまく説明したように、「セマウル運動は初めから整然とした理論や体系があって始められたものではなく、最高指導者の素朴な関心から出発して、一時国政の最高政治哲学にまで発展したもの」だ。そのようにセマウル運動は「朴正熙という個人そして維新体制を抜きには説明出来ない」(6)。

多くの観察者は、朴正熙のセマウル運動が１９３０年代朝鮮総督府が推進した農村振興運動によく似ていたと指摘する(7)。朴正熙が１９７０年に提唱した「セマウル作り」とは朝鮮総督府の「新しい村作り」をそのまま翻訳したものだった。朴正熙が１９３７年から満3年間教師として勤務していた聞慶《ムンギョン》公立普通学校は、農村振興運動の一環として2カ所自生農園を経営していたが、朴正熙はこの農園で40日余り指導した。趙甲濟は、農村振興運動が朴正熙に与えた影響を最も詳しく記述した。彼は崔吉城《チェギルソン》教授の研究成果を引用して、セマウル運動と農村振興運動の類似性についてこのように述べた。

「運動の理念は、朴正熙大統領のセマウルが『自助、自立、協同、忠孝愛国』であり、その集約的表現が国民教育憲章であったのに対して、宇垣一成〔1868～1956年、日本の陸軍軍人、政治家〕総督の農村振興は『自立、勤倹、協同共栄、忠軍愛国』と教育勅語だった。朴正熙、宇垣二人とも農村出身の軍人だった。二つの運動の現場指導者らはセマウル研修員と農道講習所によってそれぞれ養成された。『セマウルの歌』と『農村振興歌』、経済開発5カ年計画と農家経済5カ年計画、育林の日と愛林の日、模範部落の選定など共通点が少なくなかったのは事実だ(8)」

朴正熙のセマウル運動と朝鮮総督府の農村振興運動が、「官製国民運動」としてさまざまな面で類似したのは事実だが、その間の重要な差異も見逃せない。特に運動が広く行われていた当時の社会経済的状況は大変違った。宇垣が農村振興運動を始めたときは、世界大恐慌の被害が朝鮮の農村を襲って、小作争議、水利組合反対闘争、夫役反対闘争など農民の自生的な生存権闘争が強烈に展開していた。そして、社会主義者はこのような状況に対して革命的な農民組合運動（赤色農民組合運動）を積極的に展開している時だった。総督府当局は全国80余りの場所で120余件の赤色農組運動を摘発して、6000名余りを検事局に送致せねばならないほど深刻な体制危機に直面していた。池秀傑《チスゴル》によれば、1932年7月に始まった農村振興運動は、このような状況で推進された「非常時」の「非常政策」だった(9)。

## 新しい朝は明けたのか？

セマウル運動が展開された時点にも明らかに危機は存在した。朴正煕の輸出主導型の経済発展戦略は、農村の犠牲を前提にしたものであったので、経済が発展すればするほど農民の生活は不安になるしかなかった。1960年代前半までは農家所得が都市勤労者の家族所得より多かったが、1970年に入って農家所得は都市勤労者の家族所得の70パーセントのラインまで急に落ち込んだ。朴正煕がセマウル運動を始めた時期は、全泰壱の焼身自殺（1970年11月）と広州大団地事件（1971年8月）〔8月10日、京畿道広州大団地の住民5万名余りが政府の無計画な都市計画と拙速行政に反発して起こした事件〕など、都市で労働者と都市貧民の不満が共に吹き出した時期だった。朴正煕にとっては幸いなことに農村ではまだ都市と同様な不満が爆発的に噴出してはいなかった。朝鮮戦争とその直後の民間人虐殺を経て、農村内部の「不安要因」が徹底して取り除かれただけではない。農村から都市へ都市へと向かう移動の行列の連続は、農村で不満が爆発する隙はなかった。それでも状況は決して良くなかった。農家の一戸当たりの平均負債は、1962年の4751ウォンから1969年には、1万2518ウォンに大きく増えた。(10) 1971年の総選挙で与村野都現象〔与党は農村で、野党は都市で強いという現象〕は依然としてあり、朴正煕政権は何とか持ちこたえたが、農村で与党の支持率は1963年と1967年の総選挙の67パーセントラインから、1971年総選挙では58パーセントに大きく減少した。(11) 朴正煕が継続して政権に就くためには農村での支持率がこれ以上下がることを防ぎ、都市の反政府ムードが農村に広がらないように予防せねばならなかった。

朴正煕がまだ生きていた1979年7月に発行された『新東亜』に載せられた記事は、セマウル運動が成功した農村近代化戦略であったとしたら、「1960年代前半に農村人口100名に1・3名が『古い村』を出たが、なぜ1970年代後半には毎年3・7名が『新しい村』を出ていったのか説明出来ない」と皮肉った。[12] 朴正熙はいつも「セマウル運動は一言でいうと『豊かに暮らす運動』である」と強調した。だが、農業の犠牲を前提にした工業化、農業と工業間の不均等な発展、農家の負債、非民主的農政、農産物低価格政策と外国農産物輸入など、構造的問題には手を付けずに所得増大をもくろむことは不可能なことだった。セマウル運動が見せかけ行政に終わらず、実質的に農家の所得増大を成し遂げていたら、今の農村があんなにもがらんとした場所にはならなかっただろう。

反面、国家の立場で見るとき、または朴正熙政権の立場で見るとき、セマウル運動はとても重要な成果を上げた。道路の舗装や補修、橋梁の建設などの事業は、正常な近代国民国家でなら、当然国家の予算で行うべき事業であった。村の道を作るとき、多くの人々は国家から一銭の土地補償金も受け取らずに自分の土地を喜んで差し出した。1960年代の社会投資資本の建設内容と比較してみると、セマウル運動を通して、政府は民衆から無償で社会投資資本の建設のため土地と物資と大変な労働力の調達を受けたのだ。このように創出された余剰は「国家を媒介にして国内外の独占資本に移転」された。[13] 初期にはセマウル運動で農民らの自発性がとても目立っていたが、時が経つにつれ農民は意志決定の場から排除され、セマウル運動の遂行はほとんど公務員が主導した。政府はセマウル運動中央協議会を設置して、その傘下に道‐郡‐面‐里に繋がる下部体系を作った。大統領の焦眉の関心事がセマウル運動なので、公務員の昇進はセマウル運動で成し遂げた彼らの実績と直結した。維新体制の硬直した雰囲気の中で、夏に暑く金もたくさんかかるスレート屋根より藁葺きが良いと言って、屋根の「改良」をしない農家の屋根を公務員が手鉤ではぎ取ったり、統一稲〔農林振興庁が開発した稲の一種〕を植えない苗代を長靴で踏みつぶしたりということが頻繁に起こった。

セマウル運動の官主導性、強圧性、見せかけ行政、成果主義などは、朴正熙の死後に内務部すら公式に認めたセマウル運動の代表的な問題点だった。しかし、セマウル運動指導者大会で演説する内容や姿、各村に配布された機関誌『セマウル』に紹介されたセマウル指導者の姿は、宗教集会での精霊が満ちあふれる証を見るような熱気を持っている。それがセマウル運動のもっとも大きな力であるかも知れない。事実朴正熙は農民が「無知と貧困の中で暮らしていても、もっと豊かに暮らそうという考えがなかったし」、「怠惰と嫉みの中で酒と賭博で毎日を過ごして」いるとよく非難していた。(14) 朴正熙のセマウル運動と宇垣の農村振興運動が類似している最も重要な点は、農村が窮乏した原因を、実際は農民は畑で一日中仕事をしているのに、農民の怠惰や自暴自棄のせいにしていることだ。

このような問題点にもかかわらず当時の農民が「豊かに暮らそう」と叫んだ朴正熙のアピールにかなり積極的に応えたのには、それなりの理由があった。朴正熙は演説でよく「私は貧しい農民の息子として生まれ」たと繰り返し語った。韓国の政治史でこのように話せる最高指導者は、朴正熙が初めてだった。李承晩は西洋女性と一緒に住むアメリカの博士様だった。それで、呼び名が李大統領ではなく李博士になったほどだから。尹潽善はソウル安国洞《アングクトン》の宮殿のような家に住む名門貴族で大地主の家柄の子孫だった。農民は自分を貧しい農民の息子と規定して「我々も一度豊かに暮らそう」と歌いながら、村の老人と田植えをしてマッコリを飲む朴正熙に、李承晩と尹潽善にはなかった同質感を感じた。朴正熙はセマウル運動を説く過程で農民の貧困を怠惰のせいだとも言ったが、彼らを運動の主役に呼び込んだ。大統領に直接呼ばれたという事実、何か重要な存在として扱われたということは、農民たち、特に社会的に劣悪な境遇だったがセマウル運動に積極的に加わった人々には、大変重要な経験だった。時に彼らはセマウル帽子と腕章を通して権力を持つこともあった。召使いの娘に生まれたが、婦人会長になった女性指導者は、賭博追放のかけ声を高くかかげて男らが集まったサランバン〔客間を兼ねた主人の部屋〕の入口を開け放ち、花札をする座布団をひっくり返すこともできた。

総督府の農村振興運動のように、セマウル運動を通じて、国家の動員体制は村の中深く浸透した。国家が資源配分によって村内外の競争を煽ったので、ドゥレ〔結い〕やプマシ〔きつい仕事の助け合い〕のような農民自身による共同体内の相互扶助組織は全て壊れてしまった。一方、維新体制が望んだものとは違う方向で農民らを組織して、生活の向上を図った動きもあった。たとえば、江原道《カンウォンド》原州《ウォンジュ》で張《チャン》壹淳《イルスン》〔1928～94年〕らが組織した共同組合運動は、監視と弾圧を受けた。2012年、協同組合基本法〔5人以上の組合員がいれば誰でも全て〔金融・保険業を除く〕の分野で協同組合を作れるように規定した法〕が通過したのは、セマウル運動が掃き捨てた「社会的経済」が復活できる良い機会を提供したものである。[15]朴正熙の維新を引き継ごうとする朴槿恵大統領が最も注目するのは、セマウル運動だ。あえて第2の5・16を行なおうとしたり、第2の維新を実行しようとは言えない朴槿恵大統領が推し立てることのできる朴正熙印の政治は、「第2のセマウル運動」のほかにない。[16]ただし、またもや時代錯誤的に「やれば何でもできる」と抑え込んで、下からの自発性を掃き捨てることがないことを祈るだけだ。

# 第4章

# 維新体制の崩壊

## 1. 10・26の序曲、YH事件

1979年8月9日午前9時30分頃、女性労働者187名が孔徳洞《コンドクトン》〔ソウル麻浦区〕ロータリーにある野党の新民党本部に押し寄せた。当初、彼女らは会社が廃業せず続けて操業をできるようにしてほしいという切実な訴えをしにやって来ただけだった。この彼女らの切迫した行動が維新政権を壊す激動のドラマを触発するものだとは、この時は誰も考えられなかった。

女性労働者が維新独裁打倒や維新憲法撤廃を叫んで、維新体制に正面から立ち向かっていったのではなかった。しかし、あまりにも硬直した維新体制は、「この国の腹をすかせた可愛い娘(1)」の訴えを聞き入れられず、野党と教会と労働者全体を敵に回した。明け方2時、修羅場の中、両手両足をつかまれ引っ張られて追い出された女性労働者も、彼らを連行した「私服」もたった2カ月半後に朴正熙が頭を銃で撃たれ死ぬとは想像すらできなかった。1970年代は労働者全泰壱の死で始まり、キム・ギョンスク〔1958〜79年〕の死で終わった。いや、キム・ギョンスクの死は、終わりの始まりだった。YH事件で拘束された詩人高銀は、1970年代の初めと終わりをこう詠った。

「1970年全泰壱が死んだ/ 1979年YHキム・ギョンスクが/麻浦新民党本部4階籠城場から落ちて死んだ/死によって開き/死によって閉ざされた/キム・ギョンスクの墓の後ろに朴正熙の墓がある/行ってみろ(2)」

## カツラ財閥チャン・ヨンホ

１９６０年代末以後、韓国の輸出膨張神話で最も重要なものはカツラであった。１９６４年、中国が核実験を強行すると、アメリカ財務省は１９６６年２月「中共封鎖」の基本政策に従って、ヨーロッパから原料原産地の証明がないカツラを一切輸入しないことにするという強硬な制裁措置を取った。当時イタリアのカツラ産業はアメリカの市場で90パーセントを占めていたが、そのほとんどは中国製原料を使用していたので、この措置で没落した。[3] 当時ニューヨークの韓国貿易館の副館長をしていたチャン・ヨンホは、今後韓国産カツラが有望になると考え貿易公社を辞任して、いち早く往《ワン》十里《シムニ》〔ソウル城東区《ソンドン》〕に従業員10名余りの小規模カツラ工場を作った。[4] チャン・ヨンホは、会社の名前を自分の名前から取ってＹＨ貿易と付けて、副社長には姉妹の夫であるチン・ドンヒを当てた。カツラは飛ぶように売れ、ＹＨ貿易は2年で面牧洞《ミョンモクトン》〔ソウル中浪区《チュンナン》〕に5階建ての建物〔現在の緑色病院〕を建て、仁川には第2工場を建て、創業4年の１９７０年には従業員数がなんと４０００名を越えた。１９７０年11月30日輸出の日にチャン・ヨンホは、年間輸出額１０００万ドルを達成して、大《テ》宇《ウ》企業の金宇中《キムウジュン》〔１９３６年〜、前大宇グループ会長、１９７０年代に建設、証券、電子、造船など次々に創設して新興財閥となった〕と共に鉄塔産業勲章〔67年に制定された産業発展に寄与した功労章。金・銀・銅・鉄・錫の5等級に区分〕を受けた。[5]

１９７２年の高額個人所得者の順位をみると、チャン・ヨンホは8位、チン・ドンヒは9位を占めた。チャン・ヨンホは１９７３年には7位に一段階上がった。[6] 一言でいうと、熊手で金をかき集めたのだ。１９６８年1月、ニューヨークにＹＨカツラ製品販売を目的に「ヨン」インターナショナル商事を設立したチャン・ヨンホは、1970年にはチン・ドンヒに社長を譲り、自分は家族と一緒にアメリカに移民して、アメリカでの活動を中心に行った。維新政権時代朴東宣《パクトンソン》（1935年〜、1976年のいわゆるコリアゲートの張本人）と共に「コリアゲート」（朴東宣らが中央情報部などと連携し、1970年代にアメリカの下院議員に対して行った買収工作）の主役だったキム・ハンジョや民主党の前代表を務めた朴智元《パクチウォン》（1942年〜、政治家。金大中政権のとき、文化部長官。）もカツラ関連製品で大金を儲けた在米同胞だった。カツラ産業の最絶頂期には、高額所得者の上位10名中7名がカツラ業者であるほどうまく行っていた。

だが、最大の問題は、韓国業者同士の過当競争だった。一個当たり12ドルしていた商品が4ドルで投げ売りされ、カツラ産業は急激に坂道を転がっていった。YHの労働者らによれば、目先の利くチャン・ヨンホは海外に財産をこっそり移して、アメリカにデパート、放送局、ホテルなどを建て、チン・ドンヒは1970年、社員にボーナスで10億ウォン余りを出したと偽装してその金でYH海運を設立したという。

カツラ産業は代表的な労働集約産業でチャン・ヨンホなどは女性労働者の低賃金と劣悪な勤労条件を土台に金を稼いだ。YH労組委員長であった崔順永《チェスニョン》（1953年〜、YH事件で拘束されたが、朴正熙の死後釈放、以後女性労働者、環境運動家として活動）が1970年に入社した時、労働者の初任給は月2000ウォン〜2500ウォン程度だったが、寄宿舎費が1500ウォンほどで月給の半分を超えた。従業員の大多数は農村で国民学校か中学校を出たばかりでソウルに来た女性で、企業はこのような幼い女性に賃金をきちんと払おうとしなかった。1969年度に中学校入試がなくなったので中学校進学者が急増したが、彼らに最も必要な労働教育をしてくれる所はどにもなかった。

ＹＨ労働者の間にも自分らの状態を改善しようとするなら、労働組合が必要だという動きが出始めた。当時女性労働者は、それでも労組を結成するなら「男がいれば迫力があって推進できるもの」と考えて、現場で口が達者な人を労組準備の集まりに引っ張って来た。それが災いの元だった。よりによって、その男が工場長の妻の兄弟で労組結成の動きを工場長に告げ口をした。[7]リーダー４名が解雇されるという紆余曲折のすえ、ＹＨ貿易に労働組合が設立されたのは、１９７５年5月24日だった。労組を準備していた人々は、寄宿舎の布団の中で加入願書を受け取り、ブレザーの中に隠して会社の外へ持ち出した。４０００名までになっていた従業員の数が、２０００名以下に落ちていた状況で、そんなふうに苦労して９００枚の加入願書を受け取り、労組は第一歩を踏み出した。[8]

## 生産量超過達成でも廃業とは

１９７５年12月24日、会社は管理職の社員らには１００パーセントのボーナスを支給したが、生産に携わる従業員には一銭も支給しなかった。女性労働者らがボーナス差別に対して抗議すると、総務理事は「くやしかったら、皆さんも管理職として就職しなさい。……皆さんは国民学校しか出てないのであまり金がかかっていないけれど、管理職は少なくとも高卒以上です。それで同じように待遇をしてくれとは話になりますか。」と答えた。[9]「学べなかったナンジェンイ」たちは無念の涙を流した。それでも労組があるので闘ったおかげで会社創立以来初めて50パーセントのボーナスを勝ち取れた。大韓民国でまだ10個にもならない民主労組の偉業だった。労組ができた後、ＹＨの勤労条件は労働基準法に従うのにやっと程度だったが、「労働組合がなかった所にいた子たちがYHに来ると、『あぁ、労働者の天国だなあ』と言った」という。両親が亡くなったとき、5日の休暇を申請すると会社は「女が葬式にそんなに長くいて何をするんだ？」と難癖をつけるが、こんな所でも1970年代の労働者らの素朴な天国だった。[10]

この素朴な天国もいつも不安をかかえていた。会社は何かにつけてカツラ産業が斜陽産業だとか、仕事がないとか言いながら、休業をして請負単価ものすごく安くした。1977年には会社が「政府当局の施策によってカツラ課を忠清北道〔沃川郡《オクチョン》〕青山《チョンサン》の山奥に移転」するという公告を張り出した。すぐに何の縁故もない田舎に行かねばならないという話にカツラ課の従業員中500名以上が辞表を書いてしまった。事実、青山は工場が移転できるだけの電気や水道もなく古い倉庫が一つだけがらんとある所だった。会社は「政府の施策」のために会社を移転せねばならないと言って、500名余りの従業員を解雇手段も取らずに追い出したのだ。[11]

YHの労働者のアピール文「政府と銀行は近代化の役軍〔労働者〕を淪落街に追いやるな」によれば、このように出ていった人々は「冬の風がピューピュー吹く寒い街に、より劣悪な下請け工場に、そして少なくない数が女の最後の口過ぎへと向かったもの」だ。[12] 会社は斜陽産業になったカツラ部をこのように自動的に閉鎖してしまった。1970年に4000名、1976年に2000名いた従業員は、1978年5月になると、550名に減っていった。不思議なのは1977年のYH貿易の輸出額は、カツラと縫製、手袋などを合わせて約1600万ドルで輸出順位は86位で、最盛期には及ばないが相変わらずトップ100代企業の中に入っていた点だ。本工場が休業を繰り返して従業員が減っていても、このような輸出実績を上げることができた魔法は、「会社が本工場は休業しながら、勤務条件が悪い下請け工場に仕事を取られて従業員の身分に対する不安感をあおって、休業手当てだけでは生活するのが大変な従業員が去って行くように」したためだ。(13) その間に、会社の借金は雪だるまのようにふくれていった。1974年に6億3000万ウォンだったのが1975年には16億9000万ウォン、1977年には31億7000万ウォン、1979年3月には40億5000万ウォンにもなった。このように借金が増えていったのは、政府から銀行利子の半分にならない輸出特恵金融を受けて、オリオン電気を合併し、セハンカラー株式の40パーセントを引き受けるなど、無理に事業を拡張して経営に失敗したためである。(14)

ついに1979年3月30日、YH貿易は「経営の失敗によって事業を継続することができず、1979年4月30日付けで廃業」するという公告文を会社の正門に貼り付けた。チャン・ヨンホはYHから15億相当の物品をアメリカで付けで輸入した後、代金を支払わなかった。300万ドルの膨大な外貨が海外にこっそりと移されたのだ。悪徳企業主が犯した外貨逃避の負担はそっくりそのまま低賃金にあえいで来た女性労働者らのものになった。労働者らは歌手南珍の『あなたと共に』(「あの青い草原の上に〜」)の歌詞を変えて、「賃金は最低賃金、生産量は超過達成、連勤夜勤なんでもしても廃業とはなんだ」と歌った。労組は会社を正常化するために多角的に努力した。それでも労働者の味方だと思って訪ねていった北部労働庁では「資本主義の社会では資本を持った者が経営するのが嫌になったら、誰も止めることはできない」と言われるだけだった。(15) チャン・ヨンホの姉妹の夫として会社の財政担当常務をしていた者は、会社の機械を社長の決裁もなく勝手に売ることまでした。

1979年2月には雙龍グループがYH貿易を引き受けるという記事が経済紙に載ることもあったが、会社買収の話はうまくいかなかった。(16)

誰の助けも受けることができなかった労組は、長期間の闘争に突入するのを予想してパン2000個、生理用ナプキン120袋、発泡スチロール200個などを準備して寄宿舎の布団を緊急総会場の会社の講堂に移した。しかし籠城は長くはできなかった。その夜9時20分、泰陵《テルン》〔ソウル蘆原区《ノウォンク》〕警察署長は強制解散の最後通牒を出した後、すぐに警察を投入した。廃業撤回を叫んで労働者が工場で籠城を始めるや警察はすぐに現場を襲った。労働者は「サッカーボール」のように蹴飛ばされ、長い髪を引っ張られたままみんな引きずられて行った。怒りのあまりその時は投げつけられても痛いとも感じなかったが、150名も負傷して、労組が払った薬代だけでも当時の金で18万ウォン以上だった。(17) 労働者は次の日また籠城を始めた。驚いたことは、機動隊の蛮行に衝撃を受けた男性労働者らが籠城に加わったことだ。YHでは、当時女性労働者が主導したほかの民主労組でよくあったちょっとした労働者内部の男女間の葛藤が全くなかったという。労働者は当時の流行歌の歌詞を自分らの立場に合わせて歌ったり、「Y〔ワイ〕H〔エチ〕」の初めの文字を取って「ワ：ワッサー、建物も大きいだけ／イ：イロッケ〔こんなに〕大きな所に就職してみたら／エ：エー、全く／チ：チサ〔恥ずかしい〕屁みたいなところだよ」などなどの文を作った。(18) 労働者の団結した姿に政府も会社も一歩譲歩せざるをえなかった。

4月17日現場に現れた社長は、廃業撤回を宣言し、労働庁次長朴昌圭《パクチャンギュ》は自分の電話番号まで書いて労働庁が必ず責任を取ると約束した。(19) しかし、それは籠城をやめさせようという一時の方便に過ぎなかった。5月25日、政府は輸出のための融資を受けても輸出の義務を果たさないYH貿易など29カ所の事業所に対する輸出支援を中断した。[20]「銀行から無視され、労働庁にだまされ、警察署におどかされ、会社の無責任によって道端にほおり出されてしまった組合員」は、7月30日再び籠城に入った。8月6日、会社はまた一方的に廃業を通告した。労組事務長のパク・テヨンは組合員の前で熱弁を振るった後、焼身自殺しようとしたが同僚らが何とかやめさせ、共に死を覚悟して闘うことを誓った。[21]

## 行こう、新民党へ

会社はいち早く動いた。会社側は8月8日朝から電気を止め、水も止め、食事の提供も中止すると通知して、8月9日から寄宿舎を閉鎖して8月10日までに退職金と解雇手当てを受け入れないときには裁判所に供託すると通告した。糞尿事件で東一紡績労組がダメになった後、労働界では警察と資本と繊維労組本部が一つになって、次はYH労組を潰そうとしていると噂が広まった。寄宿舎閉鎖と退職金供託は「救社隊」投入が迫っていることを意味した。高銀詩人が「素直なことは冷めたお焦げ湯のごとく、猛烈なことは鍛冶場から出したばかりの鎌や鍬[22]」のようだったという労組委員長崔順永は、「我々がどうせ潰れるなら完全に潰れよう。声を大きく出そう。全国津々浦々に知らせよう。そしてほかの労働者を守ろう。民主労組が壊れる時被害を与えてこそ、あいつらも怖じ気づくじゃないか」と決心した。[23]妊娠6カ月の体だったので決してたやすい決断ではなかった。

籠城を始めながら労働者は自分から歩いて出ていくことはしないと決意したが、救社隊に一方的に引き出されても新聞に一行も載らない、そんな闘いをすることはできなかった。闘いを続けようとするなら、籠城の場を変えなければならなかった。労働者は夜の間何か起こるのではないかと不安感に震えながら、チャン・ヨンホがアメリカの市民権を持っていてアメリカに金をこっそり移したので、アメリカ大使館に行って籠城しようか、それとも会社の主な取引銀行の朝興《チョフン》銀行に行って籠城しようか、政府与党の責任が大きいので与党の共和党本部に行って籠城しようか、野党の新民党本部に行って籠城しようかなどなどを話し合った。アメリカ大使館や共和党本部は警備が物々しくてその中を入っていくのはむずかしかった。朝興銀行はすぐに警察が投入されるのは明らかだった。新民党は労働問題に必ずしも積極的ではなかったが、それでも頼る所はそこしかなかった。

　労働者たちは夜が明けるとすぐ、まるで銭湯にでも行くように小さなたらいを持って4、５人ずつ寄宿舎を抜け出した。途中で発覚しても籠城場所がばれないように、仲間たちには明洞聖堂に行くと話しておいた。労組指導部は警察が気付かないように年下の幼い50名余りは寄宿舎に残し、籠城の時歌っていた歌など録音したものを大きく聞こえるように付けておいた。労働者がこっそり面牧洞のＹＨ工場から麻浦の新民党本部に移る間、文東煥《ムンドンファン》〔１９２１年〜、牧師、文益煥牧師の弟〕、高銀、李《イ》文《ムニ》永《ヨン》〔１９２７〜２０１４年、教育者、民主化運動の指導者。３・１民主救国宣言、ＹＨ貿易事件、金大中内乱陰謀事件で、教授職を3回も解職された。アジア・太平洋平和財団の理事長などを歴任した〕などの在野の知識人らは上道洞《サンドドン》〔ソウル銅雀《トンジャク》区〕の金泳三新民党総裁の家を訪ねた。彼らは、ＹＨ女工らが寄宿舎から追い出され最後の訴えをしに新民党本部に行くので、彼らの訴えを聞き解決策を見つけてほしいと総裁に頼んだ。その言葉に金泳三は野党本部は誰にでも開放されているので、彼らが訪ねて来れば話を聞いて最善を尽くして助けようと快く話した。面談時間はたった5分、長い時間ではなかった。「感」の政治家、金泳三の最高の実感だった。

新民党本部周辺に散らばっていた労働者が、8月9日午前9時30分、新民党本部に入ろうとすると初めは党員らが驚いて止めようとした。少し経って上道洞から連絡が来て労働者は講堂に上がって行った。明け方に三々五々寄宿舎を抜け出してきた187名がみんな集まったのだ。わずか何時間ぶりであったが、彼らは無事にまた会えた感激にしっかりと抱き合って涙を流した。彼らはすぐ「会社の正常化がダメなら死だ」という鉢巻きを締め、「我らに出て行けというがどこへ行けというのか」、「腹ぺこで死にそうだ、食べ物をよこせ」という横断幕を掲げ籠城を始めた。新民党では急いでパンと牛乳を持ってきたが、労働者は面牧洞においてきた幼い同僚らは何も食べられないでいると言って手を付けなかった。党員がそっちにも食べ物を提供するようにすると言った後になって、やっと食べ始めた。

党本部に出て来た金泳三は、まず労働者の代表と会って話を聞いた。そして、講堂に上がってきて籠城中の労働者に「皆さんこそ産業発展の役軍であり愛国者なのに、このように冷遇されていいのか」と言い、保健社会部長官と労働庁官を来させて問題を解決すると話して大きな拍手を受けた(24)。テレビで見ていた有名な政治家らが直接会いに来て、ラジオでもYHの籠城事実が報道され、ちょうど配達された夕刊にも籠城場面の写真と記事が大きく載っていたのを見ると、彼らは力がわいてきた。YH貿易の社長パク・チョンウォンは新民党本部に来て、党幹部および労働者代表らと会った。彼は「会社が廃業する程度ではないが、彼ら女工は作業成績がとても悪いのでもうこれ以上雇用することができない」と主張したが、労働者は懸命に仕事をしたが、会社がきちんと部品を供給してくれなかった

ために生産性が落ちたのではないかという反論を受けても何も言い返せなかった。(25)

## 22歳　キム・ギョンスクの死

ＹＨ女工らの新民党本部籠城は、政局を激しく揺さぶった。維新体制の抑圧に対する不満は大いに広がっていたが、１９７９年上半期にはその不満が抵抗の形として表れていなかった。私服らがキャンパスをしっかり押さえ込み、ローマ兵みたいな服装をした戦闘警察〔機動隊〕が何台もの鳥かご〔柵で保護されている護送車の意〕に乗って座り込んでいた大学街で、１９７９年には１学期が終わるまでこれといった学生デモすら起こらなかった。外だけを見れば太平聖代だった。学生も野党政治家も在野の知識人も民主闘士も壊せないその偽装された太平聖代を、一番最初に壊して出て来たのは「この国の腹をすかした可愛い娘たち」だった。

女性労働者が野党本部に駆け込んでから、ＹＨ貿易事件は、一つの会社の労使問題ではなく政局の起爆剤になった。この衝撃波を吸収するには、維新体制はあまりにも硬直していた。女性労働者が新民党本部に入ってちょうど24時間になった8月10日午前9時30分、青瓦台で開かれた高位対策会議は迅速な強制解散を決定した。警察内では、女工２００名に党員と党職員まで合わせると大変な数になるので一食のソルロンタンの値段だけでも１００万ウォンになり、金がない新民党が自然に追い出すはずだから、わざわざ引きずり出す必要がどこにあるのかという意見が優勢だった。(26)しかし、このような慎重論はすぐ強硬論に押さえ込まれてしまった。中央情報部長金載圭《キムジェギュ》〔１９２６～80年〕が強制鎮圧を主張したというが、「副閣下」と呼ばれていた警護室長車智澈《チャジチョル》〔１９３４～79年、軍人、政治家。60年5・16軍事クーデターに加担。74年大統領警護室長になり権力を振るった。79年10月26日、朴正煕とともに中央情報部長金載圭によって暗殺〕はさらに強硬な立場だった。新民党議員の一部は本部の向かい側のガーデンホテルに部屋を取り、籠城現場の動きだけでなく新民党幹部会議の内容まで車智澈に熱心に報告したという。(27)

警察の強制鎮圧の動きが見えて来ると、女性労働者は8月10日夜10時40分、緊急決死総会を開き、警察が侵入したら全員投身自殺をしようとの決議文を採択した。興奮した女性らは窓枠にぶら下がり投身自殺しようと泣き叫びもした。8名が失神して病院に運ばれたが、甲高い声で決議文を朗読した労組組織部キム・ギョンスクは、すぐ気が付き籠城場に残った。現場の状況が急迫すると、報告を受けた金泳三は急いで講堂に上がってきて、「君たちは決してこわがるな。私の義を重んじる手で君たちをつかむだろう」と聖書の言葉を引用しながら彼らを慰めた。金泳三は、今まで警察が野党本部を襲撃したことはなく、自分と30名余りの議員が守っているので安心するようにと興奮した籠城者らを落ち着かせた。女性労働者が寝付くと金泳三は党本部の正門に下りていき「女工たちが興奮するのでみんな引き上げろ」と要求した。警察がこれに答えず、押し問答していた金泳三は「おまえらは、本当にあの女工たちを身投げさせるつもりか」と麻浦署情報課長の横っ面を引っぱたきもした。(28)

明け方2時、車の警笛が3回長く鳴るのを合図に警察官1000名が動員されて鎮圧作戦が始まった。私服組がいち早く講堂の窓側を封鎖して女性労働者の投身を防ぐ間、4人1組の戦闘警察は籠城中の女性労働者を一人ずつ引きずり出し、護送車15台に乗せソウル市内の警察署7カ所に分散収容した。鎮圧作戦は23分しかかからなかったが、とても暴力的だった。新民党のスポークスマン朴《パク》権欽《クォンフム》〔1932年〜〕議員は「俺はスポークスマンだ」と叫んだが、私服らに「ああ、スポークスマンか、いいところで会った」とぎゅうぎゅうに踏みつぶされる暴行を受けた。彼は鼻の骨が折れて落ち、肋骨が折れる重傷を負った。青瓦台秘書室長金桂元《キムゲウォン》〔1923年〜、陸軍参謀総長、中央情報部長を歴任。79年10月26日大統領の秘書室長として宴席に同席。事件と関連して軍法会議では死刑宣告されたが、88年特別赦免となった〕は「当時強制解散作戦に車智澈が青瓦台警護室の職員らを送り、野党議員らを『マッサージ』したのだろう」と主張した。(29)

この過程で女性労働者一人が命を失った。失神して背負われたが、気が付き籠城場に残った22歳キム・ギョンスクだった。キム・ギョンスクは「混濁したホコリの中でブウンブウンという機械の音を聞きながら、いつの間にか8年がたち、残ったものは病気しかない。たとえ体は病気にかかっても心は壊れていない人間として正しい道を生きようと誓い」(30)を立てたが、その誓いを守ることができなかった。8歳で父を亡くしたキム・ギョンスクは兄まで病気で死に、母が餅を売りに出た間、弟二人の面倒を見るために適齢期に国民学校に入れなかった。彼女は弟一人が病気でこの世を去り弟の面倒を見る負担が減って、ようやく学校に行けるようになった。弟の死はとてもとても悲しいことだったが、学校に行けるようになったことは非常に嬉しいことだった。もう一人の弟の学費の面倒を見ようとした姉の誓いは、虚しく消えてしまった。警察はキム・ギョンスクが動脈を切り、投身自殺したと発表した。しかし、2007年、真実和解委員会〔2005年12月設立〕は、キム・ギョンスクの解剖報告書と遺体写真を根拠として手首には動脈を切った痕跡がなく、手の甲には棍棒のような丸い物体で叩かれた傷が発見されたと発表した。(31)金泳三によれば、YH女性労働者に食事を運んでくれた近くの食堂の女性従業員がついに夜中に警察によって犬のように引っ張られて行く彼女らの姿に衝撃を受け、命を絶った悲劇的なこともあったという[32]。

## 総裁の職務停止と仮処分

キム・ギョンスクの死亡がテレビニュースで報道されるや朴正熙は文化公報長官金聖鎮を呼び、なんでこんなニュースが出たんだと言ってとても怒った。金聖鎮は『中央日報』および東洋放送会長洪《ホン》璡基《ジンギ》〔1917～86年〕を呼んで厳しく責め立てた。洪璡基はあまりにもひどい目に会ったのか近所の薬局で鎮静剤を飲んでようやく正気にかえったという。警察署に引っ張られて行った労働者と寄宿舎に残っていた労働者は全員強制的に退職金を受け取らされた後、警察が準備したバスで故郷に帰された[33]。警察によって家に引っ張られて行った金泳三は、朝早く党本部に戻って来て党本部正面に「夜が深まるほど夜明けは近い」と書いた大型プラカードを掲げて、女性労働者が引っ張られて行ったまさにその場所で、党所属国会議員全員と共に籠城に入った[34]。

新民党が籠城に入って3日目になった8月13日、新民党の院外地区党委員長の崔逸煥《チョイルファン》〔1916～80年〕、尹完重《ユンワンジュン》、兪棋濬《ユギジュン》の3人が総裁団の職務執行停止仮処分の申請をソウル民事地方裁判所に提出した。彼らによれば、新民党城北地区党委員長趙尹衡《チョユンヒョン》〔1932～96年〕と全党大会副議長キム・ハンス、そして趙尹衡が任命した城北地区党代議員5名など7名が代議員の資格を認められないので、1979年5月30日の全党大会で過半数をわずか2票上回って当選した金泳三の総裁選出が無効だというのだ。金泳三とことあるごとに対立していた非主流の内部でも彼らの仮処分申請を「とんでもないこと」だと非難する者もいたが、[35]いざ審理が始まると雰囲気は尋常でないほうに流れていった。全党大会直後の6月5日、チョ・ガヨンという者が中央選挙管理委員会に趙尹衡とキム・ハンス2人の党員資格に対する有権解釈〔公権的解釈〕を依頼して彼らが党員資格がないとの決定を受けたことがあった。[36]チョ・ガヨンは過去に新民党西大門地区党副委員長を務めたことがあるが、党を離れてだいぶたつ人物だった。無記名秘密投票で進行された全党大会で問題になる代議員らが必ずしも金泳三に投票したとみることはできない。そして、過去の選挙または当選無効判決などで議員職をやめた人々が、在職中に行使した票決が有効だという判例に照らしてみると、総裁職務停止仮処分申請は本当に全くお話にならないことだった。

しかし、維新体制の司法はこの仮処分申請を受け入れた。9月8日、ソウル民事地方裁判所合議16部チョ・オン部長判事は金泳三の総裁職務を停止させ、全党大会議長鄭雲甲《チョンウンガプ》〔1913～85年〕を総裁職務権代行に選任した。趙尹衡とキム・ハンスは第8代国会議員であったが、維新クーデターで投獄され実刑を受けたことがあるために国会議員選挙権がなく政党員の資格がなかったというが、これはちょうど労働組合で解雇者の組合員資格を認めるかどうかと同じような性格の問題だった。だが、彼らは1978年の国会議員選挙で投票もして、趙尹衡は1976年全党大会の時は金泳三に反対して李哲承《イチョルスン》〔1922年～、1970年代金泳三、尹潽善らと新民党の主導権争いをした〕派にいて投票したことがあった。このために人々は維新体制に協力的な李哲承に投票すれば有効で、鮮明野党を標榜する金泳三に投票すれば無効とは、法の暴力だと非難した。[37]青瓦台と中央情報部の積極的な支援を受けた鄭雲甲は総裁職務権限代行の役割を遂行しようとして、新民党には政治的総裁と法的総裁が別々にいる異状な姿になった。結局、理性を失った維新政権は金泳三の議員職さえ剥奪した。

金泳三が8月9日朝に特別な考えもなく女工らが新民党本部に駆け込むのを許したとき、彼は事がこんなに大きくなるとは想像もできなかった。高銀詩人は金泳三が「実感以上の決断でYH労働者らの新民党講堂籠城を許容」してやったと『萬人譜』12巻に書いたが、実は金泳三は回顧録に自分は「この時女工らが新民党本部を籠城場所に選んだとは知らず、訴えに来るついでに訪問した程度だと思っていた」と主張した。[38] 新民党は「夜が深まるほど夜明けが近い」というプラカードを掲げて籠城し、事件に対して『末期的あがき——新民党本部襲撃事件と事件の真相』[39]という冊子を出したが、維新の終末までわずか3カ月も残っていなかったとは夢にも考えられなかった。YH女性労働者が籠城場所に新民党を選んだことで、金泳三と新民党は韓国現代史の激動の瞬間の中心に浮かび上がった。しかし、これは単純な偶然だけではなかった。1970年代の新民党の闘争にどのくらい点数をやれるかは見る者によって考えが違うが、それでも私はある程度の点数をあげたい。大統領任期中盤以降は取り返すことができないほど壊れてしまったが、1970年代、若い金泳三がしてきた闘争には評価できる一面が少しはあった。近くは1978年12月の第10代国会議員選挙、遠くは1974年8月の新民党全党大会以後の金泳三は、時には中心を失ってふらついたが、それでも維新反対という鮮明な旗を掲げて一本の大通りを歩いてきたことに間違いなかった。

### 野党らしい野党、闘う野党

金泳三は1974年8月、新民党全党大会で47歳の若さで総裁に当選した。韓国の野党史でめったにない若さだった。申翼熙《シンイクヒ》（１８９４～１９５６年）は61歳、趙炳玉《チョビョンオク》（１８９４～１９６０年）は62歳、張勉は60歳、朴順天《パクスンチョン》（１８９８～１９８３年、維新体制以後親維新に変身、在野の知識人から変節者と非難された）は66歳、尹潽善も66歳、兪鎮午は63歳、柳珍山は66歳で野党の総裁を務めたが、金泳三の当選で野党が大いに若返ったのは明らかだった。朴正熙が維新クーデターを断行した頃、新民党は二つに分かれて争っていた。時には大蛇、時には王〔親分〕サクラと呼ばれていた柳珍山の死は、良かれ悪しかれ韓国の野党史において一世代の終わりを象徴する事件だった。柳珍山の後任を選ぶ新民党大会で金泳三が当選すると予想した人は多くなかった。地区党委員長の支持を最も多く受けた人は金泳三、金大中と共に「40代旗手論」を展開した李哲承がおり、「珍山系列」で押す金義澤《キムウィテク》（１９０９～84年）はマスコミで有力候補者扱いを受けた。維新体制との正面対決を避けていたのは必ずしも柳珍山だけではなかった。維新憲法の中選挙区制度によって共和党と仲良く一緒に当選した大多数の新民党議員はもっと「現実的」でさらに妥協的だった。

　しかし、代議員らの立場は違った。彼らは野党らしい野党、政権を批判し牽制し、闘う野党を願った。代議員の絶対多数は地区党委員長によって任命されたが、委員長が彼らに対して完璧な統制力を発揮するのではなかった。地区党委員長の数で見るとビリかビリから2番目に付けていた金泳三が一次投票で1位になったとき、多分最も驚いたのは金泳三自身だっただろう。5名の候補の中で金泳三が唯一維新政権と立ち向かって闘うと主張した。代議員らが望んだことは、鮮明な野党だった。「最近新民党は野党らしい野党になっていない」とか「最近では新民党がすることがむしろ恥ずかしく感じる程」という代議員ら(40)は野党性を回復しようという金泳三を選択したのだ。金泳三自身も当選の感想として「代議員らが私を総裁に選んでくれた意味は、無気力で沈滞した野党を再建して、国民の真正な声を代弁してほしいという絶叫」だと語った。(41)

正統保守野党を標榜した新民党の若き総裁は、党外の在野の民主勢力と手を握り維新憲法の改正を訴えながら全国で改憲推進運動支部の結成式を開き、在野の市民らが主軸になった「民主回復国民会義」にも参加した。金泳三の疾走に反発していたのは党内に広範囲に広がった妥協勢力、すなわち適当に上手く付き合って維新体制に立ち向かわず適当な批判もして野党議員生活を楽しんでいた者だけではなかった。予想を覆して金泳三が総裁に当選してそのまま維新反対闘争に積極的に乗り出すと、朴正煕は傷痍軍人を動員した。金泳三が維新体制の「安保商売」に対して「北傀の南侵脅威はない」というと、1974年12月20日、光州支部旗揚げ式に傷痍軍人が集まってきて乱暴を働いた。傷痍軍人300名余りはこの過程で新民党員が自分たちを見て「障害野郎」と悪口を言ったと、12月27日の大邱支部の旗揚げ式に参加するためソウルから来た金泳三を大邱の錦湖《クムホ》ホテルに監禁して、謝罪を要求した。(42) 1975年3月末、金泳三は、張俊河が献身的に推進した民主勢力統合の流れに一緒に参加して、尹潽善、金大中、梁一東と4者会談をして、新民党と統一党の統合に合意した。

## 鶏の首をひねっても朝は来る

1975年インドシナ半島の状況が深刻になると、金泳三の反維新民主化運動のステップがふらつき始めた。金泳三の母は1960年代、拳銃を持った強盗に撃たれ死亡したが、捜査の結果、強盗らは日本に密航する資金を調達しようとしていた左翼出身者だった。(43) 4月30日、南ベトナムの首都サイゴンが共産軍に陥落した。その3週後の5月21日、朴正熙と金泳三は与野党のトップ会談を行なった。朴正熙は「金総裁、私には欲はありません。家内は共産党の銃に当たって死に、こんな寺みたいなところに長くいるつもりはありません。民主主義やりましょう。でも、ちょっと時間をください」と頼んだ。金泳三は「必ず民主主義をやりましょう」という朴正熙の言葉が「今回の任期を最後に引退しよう」という思いに聞こえたと主張した。彼は「非業の死を遂げた妻を思い、心揺らして涙を見せ人生のむなしさを訴える」朴正熙の言葉をひとまず本物だととらえることにしたと振り返った。(44)よく取れば夫人を左翼の凶弾で失った大統領と母を左翼の凶弾で失った野党総裁の間に、国家の安保危機状況で、ある種の共感が形成されたのである。もっと冷静に言うならば老獪な独裁者朴正熙が3年後の1978年に引退したら、その次はあなたの番だと暗示をかけたのを素直な金泳三が真に受け、だまされたのである。さらに疑いの度を深めれば、二人の間に何らかの暗黙の了解があったのではないかと考えられる状況であった。

党首会談以後、金泳三が反維新民主化運動から手を引くと、彼の立地も萎縮し始めた。維新体制に積極的に立ち向かおうと彼を支持していた底辺の野党勢力は、金泳三を支持する理由を失った。特に1975年10月8日、金玉仙議員がインドシナ事態以後の安保決起大会を官製デモだと批判して、与党が強硬に除名すると脅した時、金泳三は党内で自分の強硬路線を積極的に支えていた金玉仙を守れなかった。金玉仙が涙を流して議員職を辞した時、最も傷を負ったのは金泳三だった。鮮明野党の旗が折れると、1976年5月全党大会では「安保至上主義と自由至上主義間の中道統合論」を押し出した李哲承が金泳三を破って、代表最高委員に当選した。この全党大会は、金泳三を落選させるために青瓦台警護室長車智澈が「人さえ殺さなければ絶対に刑務所暮らしはさせないから、思い切ってやれ」と、金泰村《キムテチョン》（1948～2013年、暴力組織の頭目。光州の組織暴力団の行動隊長からスタート）ら暴力団を動員して「角材大会」にしてしまった。

新民党の党首になった李哲承は、朴正煕が望む通りに行動した。彼は国外同胞の反政府活動は「結果的に北傀の統一戦線戦略を助けることになる」とか、「韓国に自由があるとかないとか問題にするが、それは有無の問題ではなく、『レベル』の問題」、「野党は国家安保法を廃棄するつもりはない」などなどの発言を繰り返した。(45) このような新民党について党の外では維新党、第2の維政会などなどの非難と嘲弄があふれた。党内では「野党性回復闘争同志会」が結成されもした。1978年12月12日に実施された第10代国会議員選挙では、誰も予想できなかった結果が起こった。共和党が31・2パーセントに終わった反面、新民党32・3パーセントで野党の新民党が共和党より得票率で1・1パーセント上回ったのだ。これは新民党が支持されたということではなかった。それほど民心が維新体制から離れたことを意味した。国民の厳しい要求に支離滅裂だった鮮明野党勢力が、再び結集し始めた。

しかし、傲慢な維新体制は、国民の警告を無視した。1979年3月、第10代国会が開かれた時、与党側は議長に車智澈が積極的に推薦した白斗鎮《ペクトゥジン》（1908～92年、維政会議員（1973～80年）。小説家李光洙は親戚）を内定した。国民と大多数の野党議員は地域区出身ではなく朴正煕が「任命」した維政会所属の白斗鎮が国会議長に指名されたことを消すことのできない侮辱と見做した。世論の支持を受けた非主流野党議員らは強硬闘争を主張したが、李哲承など党指導部は、新民党議員は退場して党指導部だけ残って票決に参加するという非常に奇怪な方式で白斗鎮の議長就任を認めた。[46] 白斗鎮騒動から2カ月後の5月30日に行われた新民党全党大会で代議員は「いくら夜が明けるのを知らせる鶏の首をひねられても、民主主義の夜明けは来ている」と叫んだ金泳三を選んだ。「新民党は維新体制に参与していて、維新体制が自由民主主義を否定する体制だと見る見解は大いに間違っている」と中道統合論を強調してきた李哲承が新民党を率いていたならば、YH貿易の女性労働者が新民党本部に籠城場所を移すことは決してなかっただろう。

## 2. 釜馬《プマ》抗争、火の手が上がる

1979年10月18日朝、朝刊を広げた人々はびっくりした。釜山に18日0時を期して非常戒厳令が宣布されたのだ。朴正熙は今まで何回も「非常事態だ」、「緊急措置だ」、「衛戍令だ」など特別措置を乱発したが、「非常戒厳」という言葉には格別な重さが込められていた。戒厳法によれば「非常戒厳は戦争または戦争に準ずる事変において、敵の包囲攻撃によって社会秩序が極度に撹乱した地域に宣布する」と規定されていた。前年夏にYH事件が起こった後、金泳三新民党総裁に対する総裁職務停止仮処分申請が行なわれ、2週間前の10月4日にはとうとう金泳三総裁が国会から除名されるという騒動まで起こるなど、政局はずっと揺れ動いていた。それにしても非常戒厳は実に突然だった。7年前の10月17日、突然の非常戒厳令で始まった維新体制はピッタリ7年後、突然の非常戒厳で終幕に向かって突っ走り始めた。誰も2日前の10月16日に釜山大学で起こった小さなデモが、5万の群衆が参加する激しい街頭デモに発展するとは予想できなかった。また非常戒厳をもたらしたこのデモが、中央情報部長が大統領を銃で撃って殺すという途方もない台風を引き起こす蝶の羽であることは、誰も考えられなかった。あまりにも途方もない結果を引き起こしたために、その歴史的意味がきちんと究明されなかったのが、まさに1979年10月の釜馬抗争であった。

## 維新大学、維新反対の旗を掲げる

釜山大学の象徴は、虹模様に下がった自由の鐘とクロハゲワシ塔の上のクロハゲワシだった。釜山大学生は釜山大学の2大不思議が、鳴らない自由の鐘と飛ばないクロハゲワシだと自嘲した。[1] しかし、1975年10月、釜山大学では1974年4月の民青学連事件以後初めてビラがまかれた。ビラに書かれた労働者の「働」が日本でだけ使うものだった〔韓国では労動者と書く〕。このために中央情報部は在日同胞の留学生キム・オジャがビラをまいたことを簡単につかみ、彼女を中心に学生間諜団事件をでっち上げた。[2] 今や純粋な学内のビラもスパイとされる世の中になってしまったのだ。まだ運動の土台が弱かった釜山大学の学生運動は、この事件ですっかり消えてしまった。この時から4年間、学内ではビラ1枚まかれなかった。今は想像しがたいだろうが、当時の大学キャンパスには「チャプセ」〔私服警察官を指す隠語、セは鳥の意〕があちこちに「巣」を作り、ローマ軍人の服装をした戦闘警察を乗せて来た護送車は学校の道路に長く列を作って止まっていた。毎日毎日息を殺したまま護送車とチャプセの間を目を伏せておとなしく登校せねばならなかった若い学生らは、日に日に自らを強く軽蔑し恥じていった。4年間デモを一回もしたことがなく、自ら「維新大学」と自嘲していた。そんな釜山大学では「梨花女子大学生が男の性器の絵とハサミを送って来た」という流言飛語が静かに広まっていた。(3) 梨花女子大学生が実際にハサミと絵を送ったことはなかったが、学生運動に参加していた学生は、当時デモもできない大学で、自らこのような流言飛語を作り広めて自分たちを責めた。

1979年10月15日午前10時少し前、釜山大学の校庭では10時に図書館前に集まることを訴えるビラがまかれた。ビラをまいた学生らは図書館前でイライラして人々が集まるのを待っていたが、学生はほとんど集まらなかった。10時30分頃、ことが失敗したと断定した首謀者らが学校を出た後になって図書館前の芝生と階段には学生らが一人二人と集まり、300名余りになった。彼らは何か劇的な状況を期待して集まったのだが、大学に入学したあと一度もスローガンを叫んだことも、肩を組んでスクラムをしたこともなかった。みんな何かをせねばならないと考え、誰かが進んでやってくれるのを強く願っていた。しかし、実際自分が暴風前夜の静けさを壊す初めの一歩を踏み出すことはできなかった。息が詰まるような時間を過ごし、どうにも仕様がない気持ちで家に戻っていく足取りはあまりにも重かった。涙が出るほど恥ずかしかった。

10月16日、また違う学生らがビラをまいた。前日の失敗の反省で経済学科チョン・グァンミンは、学生が多く集まっている講義室を廻って両こぶしを振るって「あの維新政権に立ち向かって我らみんなで血を流して闘争しよう」と熱弁をふるった。彼らがまいた「民主宣言文」は「韓民族5000年の歴史上にこのように民衆を無慈悲にすさまじく弾圧して収奪した反歴史的支配集団がいただろうか」と維新政権を糾弾した。そして、今では古色蒼然としているが、東学軍（朝鮮後期、崔済愚《チェジェウ》を教祖にした東学の軍隊。1894年には東学農民運動を起こした〕徒をまねて維新憲法撤廃など7項目の「廃政改革案」を提示した。(4) 初めは200名余りに過ぎなかったデモ隊は、すぐに2000名に増えた。そして、市内を練り歩こうとして正門に向かったときには、その日登校した学生の半分を超える5000名に膨れあがっていた。警察の頑強な封鎖に阻まれピタッと止まった学生は、旧正門脇の塀を力一杯押した。時には不良工事も民主化に寄与するのか、塀は簡単に壊れて学生は塀の外へどっと出て行き始めた。学生がバスに乗ると、車掌は運賃を受け取らず、運転手は激励し、乗客は手を取って励ました。学生が市内に出て行くと、釜山大学当局は学校の車でデモ現場に来て学生を説得するために教授を集めた。この時ちょうど故郷釜山に来ていた文教部長官朴瓚鉉《パクチャニョン》〔1917〜91年〕があたふたと釜山大学にやって来て教授らに「今回の事態は全て教授たち皆さんの責任です。御用の何が怖いんですか。自慢できる御用になれ」と一席演説をぶった。演説の途中で秘書官が息せき切って走って入って来てメモを渡すと、あわてた朴瓚鉉は演説を中断して急いで出て行った。昌善洞《チャンソンドン》〔釜山市中区〕派出所が学生によって放火されたのだ。(5)

## 石つぶてあびる派出所、燃やされた朴正熙

携帯電話はなかった時代だが、情報は早かった。釜山大学の学生が街に出たという情報が伝えられると、東亜《トンア》大学と高麗神学《コリョシンハク》大学の学生らも市内に集まった。高麗神学大学は韓国の保守キリスト教教派の中でも最も保守的な教派で宗教の社会参与に強く反対してきたイエス長老会高神派〔大韓イエス長老会の教派〕の神学大学であった。警察はこのような所で反維新デモが起こり、学生が街頭に出て

行くとは夢にも思わなかった。そのため高神大学生500名余りは何の制止も受けずに市内のデモ隊に合流した(6)。警察が鎮圧すると学生は複雑に入り組んだ横丁に逃げ込んではまた集まった。市民は1960年4・19以来、ほぼ20年ぶりに大規模街頭デモを繰り広げる学生に拍手して応援した。警察が学生を殴ったり、捕まえようとすると、集まった市民らが「ウウ」と声を張り上げて警察を制止した。暗くなるとデモの様相は変わった。昼のデモは学生らのデモだったが、夜になるとさまざまな階層の市民がデモに参加した。規模も驚くほど増えて5万を超え、様相も想像を絶するほど激しくなった。誰も想像できなかったこのデモは、翌17日にも続いた。16日夜には派出所11カ所とマスコミ機関1カ所、17日夜には慶南道庁、中部税務署、警察署2カ所、派出所10カ所、マスコミ機関3カ所がデモ隊の襲撃を受けた。釜山市民は維新7周年をこのように激しく記念したのだ。

デモ隊の襲撃を最も多く受けた所は、市民が維新権力の最末端機関と思った派出所だった。派出所は元々兵力を多く持っていない上にその兵力さえデモの鎮圧に動員されたので、デモ隊の襲撃を受けるとお手上げだった。市民は派出所を占領すると、オートバイやパトカーをたたき壊し、朴正熙の写真を引きはがして踏みつけ火を付けた。

デモ隊のもう一つの攻撃対象は、マスコミだった。特に17日付けの新聞が釜山市内を埋めた16日の激しいデモをきちんと報道せず、10月維新7周年だけを強調するや、市民の怒りは頂点に達した。当時ある記者は「記者だと身分を明らかにしてもデモ隊はデモ隊で、鎮圧隊は鎮圧隊でむやみに暴行」したとその時の苦しい心情を打ち明けた(7)。4・19当時デモを生中継した釜山文化放送と金朱烈《キムジュヨル》〔1944～60年、1960年3月15日不正選挙糾弾デモに参加したが、催涙弾が目に当たり死亡〕の死体写真を載せ革命の勝利に大きく寄与した『釜山日報』は、5・16奨学会事件〔釜日奨学会〕の後、御用マスコミになり、韓国放送〔KBS〕の釜山放送局と共にデモ隊の攻撃を受けた。キリスト教放送はデモ現場のど真ん中の光復洞《クァンボクトン》にあったが、日頃勇気を持って維新体制を批判してきたために無事だった。『国際新聞』は釜山市警のすぐ横という立地条件のおかげで襲撃を免れた。当時、釜馬抗争を密着取材した趙甲濟は、デモ隊が「標的にしたマスコミはそれなりに正確に選別されたという評価を記者社会で受けた」とし、「民衆の怒りは暴発的だとしても、決して理性を失っていなかった」と評価した。(8) 記者たち、特にカメラを持った写真記者が攻撃の対象になった理由は「マスコミに対する反感と共にデモの群衆の身元がわかるのを恐れたため」だった。(9)

デモ隊は誰かが「警察が屋上で写真を撮っている」と叫べば、周辺の建物に向かって「灯りを消せ、灯りを消せ」と叫び、灯りを消さない商店や事務所、民家に向かっては小石を投げた。群衆は「夜陰の匿名性の中で抑圧された自我の解放感を思い切り噴出」した。昼に学生がのどをからして愛国歌を歌うとき胸がいっぱいになって涙を流すこともあったが、その時とはまた違う感激と喜びがあった。派出所を襲撃したある若い労働者は「気持ちがせいせいしました。年もまだそれほど取っていないけど怖くもなく本当にもう世の中、あー、変わるんだなあ、そんなふうに考え」たと言い、また別の参加者はスローガンを叫び石を投げ「むしろうっとりしてくるようなそんな雰囲気」を感じ「喜びを越えて恍惚とした感情」に包まれたと振り返った。(10) 趙甲濟によれば、「多くの取材記者はその時の雰囲気を『祝祭』と表現」したという。(11) 当時アムネスティ釜山支部幹事だったホ・ジンスは「久しぶりに市内でスローガンも思い切り叫び走り回ったので、いったん全てのことから離れてホントに面白かったです。本当にこれが政権没落の火種になるとは全く考えもしませんでした。次の日になると、人々の波が巨大に、つまり空中に浮かんでいるような気分になりました」と証言した。[12]

## 釜山から馬山へ

5年間デモがなかったので経験が不足なのは警察も同じだった。10月16日、釜山鎮《プサンジン》警察署機動隊が市内に出て来た学生と初めて対峙したのは、東萊《トンネ》温泉〔釜山東萊区〕付近美南《ミナム》ロータリーだったが、警察はデモ鎮圧のために出動しながら盾を持っていかないという致命的なミスを犯した。学生が近くの工事現場の小石を投げると警察の防御線は壊滅した。10月17日午前、内務長官具滋春《クジャチュン》〔1932〜96年、5・16クーデター当時陸軍本部占拠に貢献。その後「革命主体勢力」として認められ、軍人・警察出身でソウル市長、内務部長官を歴任〕は、デモ鎮圧失敗の責任を問い、釜山市警局長イ・スヨンを解任してデモ鎮圧専門家の陸軍士官学校8期で同期のソン・ジェグンを後任に当てた。[13] しかし、警察がデモを鎮圧する責任を任された時間はあまり残っていなかった。朴正熙が18日夜0時を期して釜山一帯に戒厳令を宣布したのだ。釜山に投入された空輸部隊と海兵隊は無慈悲にデモを鎮圧した。戒厳軍が振り回した棍棒に叩かれ重傷を負う人が続出した。「帯剣を差したM‐16小銃を振り回しながら催涙弾を撃ちまくる空輸部隊の無慈悲な鎮圧にデモ隊は潰され無数の市民が負傷して、釜山市内は再び『強要された沈黙』に陥った。[14]」デモは激しかったが、内務長官具滋春は警察の力でデモを鎮圧できると判断した。現地を管轄する2管区司令官チャン・ソンマン少将もわざわざ軍を動員しなくても事態を収拾できると明らかにした。それでも朴正熙は非常戒厳宣布という過剰対応をした。いかなる挑戦も許すことができないという強迫観念に陥った朴正煕は、日ごとに正常な判断力を失っていった。

空輸部隊の鎮圧で釜山のデモはいったん物音もしないくらい静かになった。次は馬山に大々的なデモが発生した。馬山は4月革命の導火線となった3・15義挙〔李承晩政権の3・15不正選挙に反発して馬山で起こった大規模デモ〕が起こった土地だが、朴正煕の久しい忠僕であり慶南大学の事実上の持ち主だった朴鐘圭の故郷でもある。慶南大学の学生は初めてデモをするとき3・15義挙の犠牲者に「先輩、愚かな後輩を叱ってください。我らは全国の大学生が維新憲法撤廃デモを起こしたとき、学校当局の企みで『維新賛成デモ』をしてしまった愚かな後輩です」と黙祷を捧げた。(15) 馬山のデモは釜山よりもっと激しかった。デモ隊は1960年3・15の不正選挙当時、自由党の建物を攻撃したように共和党の建物を打ち壊し、「朴鐘圭犬畜生、死ね！」と叫びながら彼の豪邸に押し寄せ小石を雨あられのように投げつけた。(16) デモ隊は釜山と同じく市内あちこちで派出所を襲撃し、朴正煕の写真を引きはがして切り裂いて踏みつけた。釜馬抗争で死亡者が出たという噂が長い間流れたが、2011年になってそれが事実だと確認された。警察の報告書に「左側の目にあざがありぶくぶくと膨れた状態（鼻と口から血を流した状態）」の変死体で発見されたと記載されていた人の身元が、遺族が提示した戸籍謄本の死亡事由などでユ・チジュン（当時51歳）氏と確認されたのだ。(17) 馬山でも激しいデモが続くと、維新政権は、10月20日正午を期して馬山と昌原《チャンウォン》〔慶尚南道中南部〕一帯に衛戍令を発動した。

釜山と馬山でのデモで、釜山では全部で1058名が連行され66名が軍事裁判に回され、馬山では505名が連行され59名が軍事裁判を受けることになった。朴正煕は10月18日戒厳令を宣布して「自覚のない一部学生とこれに加勢した不純分子」が狼藉を働いたとした。そして、治安本部はデモの様相を見て「偶発的なデモ行動ではない組織的な暴挙」で「組織的な不純勢力が介入した徴候が濃厚だ」と主張した。[18] 町を歩いていて愛国歌が聞こえれば立ち止まり、反共決起大会に動員されれば金日成のかかし火刑式を進んでしていた善良な市民が一朝一夕に「暴徒」に突然変わり、派出所をたたき潰し、朴正煕の写真を燃やしたことに対して維新政権は、どうにかしてそれなりの説明を出さねばならなかった。そこには黒幕が必要だった。

当時釜山保安部隊長で戒厳下の合同捜査本部長だった権正達《クォンジョンダル》の証言によれば、中央情報部のある局長が「南民戦〔南朝鮮民族解放戦線〕組織図を私のところに持ってきてほしい、南民戦の関連者が釜馬事態を起こしたように思える。それに合わせて捜査をしてください」と頼んだという。[19] 当時連行された多くの人々は、10月初めに摘発された南民戦と釜馬抗争を無理矢理つなげようとする維新政権の意図のために手荒い拷問を受けた。釜馬抗争と関連したもう一つの出来事は、馬山警察署長崔暢林《チェチャンニム》〔1939年〜〕がデモ隊が私製銃器を使用したのを摘発したと発表したことだ。取材記者によれば、この私製銃器とはかんしゃく玉に火薬を入れて発射したおもちゃ程度のものだった。記者がこのようなことを発表するのは「デモ隊を陥れるための手段ではないのか」と質問すると、署長は顔を赤くしてうろたえた。しかし、私製銃器が発見されたことは大々的に放送された。[20]

## チンピラ、歴史の主人になる

1979年10月にとりわけ釜山と馬山で激しい反維新デモが起こり、1980年5月にとりわけ光州で激しい民衆抗争が起こったことは、金泳三と金大中というこの地域が生み出した政治家の存在を抜きにしては説明出来ない。もちろん釜馬抗争や光州抗争の勃発理由を金泳三の除名や金大中逮捕によると単純に考えるのは、明らかに間違っている。しかし、この時から30年近く続いた彼らの影響力を考えると、釜馬抗争や光州抗争が「両金《ヤンギム》」という「変数」と無関係と見ることはできない。

釜馬抗争と関連してより厳密な研究が必要な部分は、デモの主体が誰であったかという点だ。朴正煕は釜山のデモは善良な市民より「食堂のボーイやチンピラ」が多くなかったのかとして「そんなやつらが国会議員の辞表をとやかく言うなんて何だか分かってんのか。新民党で計画したことだ」[21]とデモの黒幕は新民党であり、デモに繰り出した者は「食堂のボーイやチンピラ」だと認識していた。この「チンピラたち」が歴史を変えた。釜山市警の「79年釜馬事態の分析」という報告書を見ると「20歳前後の不良性向者大学生に仮装し、加勢した者（垢すり、食堂従業員、工員、靴磨きなど）」を「デモの特異様相」と指摘した。[22] 特に「夜間になるとデモ隊は都市ルンペン、接客業労働者、零細商人、半失業状態自由労働者、無職者、靴磨き、食堂従業員、商店従業員、高校生など都市下層民が中心になり、デモを主導」したのだ。[23] 光州抗争でもある程度似た様相が見られるが、抗争の全体の流れを見ると、学生や自営業者、事務職など中産層の役割も軽視できない。

中央情報部長金載圭は釜馬抗争が起こると、急いで釜山に行き現場を廻り生々しい報告を受けた。弁護士が作成した「控訴理由書」によると、金載圭は釜馬抗争の性格を「被告人が現場の釜山まで行ってみた結果、160名余りを拘束していたが、学生はわずか16名しかおらず残りは純粋な民間人であり、南民戦のような不純勢力が背後で操ったことはなくむしろ民乱や民衆蜂起のようなもの」と見た。彼は朴正煕に、釜馬抗争は「維新体制に対する挑戦であり、物価高に対する反発と税金に対する抵抗に、政府に対する不信まで合わさった民衆蜂起です。不純勢力は背後にいません。これと同じ民乱は情報資料で判断するに5大都市に広がります」と報告したが、叱りつけられた。[24]

維新政権は1978年12月の総選挙で敗北した主要な理由を、経済問題の悪化に求めた。ところで、1979年度の景気は「1978年より著しく下降曲線を描いていて、物価ははね上がった」。[25]釜馬抗争直後に釜山戒厳司令部合同捜査団が実施した世論調査を見ると、釜馬抗争が勃発した一番の理由は「経済沈滞による庶民商人層の不満」であった。[26]釜山は朴正煕が5・16軍事クーデター前に軍需基地司令官として勤務したために格別な縁がある所だった。朴正煕の代表的な業績として、人々は経済成長を挙げるが、当時の民衆、それも朴正煕が特別な縁故を持った釜山市民は政治的抑圧だけではなく、経済の失敗のために朴正煕の写真を燃やし、維新体制を体全体で拒否した。市民の抵抗が広がるとみるや、朴正煕は発砲するという強い意志を示し、その結果金載圭の銃に撃たれることになる。

## 3．1979·10·26運命の日

1979年8月のYH事件以後、金泳三総裁の職務停止仮処分申請、金泳三の議員除名、釜馬抗争勃発と戒厳令宣布などで、状況はクライマックスに向かって息詰まるように一気に進んでいった。破局はあまりにも突然に、誰も予想できなかった方式でやって来た。維新体制守護の総責任者である中央情報部長金載圭が、実の兄のような格別の間柄だった朴正煕を銃で撃って殺したのだ。金載圭の朴正煕殺害事件の捜査責任者全斗煥は、10・26事件を「金載圭が誇大妄想にとらわれ大統領になろうというとんでもない虚しい欲によってもたらされた内乱目的の殺人事件」だと規定した[1]。朴正熙の追従者にとってこの事件は「悖倫児《ペリュナ》」（人の道に背く行為をする人）金載圭が公的には「国父」であり、私的には「恩人」である朴正熙大統領を「弑害《シヘ》」（弑害とは封建時代とかで使う言葉だ）した事件だった。ある人々にとっては権力の頂点にいる者が自分たち同士で銃を撃ち、殺すという前後の見境もない無鉄砲な事件であった。またある人々にとっては金載圭が生半可に銃を使ったために民衆蜂起による維新政権打倒の機会をなくした残念な事件だった。戒厳下の徹底した言論統制のために世間にはほとんど知らされなかったが、意外にも金載圭は自身の行動を断固として民主救国革命と規定していた。

## 腹心も知らなかった「挙事」計画

10月26日午後4時10分頃、警護室長車智澈は、中央情報部長金載圭に電話で夕刻6時に中央情報部宮井洞《クンジョンドン》安家（安全家屋：大統領が宴会をしたり人に会ったりする秘密の場所）で晩餐をするので準備するようにと知らせてきた。運命の10・26、その日を選んだのは、金載圭ではなく朴正熙自身だった。金載圭は陸軍参謀総長鄭昇和《チョンスンファ》（１９２９～２００２年、陸軍参謀総長（１９７９年当時）。１９９７年「金載圭内乱企図幇助嫌疑」に対して無罪判決、名誉回復した」に宮井洞で夕食でも食べようと電話をかけた。大統領との晩餐があるのに二重に約束をしたのだ。金載圭は南山の執務室を出て宮井洞の安家に行って自分の執務室の金庫にあった拳銃に実弾を込めた。金載圭が宮井洞に到着した頃、中央情報部儀典課長朴善浩《パクソノ》（１９３４～80年）は、海兵隊同期でとても親しい友である警護室警護次長チョン・イニョンから「大宴会」の準備をするように言われた。「大宴会」は主として大統領、中央情報部長、秘書室長、警護室長など維新体制の権力序列1位から4位までの人物が、2~3人の女性と共に酒を飲む席であった。また、「小宴会」は大統領が女性と秘かに会う席であった。青瓦台警護室次長もその存在を知らないほど秘密の場所だった宮井洞安家では、「大宴会」月2回、「小宴会」月8回ずつで毎月10回ほどの宴会が開かれた。警護室と中央情報部の担当職員の間では「大宴会」、「小宴会」という言葉が全く公式用語になった(2)。中央情報部の儀典課長の主な任務は、このような行事が開かれる宮井洞安家の管理とそこで酒席を共にする女性を調達することだった。その日も朴善浩は宴会が始まる1時間半程前、あたふたと宴会に出る女性を「渉外」して秘かに集め、しっかり教育して宴会に送り込まねばならなかった。

宴会が始まって1時間ほど経って、金載圭は横の建物で自分を待っていた陸軍参謀総長鄭昇和のところに行った。鄭昇和は金載圭の代わりに彼を接待してた中央情報部第2次長補のキム・ジョンソプと食事中だったが、金載圭は彼らに大統領との食事がすぐ終わるのでもうちょっと待ってほしいと言った。金載圭は2階執務室から拳銃を出してきた後、儀典課長朴善浩と現役陸軍大佐で自分の随行秘書である朴興柱《パクホンジュ》〔1939~80年〕を呼んでとんでもない話を切り出した。「時局が危険だ。国がダメになったら、我々もみんな死ぬ。今日の夜始末する。部屋の中から銃声が聞こえたらおまえらは警護員を制圧しろ。従わなかったら発砲してもいい(3)」

二人のびっくりした様子を見ると、金載圭は陸軍参謀総長と2次長補も来ていると伝え、覚悟はできているかと重ねて聞いた。朴善浩がつい「閣下までですか」と聞くと、金載圭は「ああ」と答えた。朴善浩が「警護員が7名もいるから次の機会にするのはどうでしょうか」と聞くと、金載圭は今日やらないと事がもれるとして「賢いやつ３人だけ選んで俺を援護しろ。みんな片づける」と断固として言った。朴善浩は30分だけ余裕をくださいと頼んだ。[4] 金載圭は維新体制の絶対権力者朴正熙を殺害するというとんでもない事を準備しながら、自分の一番の腹心にも事を起こす直前になってやっと計画を知らせた。金載圭は被疑者尋問調書で「李朝時代以来二人以上が陰謀を図って成功した事例を見たことがなかったために、一人で懸命に計画を立てた」と陳述した。[5]

必ずしも部下を信じられなかったのではなかった。維新政権の情報収集体制の頂点にいた彼は、一度口外した言葉はどうしても諜報網に引っかかってしまうことをよく知っていた。朴善浩は金載圭が一時軍から追われて大倫《テリュン》中学校（大邱）で体育教師をした時の教え子で、金載圭が特別に中央情報部に引っ張って来て最も内密な任務を任せてきた者だった。朴興柱は中尉時代、師団長の金載圭の直属部下になって以来、金載圭が６管区司令官、保安司令官、中央情報部長と職を変える度に連れて来て４回も一緒に勤務した最も可愛がってる部下だった。驚くべきことは朴善浩と朴興柱だけではなく「賢いやつ３人」として選ばれたイ・ギジュ、ユ・ソンオク、キム・テウォンも全て金載圭の一言で大統領殺害計画にためらわずに加担した点だ。これは金載圭が部長としての権威だけではなく、人格的にも側近部下から末端まで絶対的な信頼を受けていたことを意味する。特に予備役海兵大佐で男の中の男を自負していた朴善浩は、現代版「採紅使《チェホンサ》」（朝鮮15世紀燕山君《ヨンサングン》の時代、美女と良馬を求めるために地方に派遣された官吏）役をすることを、死ぬほど嫌ったという。権力の私有化と道徳的堕落が極度に達した時、そのことを実際担当せねばならなかった実務者の幻滅も深まる一方だったのだ。

## 金載圭最後の選択

朴正熙が死んだ直後、事件の真相が明らかになるまでの緊迫した何時間かの間、維新政権の要員は、金載圭ではなく車智澈が朴正熙を殺したと疑った。[6] それほど車智澈の越権行為は深刻だった。車智澈は首都警備司令部を警護室長の統制下に置き、野戦砲兵団とミサイル部隊を創設した。彼は警護室主管として盛大な閲兵式を挙行し、朴正熙にせがんで警護室次長を中将に、次長補を少将に任命した。大尉出身の車智澈がこのように大将の権勢をふるうと、軍内部で彼に対する批判が高まった。[7] 車智澈の越権行為は、1978年12月の総選挙敗北の責任を取って青瓦台秘書室長金正濂が辞職してからさらにひどくなった。新しい秘書室長金桂元は、陸軍参謀総長と中央情報部長の要職を務めた。だが、彼はおとなしく穏やかで、朴正熙が期待した役割も金正濂のように経済政策を総括して政治資金の集金と管理を専門に担当するのではなく、ただ朴正熙の酒飲み友だちになることだった。車智澈は年でも経歴でも遠く及ばない先輩の金桂元が、自分より遅く青瓦台で仕事をするようになると報告順序を譲らないなどさまざまな面で「序列決め」ゲームを始めた。侮辱を受けた金桂元が車智澈を放ってはおかないと憤慨すると、金載圭は大将出身者が大尉出身とけんかしたら、大将が非難されると金桂元をなだめた。[8] しかし、車智澈はすぐ金載圭のことも様々な面で押さえつけ始めた。警護室に情報署を置いて非公式な私設情報隊まで運営して情報収集に乗り出した。また、4選国会議員の経歴を根拠に国会や新民党に対する政治工作を自分がデザインして、中央情報部に実行させるなど越権行為をほしいままにした。朴正熙はこの全てを最低でも放任、どうかすると奨励した。

車智澈の傲慢気ままは深刻だったが、問題の根源も10・26事件の直接的な理由も朴正熙にあった。

金載圭が銃の引き金を引いた最も差し迫った理由は、釜馬抗争に対する朴正熙の態度にある。金載圭は釜山の現場を廻った後、釜山の騒ぎは不純勢力や新民党の煽動のためではなく、維新体制に対する民衆蜂起であり、すぐ5大都市に広がるだろうと報告した。すると、朴正熙はかっと怒りを露わにし「今後ソウルで4・19のようなデモが起こったら」「そのときは大統領である俺が発砲命令を出すぞ」と言い切った。この場に一緒にいた車智澈は「カンボジアでは300万くらい殺してもびくともしなかったので、デモ隊100万~200万位殺しても心配ありません」と朴正熙をあおった。[9] 金載圭は1946年陸軍士官学校2期同期生として会って以来同郷の朴正熙と本当の兄弟のように親しく過ごしてきたので、朴正熙について誰よりもよく知っている人物だった。朴正熙は李承晩とは違って、絶対に引き下がらない性格の持ち主だった。そのような朴正熙の言葉が決して空言ではないということを、金載圭はよく知っていた。金載圭は「4・19と同じ事態は目の前に近付いて来ていて、いや釜山ですでに4・19と同じ事態は起こって」いるという切迫した状況で数千名が犠牲になる流血事態を避けられる道を模索した。[10] 不幸にも大韓民国で最も多くの情報を持っている金載圭が、この流血事態を止めるためにできることは、朴正熙を取り除くことしかなかった。一切の批判も許さない朴正熙は、その極端な性格のために自由民主主義と両立するのは不可能であった。

流血事態が迫っていることを感知した金載圭は、毎日焦り、追いつめられた状況に置かれた。金載圭が今日片付けようと言ったとき、彼の部下に選択の余地がなかったように、10月26日午後、車智澈から晩餐を準備するように言われたとき、金載圭にもほかに選択の余地がなかった。1976年12月中央情報部長になってから、金載圭は「道理にかなった方法」で問題を解決しようといろいろ建議をしたことがあった。金載圭は１９７７年には、朴正熙に直接選挙をしても難なく当選できるから改憲をしようと建議することもあった。１９７９年には、悪名高い緊急措置９号を解体するために緊急措置９号の実効性を下げるために緊急措置10号を建議したが、やはり受け入れられなかった。[11]金泳三が１９７９年5月、全党大会で当選できたのも、金載圭が軟禁中の金大中の外出に目をつぶり、金大中が金泳三側の団結大会に参加できるようにしたためだ。金載圭としてはそれなりに最善を尽くして極端な状況を避けるために努力した。しかし、全ての方法が失敗に終わってしまった。流血の惨劇が起こる可能性はすぐそこまでやって来ていた。新聞紙上では政府与党の要職改編説が論議[12]されていて、政界では次の中央情報部長には法務長官金致烈《キムチョル》（１９２１～２００９年）や内務長官具滋春の名前が取りざたされていた。中央情報部長の職から離れることは、差し迫った流血事態を止める機会を失うことを意味した。

その夜は26日であったが、朴正熙にとってはその時大変流行していたイ・リョンの歌のように10月の最後の夜だった。宴会の雰囲気は重かった。宴会に呼んできた沈守峰《シムスボン》（１９５０年～、78年ＭＢＣ大学歌謡祭でデビュー。トロット歌手。10・26事件の時宴会に参席していたことで１９８１年まで放送出演禁止措置を受けた。）が『その時その人』を歌っても、秘書室長金桂元が努力して話題を転じても朴正熙は新民党の話をしきりに引っ張りだし、金載圭に「中央情報部だもっと怖くならなくちゃ、おまえらは（新民党議員を）非行調査だけで捕まえればどうなんだ。パッパッと立件しろ」とこもった声でしきりに繰り返した。車智澈は「デモ隊が暴れれば戦車を動員してでももっと強圧的に押さえつければ良いのです」と朴正熙の機嫌を取った。[13]

## 野獣の心臓で維新の心臓を撃つ

朴善浩から準備が完了したと報告を受けた直後の夜7時40分頃に、金載圭は横に坐っていた金桂元を軽くポンと叩きながら「閣下にしっかりお仕えしなさい」と言うと、拳銃を出して車智澈に「この虫けらやろう……」と言いながら、一発撃った。車智澈を最初に撃ったために朴正熙の追従者は金載圭と車智澈の葛藤のために、金載圭がかっとなって偶発的に車智澈を撃ち、興奮して朴正熙まで撃ってしまったと信じたがる。金載圭が朴正熙の前に車智澈をまず撃ったのは、彼が銃を持っているだろうと考えたからだった。車智澈は首都警備司令部の強大な武力を警護室の統制の下に動かしたが、まさに決定的な瞬間に拳銃一丁持っていなかった。金載圭が拳銃を取り出しちょっとためらったせいか車智澈は腕で防御姿勢をとって、金載圭が撃った弾丸は車智澈の右手首に当たった。自身だけが朴正熙を守るといばっていた車智澈は血を流しながらトイレに逃げて行った。金載圭は車智澈を追いかけようと中腰になったが、前に坐っていた朴正熙の胸に向かって銃を発射した。自由民主主義の回復という大義のため、朴正熙との個人的義理という小義を断ち切り「野獣の心臓で維新の心臓」を撃ったのだ。金載圭が朴正熙に向かってもう一度引き金を引いたが弾丸は出てこなかった。金載圭は外に出て朴善浩の銃を取ってまた部屋に戻って行った。彼は、警護員を呼びながらトイレから出て来た車智澈に一発発射して、食卓に倒れている朴正熙に近づいて行った。50センチメートルの距離で金載圭は朴正熙の後頭部に向かってまた一発撃った。

室内で金載圭が一発目を撃ったとき、警護次長チョン・イニョンと副次長アン・ジェソンは朴善浩と待機室でテレビを見ていた。海兵隊同期のチョン・イニョンと朴善浩は、休暇を一緒に過ごすほどのまたとない親友だった。状況を予測していた朴善浩は銃声と共にまず銃を出し構えた。朴善浩は「動くな!」と叫びチョン・イニョンに「俺たち、一緒に生きよう」と訴えた。国家代表射撃選手出身で早撃ちがうまいアン・ジェソンが銃を抜こうとするや朴善浩の銃が火をふいた。チョン・インニョンも銃を抜こうとすると朴善浩の銃がまた友を倒した。金載圭はその直後外に出てこの銃を持って朴正熙を撃ったのだ。

金載圭の計画はここまでは奇跡的にうまくいった。金載圭は獄中で書いた「修養録」で警護要員の射撃の実力を考えると、朴正熙の殺害に成功しても自分が「死ぬ可能性を90パーセント」と見ていたが、奇跡的に死なずに生き残ったと告白した。(14) 金載圭は自分の行動を民主救国革命だと主張したが、多くの同志と充分な討論を通して綿密に計画した革命ではなかった。10・26事件は最も近しい腹心ですら30分前になって初めてどう行動するかを知らされた。それでわかるように、金載圭が初めであり終わりである単独の「挙事」〔大事〕だった。金載圭はヒトラーを暗殺しようとしたドイツ人の神学者ボンヘッファー〔1906~45年〕と同じく「狂った運転手」朴正熙の暴走をやめさせるのが目的だった。金載圭は群衆に向かって突進する狂った自動車の暴走をいったん止めることに成功した。昨日まで維新だけが生きる道だと叫んでいた者も、維新憲法を改正するのに一切文句をつけなかった。緊急措置は解除され、大勢いた拘束者は釈放された。

宮井洞を抜け出た金載圭は陸軍参謀総長鄭昇和と一緒に車に乗り、初め南山の中央情報部に行こうとしたが、方向を変えて龍山の陸軍本部に行くことにした。金載圭の「民主救国革命」が失敗する致命的な分かれ道だった。金載圭は朴正熙だけを除けばすぐ維新体制が崩壊すると安易に判断して、自分が構想した民主救国革命の指令部をどこに置くかまで考えていなかったのだ。金載圭は弁護士の作成した「控訴理由書」を補充するために自分自身が直接書いた「控訴理由書補充書」で「本人が決行した民主回復のための革命は完全に成功」して「10・26以後の維新体制は完全に倒れ、自由民主主義は回復」されたと主張した[15]が、不幸にも朴正熙の除去は維新体制の崩壊を意味しなかった。朴正熙が育てた領南軍閥〔領南地方は釜山広域市、大邱広域市、蔚山広域市など慶尚北道、慶尚南道一帯を指すことで、その地域出身の軍人のこと〕の核心である全斗煥と盧泰愚は、青瓦台警護室作戦次長補と行政次長補を務めていた。朴正熙の後に朴正熙のいない朴正熙体制を率いて行く者は、朴正熙の近衛将校らであった。金載圭が親・兄のようだった朴正熙の命と自身の命を投げ出して止めようとした流血の惨劇は、何カ月か後に延びただけだった。

## あまりにも早くやって来た春

維新体制に対する抵抗が激しかったにしても、学生たちのスローガンは「維新撤廃」と「独裁打倒」程度であって朴正熙を殺そうというスローガンまで出たことはなかった。ところで、朴正熙が殺されてしまった。それも中央情報部長の手で！　大衆の衝撃はあまりにも大きかった。大衆は全く予想できなかった独裁者の死に衝撃と不安に陥り、一部の人々は、北朝鮮で金日成が死んだ時ほどではないにしても、焼香所を訪ねたり国葬の時沿道に出ていつまでも泣いた。しかし、朴正熙一人のためだった維新体制を維持せねばならないとは、誰も主張しようとしなかった。昨日まで「維新だけが生きる道だ」と叫んでいた共和党と維政会の議員や維新を支持していたマスコミは、それぞれ新しい生き残る道を探し始めた。あんなに勢いよく新民党議員の辞職届を受理しようとしきりに騒いでいた者の中にも、誰一人維新体制を守らねばという者はいなかった。娘朴槿恵は父親の葬式を終えるとすぐ追い出されるように青瓦台を出ねばならなかった。彼女は人々が「父が健在の時は『維新をしてこそ我らが生きる！』と叫んでいたのに、父が亡くなった後には維新に対する擁護をしない」と言ってその裏切りに悔しさのあまり身を震わせた。(16) 維新の元追従者は、国会で与野党同数で新憲法を作るための改憲特別委員会が組織されたのを認めねばならず、緊急措置の解体と拘束者の釈放にあえて文句をつけることもできなかった。維新の「残党」が出した唯一のみみっちいやり口は大統領権限代行を任された維新政権の国務総理崔圭夏《チェギュハ》（1919～2006年、国務総理（1975年～）、79年10・26事態以降大統領に選出されるが、新軍部の圧力で8カ月で辞任）を、現行憲法（つまり維新憲法）に従って統一主体国民会議で正式に大統領に選び、彼の主導下で改憲など政治日程を進めようとしたことだ。

在野の民主勢力は「まず大統領選出、のち改憲」をめざし、維新残党が「自分たちの腐敗した特権支配を最後まで温存させようと」いう「時代錯誤的な詐欺劇」を阻止するため「統一主体国民会議での大統領選出阻止国民大会」を開催した。11月24日、明洞ＹＭＣＡ会館では新郎ホン・ソンヨプ〔1953～2005年〕と新婦ユン・ジョンミンの結婚式が行われた。新郎は民主運動陣営の美男だったが、新婦は架空の人物だった。当時は戒厳令のために一切の集会が禁止されていたために「偽装結婚式」の形を取って国民大会を開いたのだ（この日の新郎ホン・ソンヨプは、「偽装結婚式」をしたためか本当の結婚式を挙げられないまま独身で残念にも2005年、白血病で亡くなった）。(17) 国民大会準備委員長白基玩らは戒厳布告令違反で捕まり、ひどい拷問を受けた。

民主化というはっきりした目標が示されたにもかかわらず、濃い霧のために道は見えなかった。維新の最後の国会で追い出された金泳三は、華麗に政治の舞台に復帰した。長い間軟禁状態にあった金大中は、崔圭夏が大統領に選ばれた後軟禁状態から解放された。ずいぶん前に自分が作った共和党の総裁に選ばれた金鐘泌は、維新体制の被害者のふりをしつつ「新しい時代を開拓してその主役にならねばならない」と改憲以後実施される大統領選挙に対する意気込みを隠さなかった。[18] 今まさに「三《サム》金《キム》」時代が開幕されるかのようだった。しかし、事情をよく知っている者は、次期大統領はいずれにしても金《キム》氏ではないという軍部発の噂を熱心に世の中にばらまいた。

## 朴正熙のいない朴正熙時代

戒厳令が宣布され合同捜査本部長になった保安司令官全斗煥は、10月28日の中間捜査発表で金載圭が車智澈との感情対立が激化して「業務執行上の無能を数回にわたり大統領から問い詰められ、そのため要職の改編説も最近出て来て、自分が引責解任されるのを憂慮した余り反抗に及んだもの」と主張した。[19] 11月6日の捜査結果発表で全斗煥は10・26事件を「政権奪取を目的にした金載圭の計画的犯行」と決めつけた。10・26事件は「凶悪な野心」を持った金載圭が「誇大妄想にとらわれ大統領になろうというあきれかえる虚欲がもたらした内乱目的の殺人事件」というのだ。[20] 全斗煥にとって金載圭は「父親を殺した息子と変わるところない悖倫児」だった。[21]

金載圭に対する裁判は、12月4日に始まった。金載圭が朴正熙を撃ち殺した点は疑問の余地がなかった。問題は意図だった。全斗煥を中心に結集した「新軍部」は金載圭の行為が内乱目的の殺人事件だったと規定した。だが、当事者の金載圭は自分が「個人の義理に背いたが、大統領の墓の上に登るほど道徳観が堕落してはいませんでした」と主張した。金載圭は朴正煕が、朴正煕自身の存在を自由民主主義とは決して共存できない対立関係に追い込んだために、民主回復のために不可避的に朴正煕を撃ったのであって、自分が権力をつかもうという考えはいささかもなかったと強調した。[22] 裁判でのまた別の争点は管轄権の問題だった。金載圭が朴正煕を射殺したのは、1979年10月26日夜7時40分頃で、戒厳令が宣布される以前であり、朴正煕も金載圭も現役軍人ではなかったために軍事法廷で裁判をする根拠はどこにもなかった。それでも新軍部は軍法会議でほとんど毎日裁判を開くほど裁判の進行を急いた。

崔圭夏が維新憲法によって大統領に選出されて12月8日0時を期して緊急措置が解除されると、人々は遅まきながら今こそ民主化が始まるように感じた。だが、それは何日も続かなかった。12月12日夕刻、漢江の南から漢江の北に帰宅した人々は、戒厳軍が全ての橋（当時漢江には11個の橋があった）を遮断して車両の通行を禁止したのでひどい目に会った。着手から完了（翌年の5月17日）まで世界で最も長かったクーデターと呼ばれた12・12事件が起こったのだ。この日の夕刻、戒厳司令部の合同捜査本部長の全斗煥が、戒厳司令官の鄭昇和を金載圭の共犯と疑って連行したのだ。鄭昇和は金載圭の強力な推薦で陸軍参謀総長にあったが、金載圭が10・26事件当日宮井洞安家に呼んだために、金載圭と共謀をしたと疑われた。韓国現代史で最も決定的な瞬間に先制攻撃で決定打を飛ばしたのは全斗煥だった。

朴正煕は自分と故郷が同じ領南出身者を重用した。全斗煥は5・16直後陸軍士官学校生徒の5・16

支持デモを組織して朴正煕の目に止まった。その後、青瓦台警備を担う30大隊長、空輸1旅団長、大統領警護室作戦次長補、1師団長、保安司令官などを務め、朴正煕に可愛がられた。朴正煕の政治的な息子である彼が、10・26事件の捜査責任者の保安司令官だった点は、この後の事態の進展で決定的な意味を持つ。10・26事件は維新政権の実際の権力序列1位から4位に該当する大統領、中央情報部長、警護室長、秘書室長が集まった席で中央情報部長が大統領と警護室長を殺害した事件だった。維新体制の頂点で突然とんでもない権力の空白が生まれたのだ。この空白期に新しい権力者として浮上したのが、陸軍参謀総長として戒厳司令官になった鄭昇和と保安司令官として合同捜査本部長を担った全斗煥だった。10・26事件は法的には殺人事件であったために、捜査責任者の合同捜査本部長の権限が強化されざるをえなかった。ところで、合同捜査本部長の上官である戒厳司令官が殺人事件の共謀者と疑われることになった。鄭昇和としては大変無念なことだった。彼は決定的な瞬間に金載圭を南山の中央情報部ではなく、龍山の陸軍本部に連れて行ったことで金載圭の意図を挫折させた張本人だった。それにもかかわらず彼が疑いをかけられたのだ。

　鄭昇和が疑念を持たれた理由は他にもあった。鄭昇和は全斗煥に権力が傾いていくことをとても危険だと思った。鄭昇和は全斗煥を保安司令官から解任して東海警備司令官に左遷させる計画を立てた。しかし、保安司令部が通信内容からその情報をつかみ、この計画は知られてしまった。自分が軍事反乱で政権に就いた朴正煕は、保安司令部を通してクーデターを防止して軍を統制した。独裁体制下で軍の指揮体制が、正常なラインと保安司令部ラインに2元化されていたのだ。いつも軍部のクーデターを警戒してきた朴正煕体制で保安司令部は強大な機構だったが、10・26事件以後の保安司令部は事件前の保安司令部ではなかった。戒厳令で保安司令部を中心に合同捜査本部が編成され、保安司令部は検察と警察を統制するようになった。

平常時保安司令部を牽制できた唯一の機関である中央情報部は、そのトップが大統領を殺害したことで完全に逆賊機関とされて保安司令部に掌握された。保安司令部の実際の兵力はそれ程ではなかった。鄭昇和はクーデター防止が主となる任務であった保安司令部が軍の情報経路を独占してクーデターを起こしたので、戒厳司令官もやられるしかなかったと述べた。[23] 戒厳司令官鄭昇和は陸軍大将からいきなり2等兵に降格され、保安司令部で水拷問まで受けた。大統領と中央情報部、警護室、秘書室が全て無力化した状態で、保安司令官全斗煥は合同捜査本部職制を通して検察と警察を掌握して軍事反乱を起こし、戒厳司令官まで制圧して最高の実力者に浮かび上がった。

「維新という巨大な怪物」が「朴正煕一人がいなくなればそのままなくなるもの」と考えていた金載圭は[24]、維新の頭を切ることには成功した。しかし、頭を切られた維新という怪物に新しい頭が突き出した。朴正煕の政治的私生児全斗煥であった。全斗煥は金載圭を切って、光州を血で染めた。朴正煕の後を継いで結局この国を13年間統治した全斗煥と盧泰愚は、それぞれ青瓦台警護室作戦次長補と行政次長補を務めた朴正煕の近衛将校だった。全斗煥は朴正煕の痕跡を消して新しい時代を標榜したが、それは朴正煕のいない朴正煕時代だった。

## 金載圭をどう評価するのか

金載圭は12月18日に行われた1審最終陳述で、民主化に向かう政治日程を明らかにしない崔圭夏に向かって「自由民主主義は門の前に来ているのに門を開けずにいる。絶対に自由民主主義のせいで混乱がやって来ることはない。早く政権を移譲して混乱を防げ」と促した。金載圭は「早く民主回復をしないと、来年3、4月頃全国的に民主回復運動が起こること」を予言した。[25] 崔圭夏は何かを積極的にしてではなく、この決定的な時期に何もしないことで全斗煥の登場と維新の復活のためのカーペットを敷いてやった。何もしない罪がこれほど大きいことはなかった。街には全斗煥ゴーストップ〔「五鳥《ごとり》」とも言い、花札の遊戯の一つ〕や崔圭夏ゴーストップという花札の新ルールも登場した。全斗煥ゴーストップは「サクスリ」〔一掃〕すると、カスではなく自分がほしいものを相手から何でも1枚ずつ持ってくるものだった。一方、崔圭夏ゴーストップは「サクスリ」すると、自分のカスを相手に1枚ずつやるものだった。花札をする座布団の上では崔圭夏ゴーストップをしながらクスクス笑えたが、実際の歴史では数多くの人々が血の涙を流した。

法廷での金載圭は堂々としていた。初め人権弁護士はいくら独裁者朴正熙を処断したと言っても、民主化運動をした人々を弾圧した中央情報部のトップを弁護せねばならないのかと、金載圭を弁護するのが気に入らなかった。しかし、裁判が進んでいくと弁護士は自由民主主義の回復に対する金載圭の真正さと人格に魅了された。[26] 戒厳令下の軍事独裁で行われる裁判の状況を知る方法がなかった青年学生や一般市民は、金載圭の「挙事」事件を車智澈との葛藤に始まった偶発的な出来事と見がちであった。しかし、より深い情報に接することができた在野の知識人や良心的宗教人、特に金壽煥枢機卿以下カトリック司祭は、金載圭の救命に積極的だった。金載圭救命運動の趣意文は「我々は決して金載圭を英雄だとか義士だとか讃えねばならないと主張するものではない」としつつ、「金載圭は新憲法下で、維新悪法と共に国民の公正で公開的な審判を受けねばならず、維新悪法が彼を裁くことはできない」と主張した[27]。

金載圭は「立派な男子としてこの世に生まれ、私ができる、私が死ねる名分を発見」したと考えたので、法廷で自分の命乞いはしなかった[28]。ただ彼は、部下だけは是非とも生かしてやりたがった。「革命理念に完全に同調した人ならあの世に連れて行っても良いが、どんなわけなのかも全く知らずに死ぬこと」に対する罪の意識のためだった。金載圭は獄中の修養録で「今までは自分の正当性を主張することで罪責感を感じなかった」が、「今や部下の顔を見ると死にたい。一日でも早く」と書いた[29]。

金載圭は朴正熙を撃ったが、朴正熙の名誉だけは守りたかった。彼は法廷で朴正熙に女性芸能人を提供する仕事を担当していた朴善浩が（尹昶重《ユンチャンジュン》（1956年～、2013年朴槿恵政府のスポークスマン。13年5月大統領米国訪問に同行、性暴行犯罪を起こしスキャンダルになる）がしたことはたいしたことではなかった）朴正熙の女性問題について陳述しようとすると、後ろを振り返って「おい、しゃべるな」と止めたりもした[30]。しかし、金載圭は現役軍人として朴興柱が一審で死刑宣告を受けると心が揺れたようだ。彼は1980年2月15日付け「修養録」で「全員を救済する方法が対国民世論にかかったとすれば、事実だけは公開してやらなければならないだろう」として「もちろん亡くなった方の名誉を考えると心が痛む。しかし、あの若い命をどうかしないと」と悩みぬいた。だが、金載圭も朴善浩も朴正熙の女性問題については最後まで口を開かなかった。

わが国の歴史ではもう一つの10・26事件があった。安重根（1879～1910年、1909

年、ハルピン駅で伊藤博文を狙撃射殺した。翌年旅順監獄にて処刑された。遺作として『東洋平和論』がある〕が伊藤博文〔1841～1909年、初代韓国統監（1906年3月～09年6月）〕を撃った日が、1909年10月26日だった。70年を置いて2つの10・26事件があったのだ。日本帝国主義の残滓を清算出来ず軍事独裁時代がやって来て、日本帝国主義を象徴する伊藤博文の弔いの日と軍事独裁を象徴する朴正熙の弔いの日が同じだということは、単純な偶然ではない。安重根も、尹奉吉も、金載圭も、いやあの昔の司馬遷の『史記列伝』で最も感動的な部分である『刺客列伝』の荊軻〔?～紀元前227〕も「丈夫」〔一人前の男〕と「壮士」〔意気盛んなたくましい男〕を歌った。

分断と戦争と虐殺を体験しながら、あまりにもおとなしかったせいか進歩運動陣営には大義のために自分の体を焼き、自分の血を流した烈士はいちいち名前を挙げられないほど多いが、自分の命を捧げて敵の血を流した義士はただの一人もいなかった。右の陣営でも事情は変わらない。親日派が勢力を握っていた国で安重根、尹奉吉、李奉昌《イボンチャン》〔1900～32年、独立運動家。1932年1月8日、桜田門外で昭和天皇暗殺を試みるが失敗、10月市ヶ谷刑務所で処刑された〕、金九に象徴される保守右翼義士の系譜は代が途絶えた。野獣の心臓で維新の心臓を撃っても朴正熙の名誉を最後まで守ろうとした金載圭は、代が切れてしまった韓国保守右翼の系譜で突出した最後の大陸型人間だった。

金載圭は5・16と維新という朴正熙の内乱に行動を共にしたが、結局この内乱を終息させた。金載圭の行動を内乱目的の殺人と決めつけたのは、全斗煥の内乱であった。金載圭は最終陳述で「国民の皆さん、自由民主主義を満喫してください」という言葉で国民に対する惜別の挨拶をした。金載圭が死刑執行されたのは、光州で民衆抗争が最も盛んな時だった1980年5月24日だった。金載圭を殺した全斗煥は、光州市民の抗争までも踏みつけ、生命が尽きたようだった維新体制を看板だけ変えてぶら下げ、新装開店した。全斗煥の内乱はそのように完成し、それから33年が過ぎた今日、我々は未だ自由民主主義を満喫できないでいる。

1979年10月、民衆の激しい抵抗と政権勢力内部の亀裂で歴史の舞台から退出させられた朴正煕は、1997年末のIMF通貨危機〔1997年、アジアを襲った通貨危機のこと。韓国は3年間でIMF支援国から卒業したが、その後遺症はいまだに続いている〕と2012年の大統領選挙を経て華麗に復活した。2012年の大統領選の結果が、歴史の法廷で朴正煕に下す最終判決になるだろうか。フランスでも革命以後ナポレオンが自ら皇帝になり、最初の大統領に選出されたその甥ルイ・ナポレオンも「国民投票」を経て再び皇帝になった。フランス最後の皇帝の出現を見て、マルクスは人間が過去から条件作りをして引き継いだ環境の中で歴史を作るものだと言った。「全ての死んだ世代の伝統は、悪夢と共に生きている世代の頭を押さえつけている」というのだ。皇帝ナポレオンの銅像がひっくり返ってこっぱみじんになるために甥ルイ・ボナパルトの肩に皇帝のマントが引っかからねばならなかったように、(31)朴正煕へのノスタルジーもどうにかしてまた消費されねばならなかった。歴史の法廷で朴正煕と金載圭がきちんと向かい合い立つことは、その後に可能なことだ。今は、自分がなぜ朴正煕を撃ったのかを大衆に話す機会すらきちんと持てないまま、刑場の露と消えた金載圭の再評価の準備を始めるのが先だろう。

## 4. 光州、その荘厳なる敗北

光州は苦しんでいる。死ぬほど苦しんでいる。30年の歳月が流れても古い傷が癒えないからではない。新たな空輸部隊が見慣れない凶器で突き刺し、殴り叩く。遅ればせながらトラウマセンターを作り、つらい傷をちょっと癒やしても何になるだろう。あのような新たなつらさ、新たな悲しみが滝のように流れているのに……。『ニム〔君〕のための行進曲』〔韓国の民衆歌謡として、5・18民主化運動で犠牲になった尹祥源と労働運動家パク・キジュンの霊魂結婚式のために1981年に作られた。「民衆の愛国歌」としてよく集会の時に歌われる〕が合唱はゆるされても斉唱はダメだという。合唱をするには合唱団だけが歌えばいいが、斉唱をするとなると大統領を含む参加者一同が歌わねばならないためだったからか？　亡くなった方々の棺を臨時に尚武館〔光州道庁付近の軍の体育館〕に安置したことを「エイ宅配包装完了」〔エイ宅配とは、全羅道地域の匂いがするエイ料理を用いて地域を批判する差別語。ネット右翼の若者が光州事件の犠牲者の棺をエイの宅配にたとえたことで、2015年9月、死者の名誉毀損で有罪となった〕などと云々したの[1]を見ると、あのような精神破綻者が我々の社会にあふれている事実が、その時の戒厳軍の蛮行よりもっと恐ろしい。あのような者たちは、全斗煥みたいな者が連れ回して、何回も「左に、右に転がら」せた後、棍棒や大剣を握らせて、光化門に放り出したら、あの日錦南路《クムナムノ》〔光州市東区〕で起こったことよりもっとむごたらしいことを躊躇せず犯す者たちだ。光州を経験しても軍隊で市民に発砲しろという上官の不当な命令を拒否できる人権教育が出来ない国、いや、発砲命令の実体すら明らかにできない国で、再発防止はただの夢に過ぎない。

## 錦南路にばらまかれた君の赤い血

１９８０年、新しい春はやって来たが、大学街は維新時代になくなった学生自治会を再建するのに没頭して、まだ政治的なイシューを前に押し出すことが出来ないでいた。大統領崔圭夏も、国務総理申鉉碻《シンヒョンファク》〔１９２０～２００７年、政治家、経済人〕も、新勢力として登場した中央情報部長代理全斗煥も、全て維新の残党だった。新しい時代に変わることが明らかであったのに、政治のプロセスが霞の中でうやむやになったのは、維新の残党が自分らの既得権を維持しようともがいていたためである。責任のある政治家たちが政党と国会を通して国民のエネルギーをきちんと引き継ぐ受け皿にならなかったために、軍と学生の対決が韓国政治の決定的な対立構図を形成した。それは１９７９年10月の釜山・馬山から始まり、１９８０年5月の光州で終わったが、よく「ソウルの春」というソウル中心的な用語で呼ばれるこの激動期でも同じであった。「ソンパン」〔先制行動をとること〕の名を上げる側が損害を被ることが多かった奇妙な歴史のため、軍と学生は互いに相手の様子をうかがっていた。

街にまず出てきたのは、一糸乱れぬ命令体系を持った軍ではなく、学生だった。5月13日の夜に続いて、14日と15日の2日間、数万名の学生がソウル市内をデモして回ったが、学生の期待とは違い市民の反応は冷淡だった。維新末期の釜馬抗争当時に数百名の学生が街でに出ていくと瞬く間にデモ隊が数万名に膨らんだのとはあまりにも違う様相だった。市民の参加がほとんどないとなるや、学生は5月15日いわゆるソウル駅回軍《フェエグン》〔１９８０年5月15日、ソウル駅前に10万人を超える学生が集結したが、当局との衝突を避け、解散したことをいう。方向性を変えるときによく使われる〕して街から学校へと戻った。軍部はそのすきをついて討って出た。政府は5月17日夜24時を期して、非常戒厳宣布地域を全国に拡大した。全ての政治活動は中断され、大学は門を閉めて、全国で数百名の政治関係者と在野の知識人、学生が検挙された。「三金」の中で、金大中は「騒擾操縦」嫌疑で、金鐘泌は「権力型不正蓄財」嫌疑で連行されたが、金泳三は自宅に軟禁されただけで連行を免れた。狡猾な新軍部は金大中と金泳三を違う方法で処理することで湖南《ホナム》〔全羅南道と全羅北道〕と領南が手を結んで抵抗する可能性を遮断した。当時大学生はキャンパスへ戻っていたが、もしも軍部が攻めて来た場合に学生が集まる時間と場所を決めておいた。実際に学生が一部ではあるが集まらなかったわけではなかった。しかし、ソウル駅や永登浦駅など集結地に集まった一部学生は、空輸部隊が鎮圧棒を振りかざして大声で叫びながら走ってくるや何秒も持ちこたえられずにそのまま解散してしまった。完璧な初戦撲滅、それで終わりだった。光州、ただ一つを除いては。

運命の5月18日朝10時。7空輸33大隊が待機していた全南《チョンナム》大学の正門前にも学生が集まってきた。集まった学生が200~300名に達すると、学生らは勇気を出して「非常戒厳を解除しろ」、「金大中を釈放しろ」、「全斗煥は退け」などのシュプレヒコールを叫び始めた。空輸部隊はすぐに鎮圧を始めた。空輸部隊の鎮圧は警察の鎮圧とは次元が違った。空輸部隊も釜馬抗争を鎮圧した当時の空輸部隊ではなかった。当時保安司令部が作成した「釜馬地域学生騒擾事態教訓」という報告書や釜馬抗争当時の釜山地域の保安部隊長であった第5共和国〔全斗煥政権時期〕の中心であった権正達〔1936年~、5・17非常戒厳拡大措置に深く関与〕によると、「釜馬事態鎮圧作戦に対する評価過程でデモの大規模拡散を未然に防ぐためには、初動段階から空輸部隊などを投入して強硬鎮圧をすることが効率的だという反省論が提議」されたという。[2] これに従って新軍部首脳部は、現場の空輸部隊に公式・非公式ルートを通して「騒擾が起こっている地域では最後の一人まで追撃して打撃を与え、逮捕」という強硬鎮圧を繰り返し指示した。[3] 結果は残酷だった。空輸部隊は「デモの学生を捕まえると、まず棍棒で頭を殴り引きずり倒しては3、4人がいっぺんに走って来て軍靴で踏みつぶし」「顔を上向きにしておいて顔面を軍靴で踏みつけて棍棒で叩き血だらけにした」[4]。空輸部隊は血だらけになった犠牲者の足と頭を持って左右に「1、2」と振って「3」でトラックに放り込んだ。倒れた人の上に人々が積み重なった。誰かがフランスの歌『誰がおばあちゃんを殺したか』〔ミッシェル・ポルナレフの歌で歌詞に「おばあちゃんの時代には庭には花が咲いていた／時は過ぎ、その思い出だけが残っている／お前の手の中にはもう何も残っていない／誰がおばあちゃんを殺したの？　時代？　それとも時間がない人間たち？」とある〕に曲を付けて『5月の歌』を作った。その時代「花びらのように錦南路にばらまかれた君の赤い血」を思い浮かべながら、声を上げて歌ったその歌が投じた疑問を我々はまだ解くことが出来ない。

「なぜ刺したのかい？　なぜ撃ったのかい？　トラックに乗せてどこに行ったのかい？」

今までに軍はこのようなことはしなかった。事実あいつらは国軍ではなく、北朝鮮からの人民軍だという話は、今とは全く違う意味〔韓国の保守メディアでは光州事件は北朝鮮が操ったという説を提起した〕でその時もあった。その時その噂の震源地は幼い子どもだった。目の前で起きた軍人の殺戮をとうてい理解することが出来なかった子どもらは、先生や両親に「あいつらは国軍じゃないでしょ？人民軍でしょ？」と息を切らして聞いたものだ。腕に白い腕章を付けた衛生兵ならば、敵軍も治療してくれるのが当然にもかかわらず、戒厳軍は鎮圧棒を高く振り上げ、血を流す負傷者を叩きまた叩きまくった。

## 悲しく寂しかった大同世上《テドンセサン》

空輸部隊の無慈悲な虐殺に市民らは初めは恐怖に震え逃げたが、ある地点に至るとそれこそ怯えなくなった。どの程度の蛮行で恐怖感が極限に達し、どの程度を越えると人々が恐れなくなるかを言葉で説明するのは本当に難しい。空輸部隊に追われた時はただ怖いという思いだけだったが、いったん逃れてみると戒厳軍が人々を殴り、殺していた姿が思い浮かび、激しい怒りを抑えられなくなった。ちょっと前まで一緒にデモを見物していた人、ちょっと前まで一緒にシュプレヒコールを叫んでいた人、ちょっと前まで一緒に逃げていた人がバタバタと倒れていくのを見たので、死ぬことと生きることは自分が決められる問題ではないとも感じられた。

戒厳軍の蛮行に怒り震えて地団駄を踏んでいた市民が、空輸部隊を追い払おうと抵抗を始めた。戒厳軍は恐がり逃亡するはずの人々が中高年まで出てきて抵抗すると、とても面食らった。ついに5月21日午後1時、道庁のスピーカーから愛国歌が鳴り響いた時、威厳軍は市民に向かって一斉に発砲を始めた。数多くの人々が犠牲になり、とうとう市民らも市の外郭にある派出所の武器庫を破壊して武装し始めた。市民軍が登場したのだ。夜8時、市民軍がついに道庁を占領した。朝鮮王朝500年の間、道庁所在地が民衆の手に渡ったことは、王朝末期に全琫準《チョンボンジュン》〔1855～95年、朝鮮末期1894年に起こった東学農民運動の指導者。同年12月に逮捕され、絞首刑になった〕の東学軍が全州の監営〔朝鮮時代各道の監察使が政務をみた官衙〕を占領したこと、ただ一回だけであった。

　このような烏合の衆の革命軍は韓国の歴史に一度もなかった。何の準備もなく、何の計画もなく、何の組織もなく市民軍はあっという間に道庁所在地を解放させた。市民に対する一斉発砲直後、戒厳司令官李《イ》熺《ヒ》性《ソン》〔1924年～、鄭昇和の後任となり、陸軍参謀総長・戒厳司令官として光州民主化運動鎮圧を指揮した〕はソウルで談話文を発表して「光州事態」は「不純分子」や「定住間諜」〔一定の地域に永久的に定住して間諜行為を行なう者を言う〕の煽動に騙されたヤクザ、不良ら少数の暴徒によるものだと歪曲した。オウムのようにマスコミは、光州は暴徒の略奪と放火と破壊が蔓延する無法地帯になったと騒ぎ立てた。しかし、市民が主人になった光州は平穏だった。1977年7月、原子力発電所に雷が落ちてアメリカニューヨーク市が12時間停電になったとき、数千件の略奪事件が起こって現場で逮捕された者だけで3800名に達したという。[5] しかし、銃器数千丁が市民の手に渡った光州は、ただ一件の強盗事件もなくとても平穏だった。光州では泥棒、チンピラ、強盗がいなかったのだろうか。いや、彼らでさえ喪中だったのだ。都市全体が巨大な喪中の家に変わった光州では、みんなが喪主だったのだ。5月、光州は巨大な悲しみの共同体であり、共有の共同体だった。戒厳軍が消費都市光州の外郭を遮断して物資が入ってこなかったが、物価は上がらず買い占めや売り惜しみもなかった。良洞《ヤンドン》市場と大仁市場の商人は、通りで釜をかまどにかけおにぎりを作って市民軍に食べさせた。五餅二魚《オビョンイオ》の奇跡〔イエスが餅5つと魚2匹で5000人を食べさせたという奇跡〕はイエスだけが出来ることではなかった。当時市民軍として活動していた画家洪成譚《ホンソンダム》〔1955年～、木浦出身の代表的な民衆美術家。80年5月、光州民主化運動のとき、市民軍に加わった。その後、民衆美術の軸を形成する作品の世界を描いている。2014年の光州ビエンナーレでは「セウォル号事件」を題材にした「セウォル5月」が出品拒否された）はその時その瞬間、市民軍と共に行動したことを考えると、胸が張り裂けるようで、その場で死んでも思い残すことはないと30年経った今も語っている。

それでも市民軍はあまりにも孤独だった。光州の人々は光州の出来事が伝えられたら、ソウルでも釜山でも大邱でも、市民が当然立ち上がるものだと期待していた。全国の市民が立ち上がれば殺人魔全斗煥の政権を止めることができるだろうに。だが、どこからもそんな便りは入ってこなかった。空輸部隊を追い払った時の喜びもつかの間、一日一日時間が経つに連れ焦りが募った。光州の外郭を徹底的に封鎖した戒厳軍の市内への進入は迫ってきて、事態解決の突破口は見えなかった。光州の有志と在野の知識人が中心になった市民収拾対策委員会は武器を返納せねばならないと主張した。第二次世界大戦や朝鮮戦争で使ったM1〔ライフル〕やカービン銃で重武装した戒厳軍が本格的に攻め込んで来た時、光州を、いや道庁さえも守り切ることは初めから不可能なことだった。生きている人は生きねばならないのではないか。銃を下ろそうという言葉に間違いはなかった。

しかし、しかしその日みんなが銃を下ろしていたら、光州は我々の心に今日とは違う姿で残っていたことだろう。最後まで銃を下ろすことが出来ない人々がいた。勝敗が問題ではなかった。なぜ銃を下ろせなかったのか？　言葉では説明出来ないことだった。「何となく」下ろせなかったのだ。ガランと誰もいない道庁に全斗煥とその手下どもがにやっと笑いながら入ってきたら、今までに死んだ人はどうなるのか、今まで闘ったことはどうなってしまうのか。「生きている人をより考える者は銃を下ろそうと言い、死んだ彼らをより考える者は銃を置くことが出来なかった」(6)

## 5000年の歴史で最も長い夜明け

5月26日午後にも道庁前の噴水台で、3万名余りの市民が参加した中、市民決起大会が開かれた。市民が光州を解放した後、毎日開かれた決起大会だった。その日の雰囲気はいつもとは違った。その夜の戒厳軍の進入は確実だった。戒厳軍はすでに最後通牒を送っていた。その3万名が全て道庁に残ったら、戒厳軍は進入作戦を決行出来ただろうか？　戒厳軍を追い出した偉大なる光州市民は悲壮な沈黙の中、一人二人と家に戻り始めた。99パーセントの市民が家に戻って行き、1パーセント余りの300名余りが道庁に残った。学生がいなかったわけではないが、高学歴の人よりは低学歴の人の人のほうがはるかに多かった。何人かは自分が死んでも面倒をみてくれる人もいないだろうからと、低学歴を清め新しい下着に着替えた。夜は、負けるとわかっている闘いをものともせずに道庁を守った彼らの非常な寂しさを飲み込んで深まっていった。

映画『華麗なる休暇』〔2007年7月公開。日本名は『光州5・18』〕。タイトルの『華麗なる休暇』は軍の鎮圧作戦名〕でシネ〔道庁に残った主人公金キム・ミヌの恋人〕がマイクをつかみ泣きながら訴えたのが、まさにこの夜だった。

「光州市民の皆さん、我々のことを記憶してください。我々は暴徒ではありません。」

何時間か前までは道庁前の噴水台にいたが、重い足取りで家に戻って行った人々が夜が深まったと言って眠ることが出来ただろうか？　むしろ道庁に残った人々が極度の重圧感をどうすることもできずこっくりこっくり居眠りをしたという。道庁に残った人々のことを考えながらぶるぶる震えながら眠れなかった人々は、シネの訴えを心で聞かねばならなかった。朝方3時30分戒厳軍は光州に進入し始めた。4時には道庁を包囲した。4時10分頃戒厳軍の一斉射撃が始まった。銃声は長く続かなかった。戒厳軍の状況日誌には「04：55、道庁完全占領」と書かれていた。

何十分にもならない時間だったが、家で銃声を聞かねばならなかった人々にとってその時間は、5000年に及ぶ我々の歴史で最も長い夜明けだった。その夜明けを迎えラジオを付けると、道庁の暴徒が掃討され、今や光州には秩序と安全がやって来たというニュースが流れた。新時代を率いる新しい指導者全斗煥を称賛する『全飛御天歌《チョンビオチョンガ》』〔朝鮮王朝時代、王朝国家の正統性のために作られた神話『龍飛御天歌《ヨンビオチョンガ》』のもじり〕は至る所で歌われ広がった。その夜明けを一睡もしないで夜を明かした人々の心には「生き残った者の悲しみ」が育っていた。「生き残った者の悲しみ」という新しい遺伝子を持った人々は、どこが故郷か関係なく、みんな光州の子どもになった。

みんな死ぬことを覚悟して道庁に残ったが、元々火力の差が大きくあっという間に制圧されたためか、かなり多くの人々が生き残った。『5月の社会科学』の著者崔丁云《チェジョンウン》〔1953年～〕教授は「生きたかった人はみんな生き残り、死のうと決めていた人も半分は生き残った」と書いた[7]。ひょっとすると半分よりはるかに多く生き残った彼らは、背中に「悪質激烈」、「実弾10発所持」、「拳銃所持」などの分類基準がマジックで書かれたまま尚武台《サンムデ》〔1952年設立の陸軍の軍事教育及び訓練の施設。全国の尚武台施設が光州地域に統合された。現在5・18記念公園になっている〕の営倉に引っ張られて行った。今まで続いている光州のトラウマ、「生き残った者の苦しみ」が始まった[8]。今は望月洞《マンウォルドン》〔光州市北区〕の墓地が豪壮な国立墓地になったが、道庁で犠牲になった方々が一人一人花で覆われた棺輿に乗ってそこに祀られたのではなかった。霊柩車でもなかった。ゴミ収集車に棺が積み重ねられて積まれたのだ。とっても暑かった5月の陽気のせいか積み重ねられて積まれた棺の上に白く濁った消毒薬が振りまかれた。『ニムのための行進曲』の主人公尹祥源《ユンサンウォン》〔1950～80年、全南大学出身の労働運動家。5・18光州民主運動の当時市民軍として活躍した。「民主闘争委員会」のスポークスマン。『闘士解放』の発行人。最後の道庁死守隊に残り、戒厳軍の銃に撃たれて死亡した〕もそんなふうに積まれて行った。凄絶な敗北だった。しかし、荘厳な敗北だった。時に歴史では潔く負けることが、つまらなく勝つよりはるかに重要だった。1980年5月から1987年6月までは、同じ運命共同体だった。5月27日の夜明けがなかったら、6月はやって来なかった。

## 光州は終わったのか

「生き残った者の悲しみ」を胸にしまった1980年代の若者は、穏やかに生きることは出来なかった。漫画家カンプル〔1974年～、本名康道永《カンドヨン》。『あなたを愛します』『痛症』なども映画化されている〕の『26年』〔光州民主化運動の虐殺の主犯を断罪する復讐劇。映画化され2012年公開〕で、失語症にかかっていた父親が死ぬ前に娘に残した一言「ミジンや、お前はお前の人生を生きろ」はあまりにも切実な言葉だった。1980年代は生き残った者が先に行った者の人生を代わりに生きねばならなかった重苦しい時代、一言で言えば死を常に意識して生きた時代だった。(9)

道庁の鎮圧があってからぴったり1年後の1981年5月27日、ソウル大学で光州虐殺真相究明デモが起こった。そのデモが鎮圧されようとした時、デモに参加もせず図書館5階で勉強していた金泰勲《キムテフン》〔当時22歳、経済学科4年〕という学生が「全斗煥を断罪しろ」と3回叫んで投身自殺した。彼がコンクリートの床に落ちると、散り散りになっていたデモ隊が悲鳴を上げて駆け寄った。警察が催涙弾を撃ちまくりぶるぶる震えている金泰勳の体の上に催涙弾の粉末が雪のように白く積もった。(10) その様子を見なかったら分からないが、見た人々はまた光州の子どもになるしかなかった。

光州の死と向き合いながら、1970年代のロマンチックな民主化運動は熾烈になり、エリート中心からより民主的な性格を帯びるようになった。1983年9月、金槿泰《キムグンテ》（1947～2011年、ソウル大学出身で軍事政権に抵抗した民主化運動の象徴的な人物。85年民青連事件で逮捕され23日間拷問を受けた。映画『南営洞』（2012年）の背景になる。第15～17代国会議員、盧武鉉政府の保健福祉部長官などを歴任）を議長とする民主化運動青年連合（民青連、1983年9月、民族統一、不正腐敗特権政治の清算、冷戦体制の解消などを目標に1970年代の学生運動をリードしていた青年らを中心に設立した団体。92年には「韓国民主青年団体協議会」へ拡大改変された）が結成されたとき、民青連の象徴はヒキガエルだった。ヒキガエルはヘビの行く手を塞いで自ら食べられる。しかし、ヘビの体の中に毒を振りまきヘビを死なせて、その体の中で卵を産み数百匹のヒキガエルの子どもがヘビの体を食い尽くして成長するのだ。数多くの光州の子どもらは「1980年5月26日夜、自分が光州にいたとしたら、自分は銃を取っただろうか」と問いかけ続ける人々だった。彼らの歌が『ニムのための行進曲』だった。

2010年に出版されたマイケル・サンデルの『これからの「正義」の話をしよう』は、2012年の大統領選挙の時までになんと120万部以上売れたという。地下鉄駅を出たとき軍服を着た青年らがすれ違った女学生を棍棒で殴り、刀で切りつけていたら、どうすべきか。それを誰が止めるべきか。そのような状況で正義が何かをなぜハーバード大学教授に聞いて見ねばならないのか？　5月の光州のことだけを振り返れば分かることだ。ところで、光州が苦しんでいる。光州のトラウマであまりに激しい苦しみを経験している「功労者」やその家族さえも、空輸部隊の狼藉を見ても止めようとするのではなく、見ないふりして戻って行かざるをえない。

　道庁が鎮圧された後の6月1日に初めて出た『全南毎日《チョンナムメイル》』は、一面に金準泰《キムジュンテ》（1948年～、5・18記念財団理事長など歴任、詩集に『光州よ、わが国の十字架』）詩人の詩「無等山は知っている」を載せた。言葉は必要無かった。題名だけ見ても市民は涙を流した。そうだ、無等山（1187メートル、光州市東区）は知っていた。知らないわけがなかった。だが、ソウルの南山は？　釜山の金井山《クムジョンサン》は？　大邱の八公山《パルゴンサン》は？　大田《テジョン》の鶏龍山《ケリョンサン》は？　最近の言葉でいうと「知っているかどうかわからない」のだ。いや、知っても知らないふりをした。だから、光州はとても苦しんだ。無等山だけが知っていた。その無等山が低くなった。「愛も名誉も名前も」（『ニムのための行進曲』の歌詞）全て持った者たちが「生き残った者の権力」を振り回して無等山の背骨をえぐって無等山が低くなった。[11] 光州と何の縁もなかった大韓民国の至る所に広がっていた「光州の子どもたち」がみんな口を揃えて「我々の永遠の青春の都市」と呼んでいた光州は、いつの間にか地方の小さな都市にゆがめられてしまった。「イルベ（日刊《イルガン》ベスト貯蔵所の略、極右インターネットコミュニティ）の侮辱」は起こるべくして起こったのだ。その侮辱を受けても対抗しようともしないので、侮辱が増幅される一方だ。

　光州民衆抗争は、朴正熙のいない維新体制を続けて行こうとした維新残党との闘いだった。それから33年が過ぎた今、維新体制の核心朴槿恵は大韓民国の大統領になった。我々の歴史で光州だけは勝利した闘争だと信じていたことが根こそぎ揺らいでいる今日この頃だ。5月27日の夜明け、道庁に残った人々が、戒厳軍を待ちながら暗い窓の向こうに夢見ていた30年後の大韓民国は、どんな姿だったろうか？　33年後の大韓民国が、「維新公主」が大統領になり、貧しい家の子どもの将来の希望がせいぜい「正規職」であり、自分らと一緒に行動していた同僚が激しいトラウマに苦しんでいるとしたら、あの日の夜死のうと道庁に残るのではなく、家に帰ることが正しかった。このような状況が固定されてしまったら、道庁での死は「犬死に」となってしまうのではないか？　彼らの死を「エイ」云々して侮辱する虫けらではなく、このような現実が固定されるのを放置する我々がその人々をより辱めるのではないか？　歴史は過去と現在の対話であり、歴史は絶え間なくまた書かれねばならない。維新が復活した今日、道庁の彼らが我々に話しかけてくる。光州はまだ終わっていなかったと……。光州の歴史をこのように終わらせることは出来ないと……。

〈原注〉

# 第1章 憲法の上に立つ人

## 1 維新前夜、1971年の大韓民国

（1）「朴大統領特別宣言」『京郷新聞』1972年10月18日付。

（2）趙甲濟『朴正熙10-10月の決断』趙甲濟ドットコム、2007年、166頁。

（3）金成坤の左翼経歴に対しては、金炯旭が自身の回顧録に詳しく叙述していた（『金炯旭 回顧録』（2巻）、ソンド文化社、1989年、25〜32頁）。金炯旭は、金成坤が南労働党大邱市党の財政部長だったと主張した。金成坤が慶尚北道人民委員会の財政部長を務めたことは文献で確認が可能である（『大邱時報』1946年8月15日付、『無窮花』1945年12月号、80頁。許鐘「1945〜1946年大邱地域左派勢力の国家建設運動と『10月人民抗争』」『大邱史学』（75号）、2004年、166頁から再引用）。

（4）「朴大統領特別宣言」『京郷新聞』1972年10月18日付。

（5）Che Guevara.（2003）."Create Two,Three,Many Vietnams" *Che Guevara Reader Writings on Guerrilla Strategy*, Politics and Revolution, 2003, pp. 350〜362

（6）韓洪九「朴正熙政権のベトナム派兵と兵営国家化」『歴史批評』（62号）、2003年、120〜139頁。

（7）Habib, Telegram 5970 from Seoul, October 16, 1972, POL23-9KOR S, RG59, NA.

馬相潤「安保と民主主義、そして朴正熙の道――維新体制樹立原因の再考」『国際政治論叢』（第43集4号）、2003年12月、175頁から再引用。

## 2 朴正熙と日本――維新の精神的ルーツ

（1）『高宗実録』高宗1年（1864年甲子）1月10日（壬子）2番目の記事。

（2）金正濂『ああ、朴正熙』中央M&B、1997年、170〜171頁。

（3）イ・サンウ「朴政権、日本に傾いた内幕」『朴正熙、破

滅の政治工作』東亜日報社、1993年、123頁。

(4)朴正熙『国家と革命と私』ヒョンムン社、1963年、167~172頁。朴正熙に及ぼした植民地体験と日帝教育の広範囲な影響については、イ・ジュンシクの「朴正熙の植民地体験と朴正熙時代の起源」(『歴史批評』(89号)、2009年、236~256頁)を参照。

(5)イ・サンウ、前掲書、120~122頁。

(6)『朝鮮日報』1963年12月19日付、12月20日付。

(7)『朝鮮日報』1963年12月22日付。

(8)「横説竪説」『東亜日報』1963年12月17日付。

(9)「大野伴睦」日本ウィキペディア。

(10)『東亜日報』1964年2月8日付。

(11)イ・サンウ、前掲書、123頁。

(12)イ・ビョンジュ『大統領の肖像』書堂、1991年、95~96頁。

(13)イ・ジュンシク、前掲論文、254頁。

### 3 金大中拉致事件

(1)国家情報院過去事件真実究明に関した発展委員会「金大中拉致事件真実究明」『過去と対話、未来の省察』(2巻：主要疑惑事件篇 上巻)、2007年、445頁。

(2)同上、512~515頁。

(3)同上、521頁。

(4)同上、471~474頁。

(5)同上

(6)『東亜日報』1958年2月18日付、3月7日付。

(7)拉致事件の加担者の名簿と職級、役割などが収録された中央情報部資料「KT工作要員実態調査報告」は『東亜日報』1998年2月19日付に載っている。

(8)国家情報院過去事件真実究明に関した発展委員会、前掲報告書、503頁。

(9)同上、505頁、524頁。

(10)金大中『金大中自叙伝1』サミン出版、2010年、317頁。

(11)『東亜日報』1975年7月26日付、1991年12月21日付。

(12)『東亜日報』1998年2月19日付。

(13)『東亜日報』1998年2月19日付、2月20日付。

（14）『東亜日報』1973年8月29日付。

**4 緊急措置と民青学連**

（1）徐仲錫「3選改憲反対、民青学連闘争、反維新闘争」『歴史批評』（1号）、1988年、80頁。
（2）『東亜日報』1974年12月14日付。
（3）李哲「民青学連事件で死刑囚になるまで」『歴史批評』（14号）、1991年、247頁。
（4）『東亜日報』1974年4月6日付。
（5）この歌は1920年代満州の独立軍が戦死した同志のために歌った「独立軍追悼歌」であった（独立軍詩歌集編纂委員会『倍達の脈拍』独立同志会、1984年、163頁）。
（6）『東亜日報』1974年4月25日付。
（7）国家情報院過去事件真実究明に関した発展委員会「人革党及び民青学連事件真実究明」『過去と対話、未来の省察』（2巻：主要疑惑事件篇　上巻）2007年、187頁。
（8）同上、187頁。
（9）同上、188頁。

**5 人革党再建委事件**

（1）一次人革党事件については「韓洪九教授が書く司法部――悔恨と汚辱の歴史」47話（『ハンギョレ』2010年4月19日付）と48話（『ハンギョレ』4月26日付）で詳しく扱った。
（2）国家情報院過去事件真実究明に関した発展委員会「人革党及び民青学連事件真実究明」『過去と対話、未来と省察』（2巻：主要疑惑事件篇　上巻）2007年、205頁。
（3）『東亜日報』1974年4月4日付。
（4）『東亜日報』1974年4月25日付。
（5）国家情報院過去事件真実究明に関した発展委員会、前掲報告書、2007年、208頁。
（6）民青学連事件と人革党再建委事件の一審と二審は、非常軍法会議で行われた。この時のことについては、筆者の別の文、（「刑確定後わずか18時間で死刑…司法部も共に死んだ――いわゆる『人革党再建委』事件と司法殺人」（「韓洪九教授が書く司法部――悔恨と汚辱の歴史」13話）『ハンギョレ』、2009年8月11日付）に詳しく説明してあり、ここに移した。

## 6 大統領狙撃ミスと陸英修女史の死

(１) イ・ゴヌの主張はノ・ガウォンの『令夫人暗殺者――狙撃当時ソウル市警鑑識係長イ・ゴヌ良心告白録』(東光出版社、１９８９年)が最も詳しい。

(２) 「中央情報部は文世光を知っていた」『今だから話せる』ＭＢＣ、２００５年３月20日放送。「文世光を利用しろ」『今だから話せる』ＭＢＣ、２００５年３月27日放送。

(３) 「誰が陸英修女史を撃ったのか――８・15狙撃事件、30年間の疑惑」『それが知りたい』ＳＢＳ、２００５年２月12日放送。「誰が陸英修女史を撃ったのか２――私は陸英修女史を狙わなかった」『それが知りたい』ＳＢＳ、２００５年３月26日放送。

(４) 金忠植『南山の部長達――政治工作司令部ＫＣＩＡ２』東亜日報社、１９９２年、１３０〜１３７頁。

(５) 「李厚洛証言に物言う」中の陸寅修の証言『新東亜』１９８７年11月号、３３５頁。

(６) 『東亜日報』１９７４年８月12日付。

(７) 『東亜日報』１９７４年８月23日付。

## 7 張俊河の疑問死

(１) 張俊河『トルベゲ(石の枕)』思想社、１９７１年、２９３〜２９６頁。

(２) 同上、３０７頁。

(３) 同上、３７９〜３８４頁。

(４) 朴敬洙『在野の光張俊河』日の出、１９９５年、２４９頁。

(５) 徐仲錫「分断体制打破に身を投じた張俊河」『歴史批評』(38号)、１９９７年、64〜65頁。

(６) 鄭京模『時代の不寝番――鄭京模自叙伝』ハンギョレ出版、２０１０年、１７６〜１７９頁。

(７) 朴敬洙、前掲書、３１５頁。

(８) 同上、３４６〜３５０頁。

(９) 『東亜日報』１９６６年10月26日付。

(10) 『東亜日報』１９５５年４月23日付、１９５９年６月12日付。

(11) 『東亜日報』１９６０年11月10日付。

(12) 『京郷新聞』１９６７年４月19日付。

(13) 『東亜日報』１９６７年５月13日付。

(14) 朴敬洙、前掲書、３７８〜３８１頁。

(15) 張俊河、前掲書、５１４〜５１７頁。

(16)『京郷新聞』１９６３年11月６日付。
(17)「二度とこのようなことがないように」『東亜日報』１９６７年４月４日付。
(18)「余賊」『京郷新聞』１９７５年８月21日付。
(19)張俊河「死から見た４・19」『キリスト教思想』１９７２年４月号、80頁。
(20)朴敬洙、前掲書、４１６頁。
(21)『京郷新聞』１９７３年12月27日付。
(22)『東亜日報』１９７３年12月28日付。
(23)『東亜日報』１７９７３年12月29日付。
(24)『東亜日報』１９７５年１月10日付。
(25)『東亜日報』１９７５年３月31日付。
(26)『東亜日報』１９７５年５月７日付。
(27)金大中『金大中自叙伝1』、サミン出版、３４９頁。
(28)「張俊河第２部――挙事と死の真実」『人物現代史』ＫＢＳ、２００４年１月16日放送。
(29)張俊河、前掲論文、84頁。

## 第２章　タブー、抵抗、傷心

### １　タブーの時代と「青年文化」

(1)李英美『韓国大衆歌謡史』時空社、１９９８年、１８７頁。
(2)金炳翼「今日の若い偶像」『東亜日報』１９７４年３月29日付。
(3)林熺燮「青年文化」『朝鮮日報』１９７４年４月18日付。
(4)崔仁浩「青年文化宣言」『韓国日報』１９７４年４月24日付。
(5)楊姫銀「ギター歌手も物申す――若者の発言」『朝鮮日報』１９７４年９月29日付。
(6)「今は真正な声が聞こえねばならない時だ」『大学新聞』１９７４年６月３日付。
(7)楊姫銀、前掲記事。

### ２　女工哀史

(1)『東亜日報』１９３１年５月30日付、５月31日付、６月２日付、６月３日付。姜周龍の生きざまと闘争についての説明としては、朴埈成の「姜周龍、最初の高空籠城女性労働者」（朴埈成『労働者の歴史の話』イフ、２００９年、２５６～２７３頁）とクォン・ヨンスクの「あるゴム工場女性労働者の闘い」（『発掘韓国現代史人物３』、ハンギョレ新聞社、１９９２年、１３３～１３８頁）などを参照。

（２）朝鮮の成人男性労働者の賃金を1とすると、日本人男性は2・32、日本人女性は1・01、朝鮮人女性は0・59であった（李元甫『韓国労働運動史１００年の記録』韓国労働社会研究所、２００５年、61頁）。

（３）イ・チャンボク「特別ルポ――馬山輸出自由地域の実態」『創作と批評』１９７４年12月号、１２３２頁。

（４）イ・チョンガク「道を求めて――『空の星つかみ』東一紡績に入る」『ハンギョレ』２０１３年5月23日付。

（５）シン・スネ「13歳女工の生きざま」聖公会大学修士学位論文、２０１２年、59～60頁。

（６）同上、25頁。

（７）キム・ヨンゴン『17～21C韓国労働史と未来1――賃労働の萌芽から4・19まで』ソニン、２００５年、５３５～５３９頁。辛仁羚「韓国社会法の変遷」『労働法と労働運動』日月書閣、１９９１年改訂増補版、79～83頁。

（８）チャン・ナムス『奪われた職場』創作と批評社、１９８４年、１１5～１１６頁。

（９）シン・スネ、前掲論文、１０５頁。

（10）同上、１０１頁。

（11）チャン・ミギョン「近代化と１９６０、70年代と女性労働者――女性労働者の形成過程を中心に」李鐘久他著『１９６０――70年代労働者の生活世界とアイデンティティ』ハヌル、２００５年、２８８頁。

（12）シン・スネ、前掲論文、33～34頁。

（13）２０１２年11月6日に平和博物館で行われた１９７０年代女性労働者集会でのナミョンナイロン解雇労働者キム・ヨンジャの発言。

（14）１９８０年代半ば韓一合織は「お母さんの芝生はどこだっけ」の題目の下で「いつからか全国の少女が故郷から持ってきた芝生を植え始めました。少しずつの芝生が集まって出来た全国の芝生。小さな志が集まって大きな事を成し遂げること。我々の信念です」という文言の企業広告を打ち出した（『京郷新聞』1986年10月3日付)。これについての詳しい説明は「しっかりした高卒『新昼耕夜読』」(『韓国経済』2013年3月22日付)を参照。
(15)当時の企業付設学校のネガティブな側面に対する批判は「企業利潤の追求手段、企業付設学校を告発する」(『中等わが教育』(10号)、1990年、76~83頁)を参照。
(16)2012年11月6日に平和博物館で行われた1970年代女性労働者集会での元豊毛織解雇労働者チャン・ナムス、ファン・ソングムの発言。
(17)アン・ジェソン『清渓、私の青春』トルベゲ、2007年、150頁。
(18)シン・スネ、前掲論文、105頁。
(19)同上、114~121頁。
(20)同上、128~134頁。
(21)趙漢栢『もう一つの闘争——検挙から釈放まで、闘争の原則と方法』白山書房、1988年。
(22)金鎮淑「温かい豆乳一杯がいちばん食べたいです」『チャムセサン』(ネット新聞)2010年1月19日。この文は、金鎮淑民主労総指導委員が85号クレーンでの300日余りの高空籠城に先立って、韓進重工業側の整理解雇名簿の発表をくい止めるための断食籠城6日目になった日に民主労総釜山本部の組合員掲示板に掲載した文である。
(23)2012年11月6日に平和博物館で行われた1970年代女性労働者集会でのナミョンナイロン解雇労働者キム・ヨンジャの発言。
(24)2012年11月6日に平和博物館で行われた1970年代女性労働者集会での清渓被服出身のシン・スネ、元豊毛紡出身のチャン・ナムス、ファン・ソングムらの証言。

### 3 東一紡績労働組合の人糞事件

(1)「朴槿恵、最も記憶に残る映画は『リトルダンサー』」『マネートゥディ』2012年8月18日付。
(2)『東亜日報』1972年5月16日付。同じ時期、韓国労総釜山被服縫製加工支部でも女性支部長が誕生した。
(3)東一紡績復職闘争委員会編『東一紡績労働組合運動史』トルベゲ、1985年、36頁。
(4)同上、45~63頁。
(5)同上、61頁。

（６）２０１２年11月６日に平和博物館で行われた１９７０年代女性労働者集会での東一紡績解雇労働者チェ・ヨンボンの発言。

（７）イ・チョンガク「道を求めて――いくら貧しくともウンコを食べては肥えなかった」『ハンギョレ』２０１３年７月18日付。東一紡績復職闘争委員会編、前掲書、99～１０４頁。

（８）国家情報院過去事件真実究明に関した発展委員会『過去と対話、未来の省察』（５巻：言論・労働篇）、２００７年、３１７～３１９頁。

（９）東一紡績復職闘争委員会編、前掲書、１０８～１１０頁。

（10）同上、１２５～１２９頁。権力と資本によって労働現場でブラックリストがどのように利用されたかについての包括的な説明は、国家情報院過去事件真実究明に関した発展委員会の前掲書、２６４～３４８頁を参照。

（11）２０１２年11月６日に平和博物館で行われた１９７０年代女性労働者集会での東一紡績解雇労働者チェ・ヨンボンの発言。

### ４　記者の覚醒、自由言論実践宣言

（１）東亜自由言論守護闘争委員会『自由言論――１９７５～２００５東亜闘委30年の足跡』ヘダムソル、２００５年、３０４頁。張潤煥は法廷で次のように陳述した。「当時大学生、宗教人の新聞に対する不信は大変なものでした。新聞社の外で『腐敗記者、目を覚ませ』と学生が叫んでいました。我々は自らを恥じました。そして覚醒しました。それで我々は『10・24自由言論実践宣言』をすることになったのです。」

（２）同上、70～71頁。

（３）鄭淵珠「犬と記者は出入り禁止？　恥ずかしかったです――ＭＢＣ-ＫＢＳの後輩、『憤怒の矢』になるか」『オーマイニュース』（ネット新聞）２０１２年２月７日。

（４）「新民党の言論観」（社説）『東亜日報』１９６７年４月11日付。

（５）千寛宇「新聞の自由（４）――煉炭ガス中毒にかかった新聞」『言官史観――韓国新聞の体質』ペヨン社、１９６９年、96～99頁。

（６）『東亜日報』１９７１年12月６日付。

（7）『東亜日報』1972年10月19日付。
（8）『東亜日報』1973年10月8日付。
（9）崔錫采「新聞は新聞人のものではなくなった」イ・サンウ『韓国新聞の内幕――商業主義　新聞の正体』三星社、1969年、239頁。
（10）東亜自由言論守護闘争委員会、前掲書、89～101頁。
（11）同上、116頁。

**5「無等山ターザン」の悲劇**

（1）この事件について最初で最も基本になる説明はキム・ヒョンジャンの「無等山ターザンと人間パク・フンスク」（『月刊対話』1977年8月号）を参照。事件後の分析としては、キム・ウォンの「毀損された英雄と暴力の証言」（『朴正熙時代の幽霊――記憶、事件、そして政治』現実文化、2011年を参照。
（2）「未だ消えない二つのこと。呉世勲、そして無等山の炎」　出処：（http://swordsoul8.egloos.coom/2617037）、2010年6月4日入力、2013年11月3日検索。
（3）キム・ヒョンジャン、前掲論文、133頁。
（4）『全南毎日』1977年4月21日付。「77年無等山撤去作業員殺害（上）」『光州日報』2004年6月9日付から再引用。
（5）「無等山ターザンパク・フンスク」『今だから話せる』MBC、2005年5月15日放送。
（6）パク・チョンジャ「その時そのようなことをしない人はいなかったでしょう、全て自分のことだったから」光州全南女性団体連合企画『光州、女性――彼女らの胸に埋めた5・18の話』フマニタス、2012年、178頁。パク・チョンジャはパク・フンスクの妹である。
（7）キム・ヒョンジャン、前掲論文。
（8）ビラ『アピール』パク・フンスク救命のための会、1978年。キム・ウォン『朴正熙時代の幽霊――記憶、事件、そして政治』現実文化、2011年、361頁から再引用。
（9）「初めて公開、政府記録保存所」『歴史スペシャル』KBS、2003年5月10日放送。政府記録保存所に保管されている「広州大団地事件真相報告書」には、朴正熙が書いた「主導者は厳罰に処せ」というメモが残っていると言う。

(10)『東亜日報』1995年6月13日付。
(11)「77年無等山撤去作業員殺害(下)」『光州日報』2004年6月23日付。
(12)キム・ウォン、前掲書、376頁。
(13)パク・チョンジャ、前掲文、176頁。

## 第3章　維新の社会史

### 1　祖国「軍隊化」の陰

(1)『朝鮮日報』1961年8月11日付、9月8日付。
(2)「兵務行政一元化」『東亜日報』1962年1月1日付。
(3)『京郷新聞』1970年4月14日付、『毎日経済』1970年5月12日付。
(4)長男の兵役不正と関連した白南檍の辞任は、『京郷新聞』1972年7月24日付を参照。産業銀行総裁キム・ミノの辞任は、『東亜日報』1972年7月26日付を参照。全富一の解任と金在明の任命は、『京郷新聞』1972年7月22日付を参照。
(5)『兵務行政史(下)』兵務庁、1986年、1199頁。
(6)同上、799頁。
(7)同上、799～800頁。
(8)シム・ユンテク(報告官)「兵役忌避風潮一掃のための特殊兵役管理に関する報告」(報告番号第73-838号)、兵務庁、1973年10月31日。
(9)シム・ユンテク(報告官)「特殊兵役管理対象者についての74および75管理現況報告」(報告番号第75-70号)、兵務庁、1975年3月19日。
(10)『ハンギョレ』1997年8月5日付。「指導層子弟についての兵役管理は、1996年10月国政監査で社会指導層子弟の兵役特恵疑惑が明らかになるや、一部国会議員がこれに不満を抱き兵務庁にこの制度の廃止を要請したもの。よって国政監査直後廃止されたが、1997年8月5日になってようやく報道された。
(11)『東亜日報』1974年7月15日付、『京郷新聞』1974年7月15日付。
(12)『中央日報』1974年7月30日付。
(13)(エホバの証人代表者がウオッチタワー聖書冊子協会韓国支部に報告した内容)「最近数回にわたって

支部を訪問したソウル地方兵務庁の職員とソウル会衆を代表にした対話に関する報告」
(14)『朝鮮日報』1975年3月11日付。
(15)ホン・ヨンイル「良心的兵役拒否とエホバの証人」安京煥、チャン・ボッキ編『良心的兵役拒否』サラムセンガク、2002年、227〜228頁。
(16)キム・ヨンギュン「殴打・水拷問・鉄格子張り付き・殺害の脅威…『エホバの証人』5名はどのように死んだのか——軍疑問死委が明らかにした『良心に従った兵役拒否』残酷史」『オーマイニュース』2009年1月21日。軍疑問死真相究明委員会の真相究明決定文は、「陳情442号キム・ソンテ」大統領所属軍疑問死真相究明委員会『総合報告書』(第3巻:決定文Ⅱ)、2009年、638〜647頁。「陳情487号イ・チュンギル」前掲報告書、750〜780頁。「陳情489号キム・ヨングン」前掲報告書、781〜800頁。「陳情490号キム・ジョンシク」前掲報告書、801〜828頁。「陳情491号チョン・サンボク」前掲報告書、829〜854頁を参照。
(17)「陳述調書(チ・〇〇)」軍疑問死真相究明委員会。
(18)「独居特倉、その身震いする記憶」『ハンギョレ21』(651号)、2007年。「録音記録(パク・〇〇、ユン・〇〇、チン・〇〇))」軍疑問死真相究明委員会、2007年12月23日。
(19)韓洪九「エホバの証人の前で恥ずかしかった」『ハンギョレ21』(511号)、2004年。
(20)趙甲濟『朴正熙3——革命前夜』趙甲濟ドットコム、2007年、54〜57頁。
(21)大統領所属軍疑問死真相究明委員会『総合報告書第』(第1巻:委員会活動と調査結果)、2009年、24頁。
(22)キム・ホチョル「軍隊内部での自殺処理者をどのように扱うのか:軍疑問死陳情事件を通して見た自殺処理者の問題現況」『2006年度専門家招請討論会資料集』軍疑問死真相究明委員会、2006年、6頁。
(23)『軍事機密保護法』法律第2387号(1972年12月26日制定)、法制処国家法令情報センター沿革法令 検索。
(24)『ハンギョレ』1990年11月13日付。
(25)『ハンギョレ』1991年3月7日付。

(26)カン・サンヒョン「軍関連報道の一貫性」『ハンギョレ』1998年12月11日付。

**2 ベトナム派兵の残したもの**

(1)『東亜日報』1973年3月20日付、『京郷新聞』1973年3月20日付、『毎日経済』1973年3月20日付。
(2)『中央日報』1975年2月22日付。
(3)『東亜日報』1975年4月10日付。
(4)『東亜日報』1975年12月23日付、12月26日付。
(5)『東亜日報』1975年5月10日付。
(6)『東亜日報』1975年10月9日付、10月14日付。
(7)『ハンギョレ』2013年3月12日付。
(8)『東亜日報』1975年8月27日付。
(9)『京郷新聞』1973年1月31日付。
(10)ユン・チュンノ「韓国のベトナム戦争記念と記憶の政治」『社会と歴史』(86号)、2010年、161～168頁。
(11)前経済企画院長官として座談会に参加した劉彰順は、派兵による経済的利益に関した話が一通り終わった後、再びその話が出るや次のように話した。
「先ほど私が事実は我々が派兵する反対給付として行って用役だとか下請けだとか土木工事だとかということを引き受けたという話はとうてい申し上げられません。」金點坤、夫琓爀、劉彰順「鼎談越南戦争」『思想界』1966年5月号、75頁。
(12)具秀貞「彼らが建てた『憎悪碑』をご存じですか」『ハンギョレ』2013年7月6日付。

**3 基地村浄化運動**

(1)『エレナになったスニ』ソン・ロウォン作詞、韓福男作曲、ハン・ジョンム歌(1954年)、アン・ダソン歌(1959年)。「その夜劇場の前で　その駅前のキャバレーで／見たという噂のスニ／石油灯の下で夜を明かしながら／糸を巻いていたスニが真紅のチマのスニが／名前すらエレナと変わったスニスニ／今夜もパーティーで踊っていたよ。」
(2)「全国私娼の生態」『京郷新聞』1958年8月11日付。この記事によると、当時の全国の「娼婦」の数は30万余りと推算されるが、その中で韓国人を相手にする「娼婦」が40・9パーセントで、国連軍相手の「娼婦」が59・1パーセントとなっている。しかし、当時の米軍の数を考慮してみると国連軍相手の売買春女性をおよそ18万と推算したのは過度なことに見える。
（3）イ・ナヨン「基地村の形成過程と女性の抵抗」『女性と平和』（5号）、2012年、185頁。
（4）李在田『温故知新』、陸軍本部、2004年。
（5）同上。
（6）「セックス同盟、基地村浄化運動」『今だから話せる』MBC、2003年2月9日放送。
（7）李在田、前掲書。
（8）キャサリン・ムーン著、イ・ジョンジュ訳『同盟の中のセックス』サミン、2002年、143頁。
（9）MBC『今だから話せる』、前掲放送。同放送資料集収録の前基地村女性のインタビュー。
（10）イ・ナヨン、前掲論文、186頁。
（11）キム・ヨンジャ『アメリカンタウン大姉御死ぬ5分前まで大声をあげる』サミン、2005年、123頁。
（12）同上、125頁。
（13）同上、195頁。
（14）イ・ナヨン、前掲論文、187頁。
（15）「基地村女性の生きざま、我々社会が責任を取らねば——人権回復・特別法制定を目標とした『基地村女性人権連帯』31日出帆」『オーマイニュース』2012年9月1日。

**4 維新のもう一つの名前、セマウル運動**

（1）『東亜日報』1973年1月12日付。
（2）金正濂『最貧国から先進国の入口まで——韓国経済政策30年史』ランダムハウスコリア、2006年、223頁。
（3）同上、224頁。
（4）大統領秘書室『朴正煕大統領演説文選集——セマウル運動』1978年、171〜173頁。
（5）セマウル運動中央協議会『第4回セマウル学校教本1974年冬』文教部、キム・ボヒョン「朴正煕時代支配体制の統治戦略と技術——1970年代農村セマウル運動を中心に」『社会と歴史』（90号）、2011年、60頁から再引用。
（6）朴珍道・韓道鉉「セマウル運動と維新体制——朴正煕政権の農村セマウル運動を中心に」『歴史批評』（47号）、1999年、39頁。
（7）イ・ヨンギ「『維新理念の実践道場』1970年代セ

マウル運動」『明日を開く歴史』(48号)、2012年、77頁。「南載熙証言」チン・ソンファ他編『朴正熙時代と韓国現代史——研究者と体験者の対話』ソニン、2007年、313頁。

(8)趙甲濟『朴正熙1——軍人の道』趙甲濟ドットコム、2007年、175頁。

(9)池秀傑「1932〜35年間の朝鮮農村振興運動——植民地『体制維持政策』としての機能に関して」『韓国史研究』(46号)、1984年、18〜19頁。

(10)呉有錫「朴正熙式近代化戦略と農村セマウル運動」『動向と展望』(55号)、2002年、166頁。

(11)イ・ヨンギ、前掲論文、70頁。

(12)呉有錫、前掲論文158頁から再引用。

(13)同上、169頁。

(14)イ・ヨンギ、前掲論文、76頁。

(15)鄭泰仁インタビュー「朴槿恵のセマウル運動か、朴元淳の社会的経済か」『プレシアン』(ネット新聞)2013年3月7日。

(16)朴槿恵大統領は2013年10月20日、全国セマウル運動指導者大会の祝辞で「セマウル運動の内容と実践方式を時代に合わせて変化させて、未来志向的な市民意識改革運動として発展させることを期待する」と話した(「福祉公約はどこかに行き、セマウル話なのか」『ハンギョレ21』(984号)、2013年)。

## 第4章 維新体制の崩壊

### 1 10・26の序曲、YH事件

(1)梁性佑「君が歌えなかった悲しい歌を——K嬢の死に寄せて」蔡光錫編『労働詩選集』実践文化社、1985年、214頁。K嬢はYH事件当時死亡したキム・ギョンスクである。

(2)高銀『YHキム・ギョンスク』

(3)『東亜日報』1966年3月31日付。

(4)「7億ドルの旗手12——国務総理賞YH貿易」『毎日経済』1969年12月13日付。

(5)『東亜日報』1970年11月30日付。

(6)『毎日経済』1972年7月15日付、1973年6月6日付。

(7)前YH労働組合『YH労働組合史』形成社、

1997年、28頁。
(8)同上、40〜47頁。
(9)同上、74〜77頁。
(10)崔順永前議員インタビュー「維新宣布40年、YH闘争33周年——女性労働者の力で維新政権を倒したのよ」『レフト21』(90号)、2012年10月8日付。
(11)カン・インスン、イ・オクチ『韓国女性労働者運動史』ハヌル、2001年、361頁。
(12)YH女性勤労者「アピール——政府と銀行は近代化の役軍を淪落街に追いやるな」(1979年8月8日付)、民主化運動記念事業会所蔵。
(13)カン・インスン、イ・オクチ、前掲書、362頁。
(14)『東亜日報』1979年4月14日付。
(15)YH女性勤労者、前掲文。
(16)『毎日経済』1979年2月12日付。
(17)韓国キリスト教協議会韓国教会産業宣教25周年記念大会『1970年代の労働現場と証言』580頁。
(18)前YH労働組合、前掲書、172頁。
(19)同上、174頁。
(20)『東亜日報』1979年5月25日付。
(21)前YH労働組合、前掲書、182〜183頁。
(22)高銀「崔順永」『萬人譜12』創作と批評社、1996年、197頁。
(23)崔順永前議員インタビュー、前掲文。
(24)『京郷新聞』1979年8月13日付。
(25)『東亜日報』1979年8月10日付。
(26)真実和解委員会「YH労組キム・ギョンスク死亡関連操作疑惑事件調査報告書」61頁。
(27)同上、60頁。
(28)『東亜日報』1979年8月11日付。
(29)真実和解委員会、前掲報告書、66頁。
(30)『ハンギョレ』1991年12月22日付。
(31)真実和解委員会、前掲報告書、47頁。
(32)金泳三『金泳三回顧録——民主主義を目指した我が闘争2』白山書堂、2000年、142頁。
(33)「女工、維新を追い出す——YH事件キム・ギョンスク」『人物現代史』KBS、2005年2月4日放送。
(34)『東亜日報』1975年8月15日付。金泳三、前掲書、144頁。
(35)『東亜日報』同上。

（36）『東亜日報』1979年6月23日付。
（37）『東亜日報』1979年9月8日付。
（38）金泳三、前掲書、136頁。
（39）新民党『末期的あがき――新民党本部襲撃事件とYH事件の真相』1979年8月25日付、1～74頁。
（40）「党権競争を前にした新民党の今日（中）――代議員の声」『東亜日報』1974年6月19日付。
（41）『東亜日報』1974年8月23日付。
（42）『東亜日報』1974年12月24日付、12月27日付。
（43）『京郷新聞』1960年9月26日付、『東亜日報』1960年9月27日付、1961年11月8日付。
（44）金泳三、前掲書、83～84頁。
（45）「新民党の乱気流（上）――不幸な内出血の生理」『東亜日報』1977年3月31日付。
（46）『東亜日報』1979年3月19日付、『京郷新聞』1979年3月19日付。

## 2 釜馬抗争、火の手が上がる

（1）キム・ジョンセ「釜馬抗争の発源地――釜山大旧図書館」『記憶と展望』2004年春号、131頁。
（2）『東亜日報』1975年11月22日付、『京郷新聞』1975年11月22日付。金淇春は当時中央情報部対共捜査局長としてこの事件の捜査責任者だった。
（3）釜馬民主抗争記念事業会他編『釜馬民主抗争10周年記念資料集』釜馬民主抗争記念事業会、1989年、134頁、147頁、189頁。
（4）同上、32～33頁。
（5）同上、127頁。
（6）趙甲濟『有故！1』ハンギル社、1987年、308頁。
（7）当時『国際新聞』記者イム・スセンの証言。釜馬民主抗争記念事業会他編、前掲書、117頁。
（8）趙甲濟『有故！2』ハンギル社、1987年、41～42頁。
（9）車成桓「釜馬抗争と韓国言論」『港都釜山』（27号）、2011年、17頁。
（10）車成桓「維新体制と釜馬抗争――支配と抵抗の社会心理的メカニズムを中心に」『歴史学研究』（23号）、2012年、74～76頁。
（11）趙甲濟、『有故！1』前掲書、318頁。

(12)釜馬民主抗争記念事業会他編、前掲書、141〜142頁。
(13)『毎日経済』1979年10月18日付。
(14)釜馬民主抗争記念事業会他編、前掲書、141〜142頁、94頁。
(15)同上、95頁。
(16)同上、289頁。
(17)ユ・ソングクの証言「我が父の死の真実、32年ぶりに明らかになる」釜馬民主抗争記念事業会編『馬山、再び韓国の歴史を変える—釜馬民主抗争証言集馬山篇』不諱メディア、2011年、386〜400頁。
(18)『京郷新聞』1979年10月18日付、10月22日付。
(19)真実和解のための過去史整理委員会「釜馬抗争過程で発生した人権侵害事件」『2010年上半期報告書』(9巻)、444頁。
(20)同上、457頁。
(21)金載圭弁護人団「控訴理由書」キム・ソンテ『義士金載圭』マジックハウス、2012年、294頁。
(22)釜馬民主抗争記念事業会他編、前掲書、72頁。
(23)キム・ウォン「釜馬抗争と都市下層民——『大衆独裁論』の争点を中心に」『精神文化研究』2006年夏号、431頁。
(24)キム・ソンテ、前掲書、294頁。
(25)徐仲錫他『朴正熙体制と釜馬抗争の歴史的再照明—釜馬民主抗争30周年記念』釜山民主抗争記念事業会付設民主主義社会研究所、2009年、28頁。
(26)趙甲濟『有故!2』前掲書、53頁。

**3　1979・10・26運命の日**

(1)『京郷新聞』1979年11月6日付。
(2)金載圭弁護人団「上告理由書」安東壹『10・26はまだ生きている』ランダムハウスコリア、2005年、475頁。
(3)キム・デゴン『金載圭Xファイル——維新の心臓朴正熙を撃つ』山河、2005年、25頁。
(4)安東壹、前掲書、128〜129頁。
(5)『金載圭被疑者尋問調査(第1回)』
(6)高建「高建の公人50年」(55回)『中央日報』2013年4月30日付。
(7)金璡、『青瓦台秘書室1』中央日報社、1992年、

84~85頁。
(8)キム・デゴン、前掲書、17頁。
(9)金載圭弁護人団「控訴理由書」キム・ソンテ『義士金載圭』マジックハウス、2012年、294頁。
(10)金載圭弁護人団「控訴理由補充書」同上、325頁。
(11)金載圭弁護人団「控訴理由書」同上、293頁。
(12)一つの例として『東亜日報』は1979年10月24日付の1面トップで改革と与党要職改編問題を扱った。
(13)キム・デゴン、前掲書、23頁。
(14)金載圭「獄中修養録」キム・ソンテ、前掲書、198~199頁。
(15)金載圭「控訴理由補充書」キム・ソンテ、同上、326頁。
(16)『朴慶宰の時事討論』MBC、1989年5月19日放送。
(17)ホン・ソンヨプ『清い魂ホン・ソンヨプ――ホン・ソンヨプ遺稿集』ハンミン社、2006年。
(18)『東亜日報』1979年11月16日付。
(19)『東亜日報』1979年10月28日付。
(20)『東亜日報』1979年11月6日付。
(21)『東亜日報』1980年4月30日付。
(22)金載圭「一審最終陳述」キム・ソンテ、前掲書、272~273頁。
(23)「大解剖国軍保安司令部」『月刊朝鮮』1990年11月号。
(24)金載圭弁護人団「控訴理由書」キム・ソンテ、前掲書、296頁。
(25)金載圭「一審最終陳述」キム・ソンテ、前掲書、274頁。
(26)刊行委員会『敦明おじいさん』コンドンソン、2004年、227~228頁。
(27)「金載圭救命運動の趣旨文」民主化運動記念事業会所蔵。
(28)金載圭「一審最終陳述」キム・ソンテ、前掲書、272頁。
(29)金載圭「獄中修養録」キム・ソンテ、前掲書、192~193頁。
(30)キム・デゴン、前掲書、104頁。安東壹、前掲書、154頁。
(31)カール・マルクス著、チェ・ヒョンイク訳『ルイ・ボナパルトのブリュメール18日』ビルトゥ、２０１２年、11頁。

(8) 韓洪九他「光州トラウマセンター設立のための基礎研究」平和博物館、２０１２年。

(9) 韓洪九、前掲論文。

(10)「私も全斗煥・盧泰愚時代には逃げたかった」(パク・チュンソン労働者教育センター副代表インタビュー)『オーマイニュース』２００９年９月12日。

(11) ソ・ヘソン「無等山が崩れ落ちている」『ハンギョレ21』(７６１号)、２００９年。

## 4 光州、その荘厳なる敗北

(1) 李柱榮「５・18犠牲者死体を見て『母ちゃん、エイを干して』」『オーマイニュース』２０１３年５月16日。

(2) 韓洪九「驚くべき崩壊、高潔な挫折――釜馬抗争と５・18民主抗争の比較研究」徐仲錫他『朴正熙体制と釜馬抗争の歴史的再照明―釜馬民主抗争30周年記念』釜山民主抗争記念事業会付設民主主義社会研究所、２００９年、２０４頁。

(3) 国防部過去史真相究明委員会「12・12、５・17、５・18事件」『過去史真相究明委員会総合報告書』(第２巻：８件事件調査結果報告書(上))、２００７年、３７９〜３８０頁。

(4) 黄晳暎記録『死を越え、時代の闇を越え』プルビッ、１９８５年、47〜48頁。

(5)『京郷新聞』１９７７年７月21日付。

(6) 韓洪九「光州民衆抗争と死の自覚」『創作と批評』２０１０年夏号。

(7) 崔丁云『５月の社会科学』プルビッ、１９９９年、２３１頁。

解説

# 野蛮の時代、抵抗しない社会に真の自由と民主主義はない

李泳采（恵泉女学園大学）

本書は、韓国の歴史家の中で誰よりも影響力のある韓洪九教授が、著書『大韓民国史』（2006年）、『今この瞬間の歴史』（2010年）の次に、韓国現代史の最も暗い時期であった朴正熙政権の維新時代を取り上げて、その「現在的」意味について分析した新聞の連載（『ハンギョレ』新聞2012年2月～2013年6月）をまとめたものである。

今日、韓国社会で朴正熙大統領を記憶している歴史観は大きく二つに分けられる。近代化及び産業化を導いたという英雄史観と、人権と民主主義を徹底的に抑圧したという独裁者史観である。この本

は後者に焦点を当てて、朴正煕政権18年間のうち、後半9年間にあたる維新時代を通じて、たった一人の最高権力者がどのようにして憲政を破壊し、国民の上に君臨し、そして最後に崩壊していったのか、その歴史的な背景を緻密に再構成している力作である。

第1章「憲法の上に立つ人」では、70年代の国内外の状況を分析しながら、朴正煕の長期政権の野望でなければとうてい説明できない72年維新体制の成立の原因を再確認する。また、維新時代の開幕と同時に起こった主な事件——金大中拉致事件、張俊河の疑問死、民青学連事件、人民革命党再建委事件など——がいかに人権と民主主義を踏みにじって、ただ一人の独裁者の権力維持のためにどれだけ多くの人々が犠牲になったのかを赤裸々に語る。

第2章「タブー、抵抗、傷心」では、産業化を成し遂げた役軍でもあり、金城鉄壁のようであった朴正煕政権を倒した主役であったにもかかわらず、いわゆる「コンスニ」(女工)と呼ばれながら、あまり注目されてこなかった女性労働者——東一紡織労組及びYH貿易労組など——たちの涙ぐましい生活と抵抗の歴史を描いている。

第3章「維新の社会史」では、祖国「軍隊化」だと言われるほど社会が兵営化されていく70年代に、ベトナム派兵、セマウル運動、基地村浄化運動など社会の幅広い領域と生活の中に潜んでいる独裁の影を確認する。

第4章「維新体制の崩壊」では79年YH貿易労組事件、釜馬抗争、10・26金載圭による朴正煕大統領狙撃につながる維新体制の終息過程と80年「ソウルの春」が取り扱われる。しかし、「朴正煕なき維新体制」を引き続こうとした全斗換をはじめとする新軍部の野望で再び民主化の要求は軍靴に踏み潰され、罪のない光州市民は「暴徒」とされ虐殺された。終息される運命であった維新は、新軍部による軍事政権の延長とともに延命したのである。

維新時代と呼ばれる朴正熙政権の最後の7年間は、構造的矛盾に重畳された今日の韓国社会の基本フレームが形成された時期でもあった。87年6月の民主化抗争以降、約20年間の民主化過程の中で、韓国の民主勢力はこのような構造的問題を解決しようと努力してきたが、根本的な改革までには至らず、むしろ構造的な問題がさらに悪化する新自由主義時代の両極化社会を作り出してしまった。

２０１４年４月16日、旅客船セウォル号（歳月号）が転覆して乗客３００人余りが死亡及び行方不明となった。その中にいた高校生約２５０人余りは、「動くな」という船長の命令に救助を待ちながら、国民が見守る中で船とともに沈んで全員死亡した。

非正規職が大半を占める国家公共産業、乗客を残したまま自分だけ脱出する責任者たち、危機の時稼動しなかった国家公権力、癒着と談合で利益構造をつくっている官僚・行政体系、詰め込み式教育が生んだ危機的事態への対応の無能力さ、真実糾明と責任を回避する最高権力者と政治家ら、子どもの死亡原因を最後まで糾明したいという遺族を利益集団と左翼だと批判するメディアと右翼……。「沈むセウォル号は、言葉とおり２０００年代の韓国社会のあるがままの縮小版」だった。セウォル号事件は、開発独裁により高度経済成長のみを追い求めて来て、競争及び格差社会をそのまま放置してきた韓国社会の本質が総体的に現われた構造的事件であった。

朴槿恵大統領が独裁者の娘というのは、問題の本質ではない。朴槿恵は父・朴正熙政権でファーストレディとして維新時代の責任者でもある。今は、その維新時代の遺産で苦しんでいる２０００年代の韓国社会の構造的矛盾に、朴槿恵大統領は当時の自身の経験に基づいた朴正熙政権の維新モデル――反共主義、帝王的な大統領制、農村再開発運動、成長優先主義、言論掌握及び政治検閲、愛国主義及び歴史の国定化、民主的手続きの軽視と公権力による鉄拳統治など――をそのまま適用して、その解決ではなく、むしろ維新時代を取り戻そうとしていることに問題の深刻さがある。

３００人余りの人々が冷たい海の中で犠牲となったセウォル号沈没事故と、原発の安全神話が完全崩壊した３・11原発事故以来、韓国でも日本社会でも維新時代のように高度経済成長が幸せをもたらすのだという経済発展論や、英雄に対する称賛の時代は終わった。これからは、その輝かしい父・朴正熙政権の業績の中に隠れていた開発独裁と大衆動員政治に代表される、いわゆる「維新システム」がいかに韓国社会を疲弊化させて構造的な矛盾社会を作り出したのかを改めて論議していく必要があるだろう。

本書は過去の出来事を説明する歴史書ではなく、今の韓国政治を理解する最高のガイドブックとして意味がある。それは維新時代が36年前に土に埋められた怪物ではなく、韓国社会を未だに支配している政治権力の本質として蘇り徘徊しているからである。

今日私たちが享受している民主主義は、日韓両国の先人たちの犠牲と闘いの産物である。彼らは、今の日本と韓国の社会にどんなメッセージを投げかけているだろうか？　この本を通じて、日本帝国主義の植民地支配の遺産と、それを引き継いでいる朴正熙をはじめとする「親日派」らが共同で作り出した野蛮な維新政治の本質を見抜くことで、風前の灯になっている日韓両国の民主主義の真の価値を改めて確かめるきっかけになることを願う。

# 訳者あとがき

小学校のとき、大好きだった女の先生の影響で小さい頃から教師になりたかった私。横浜の公立小学校で子どもたちと楽しく過ごしながら、定年まで勤めようと堅く心に決めていた。ところが、韓国ドラマ『冬のソナタ』と偶然出会い、韓国語を学びたくて早期退職してソウルに留学。学べば学ぶほど韓国の歴史、文化をさらに知りたくなり、知れば知るほど、また学びたくなった。そして、今、韓洪九先生の本書を訳し終え、ほっとするとともに翻訳とはつくづく大変な仕事だと実感している。

韓先生の歴史に対する真摯な態度、考えに圧倒されながら、多くの日本人に韓国の現代史を読んでもらいたいという気持ちで分かりやすく訳そうと努めた。本書の最後に「歴史は過去と現在の対話であり、歴史は絶え間なく書かれねばならない」とある。歴史、特に日本の歴史を学んだ者としていつも心に留め、反芻しなければならない言葉だと思う。

２０１５年、今年は日本にとっては敗戦70年、韓国にとっては解放70年、さらに日韓国交回復50年の節目の年である。日本は安保法案が成立し、戦争ができる国になろうとし、韓国では朴槿恵政権がまさに父親朴正熙を手本として国を動かそうとしている今、本書を出版することの意味は大きい。本書を通して、韓国に対する理解、振り返って日本に対する理解が深まることを心から願う。

最後に、何よりも本書を紹介して翻訳を勧め、細かいところまで監訳してくださった恵泉女子学園大学の李泳采先生、また、より読みやすくなるように編集してくださった彩流社編集部の出口綾子さんに心からお礼を申し上げたい。

2015年　10月

佐相洋子

## 韓洪九（ハン・ホング）

韓国現代史学者。1959年、ソウルで生まれた。ソウル大学国史学科、同大学院を卒業し、アメリカワシントン大学で博士学位を取得した。現在、聖公会大学教養学部教授、平和博物館常任理事として活動している。国家情報院過去事件真実究明に関した発展委員会（国情院過去史委員会）の民間委員を務めた。

『ハンギョレ21』と『ハンギョレ』新聞に、軍事政権時代の興味深いコラム「歴史の話」、「司法部——悔恨と汚辱の歴史」などを連載した。韓国現代史の新しい古典となった『大韓民国史』1〜4 巻をはじめ、『特講』、『今、この瞬間の歴史』などを通して絶え間なく過去の事件の現在的意味を明らかにし、紹介してきた。正修奨学会の真実を暴いた『贓物のかご』、小説家ソ・ヘソンとともにタブーを越えて、韓国社会の偽善と不当性に対して苦言を呈したネット放送『直説』など多様な活動を通して知識人の社会的義務を果たしている。維新時代が復活することを憂慮して、『ハンギョレ』土曜版に「維新と今日」を連載。それをもとにしたのが本書である。

## 李泳采（イ・ヨンチェ）

1971年韓国生まれ、1998年来日。東京大学大学院法学研究科研究生、慶應義塾大学大学院修了。専門は日韓・日朝関係。早稲田大学、慶應義塾大学客員研究員、現在恵泉女学園大学国際社会学科准教授。韓国映画や映像を通して韓国の現代史を語る市民講座の講師、新聞・雑誌のコラムニスト、日韓市民交流のコーディネートとしても活躍している。著書に『なるほど! これが韓国か——名言・流行語・造語で知る現代史（朝日新聞社）、『韓流がつたえる現代韓国 「初恋」からノ・ムヒョンの死まで』（梨の木舎）、『IRISでわかる朝鮮半島の危機』（朝日新聞社）、『動員された近代化』（監訳、彩流社）他多数。

## 佐相洋子（さそう・ようこ）

東京都生まれ。慶應義塾大学文学部史学科卒業。横浜市立学校に教諭として勤務。退職後、韓国の梨花女子大学言語教育院に留学し、韓国語を学ぶ。韓国現代史や社会分野の翻訳をしながら、日韓交流の市民団体の活動を行なっている。

# 韓国《かんこく》・独裁《どくさい》のための時代《じだい》

## ——朴《パク》正《チョン》熙《ヒ》「維新《いしん》」が今《いま》よみがえる

2015年12月19日　初版第一刷

著者　韓洪九
監訳・解説　李泳采
訳　佐相洋子

発行者　竹内淳夫
発行所　株式会社 彩流社
〒102-0071 千代田区富士見2-2-2
電話　03-3234-5931
FAX　03-3234-5932
http://www.sairyusha.co.jp/

編集　出口綾子
ブックデザイン　福田真一［DEN GRAPHICS］
印刷　株式会社明和印刷
製本　株式会社村上製本所

Printed in Japan　ISBN978-4-7791-2149-4 C0036